KB071561

상담사례
개념화와
반응분석

Case
Conceptualization
and
Response
Analysis

고기홍 저

학지사

⬡ 머리말

　상담사례 개념화에 대한 책을 쓰기로 결심한 것은 비교적 오래전의 일이다. 대략 2003년경에 개인상담 실제의 한 부분으로 상담사례 개념화에 대한 원고를 쓰던 도중으로 기억한다. 당시 저자는 상담사례 개념화 실제에 대한 지식이나 경험이 부족한 상태였기 때문에 원고를 쓰는 과정이 생각보다 힘들었고, 또 시간도 많이 필요했다. 관련 자료들을 찾으려고 여기저기 돌아다니기도 했고, 또 전문가들과 만날 기회가 있을 때마다 이것저것 문의하면서 결국 성에 차지는 않았지만 원고를 마무리했다. 그런데 이 과정에서 저자는 두 가지 사실을 알게 되었다. 하나는 '상담사례 개념화 실제에 대한 자료들은 거의 없다'는 것이었고, 다른 하나는 '상담전문가들조차도 대부분 상담사례 개념화 실제에 대해서는 잘 모르고 있다'는 것이었다.

　지금 생각해 보면, 상담사례 개념화가 1990년대에 미국을 중심으로 발전했고, 그리고 2003년이면 상담사례 개념화가 이제 막 국내에 알려지기 시작하던 시점이라 상기된 두 가지 사실은 어쩌면 자연스러운 현상이라고 할 수 있다. 그러나 당시 저자는 당장 원고를 작성해야 하는 상황에 직면해 있었고 쉽게 얻을 수 있을 것이라고 기대하였던 자료들도 막상 찾아보니 거의 없었다. 또한 잘 알고 있을 것이라고 여겼던 전문가들조차도 나와 별반 다르지 않다는 사실을 알고 실망스럽기도 하고 난감하기도 했다. 어렵게 원고는 마무리했지만 미진함이 남았고, 이 미진함을 해결하기 위해 마음속으로 나중에 상담사례 개념화에 대한 책을 직접 써야겠다고 다짐하였던 것이 이 책을 쓰게 된 계기가 되었다.

이후 약 17년이란 적지 않은 시간이 흘렀다. 그동안 저자는 틈틈이 상담 사례 개념화 실제에 대한 책이나 논문들을 찾아서 읽기도 하고, 관련 강의나 세미나, 사례발표회 등에 참석하면서 상담사례 개념화 실제에 대한 자료들을 모아 정리하였다. 그리고 이렇게 정리한 내용들을 상담실무에서 적용해 보기도 했고, 대학에서 학생들에게 가르치기도 했으며, 또 특강이나 워크숍을 통해 상담실무자들에게 가르치기도 했었다. 이런 과정들을 반복하면서 상담사례 개념화와 반응분석에 대한 이론을 구성한 후, 이를 지속적으로 수정 및 보완해 나갔다. 그러다가 2년 전부터 본격적으로 책을 쓰기 시작하였고, 결국 이렇게 책으로 출간하게 되었다.

이 책은 상담 거장들의 어깨를 딛고 쓴 책이다. 이 책의 내용들은 상담 거장들의 상담사례 개념화에 대한 지식과 경험들을 정리한 것이고, 그 위에서 저자의 지식과 경험을 더한 것이다. 특히 이 책에서 개념화 준거로 사용한 반응분석은 다수의 거장들의 어깨 위에서 저자의 지식과 경험을 더한 것이다. 구체적으로 말하면 반응분석은 프로이트의 정신분석, 파블로프의 고전적 조건화, 스키너의 조작적 조건화, 밴듀라의 사회학습 등을 포함한 행동상담, 로저스의 인간중심적 상담, 엘리스의 합리적 정서적 상담, 벡의 인지상담, 프랑클의 의미치료, 얄롬의 실존상담, 밴들러와 그린더의 신경언어프로그래밍, 기타 다수의 거장들이 관여된 가족상담, 초월영성상담, 지역사회상담, 이상심리, 성격심리, 발달심리, 정신의학, 신경생리, 철학, 과학 등을 통합한 것이고, 그 위에 저자의 지식과 경험을 더해 만든 통합적인 상담사례 개념화의 준거이다.

돌이켜 보면, 상담사례 개념화에 대한 지식과 경험을 얻기까지 적지 않은 혼란과 시행착오, 그리고 시간이 필요했다. 저자뿐만 아니라 동시대에 상담을 공부했던 대부분의 상담자가 저자와 비슷한 과정을 겪어 왔을 것이다. 이 책은 상담을 공부하는 후학들이 상담사례 개념화를 습득하는 과정에서 불필요한 혼란과 시행착오를 겪지 않도록 숙련된 전문가들이 오랜 시간에 걸쳐 혼란과 시행착오를 겪으면서 쌓은 상담사례 개념화의 노하우들을 담고자 하였다. 인간적 매력과 전문적 능력을 갖춘 숙련된 전문가들이 실시하는 생기 넘치는 상담사례 개념화를 결코 대신할 수는 없겠지만 이 책은 그들의 지식과 경험을 가능한 한 많이 담고자 노력하였다.

이 책은 다음과 같이 총 4부로 구성되어 있다. 먼저 제1부에서는 상담사례 개념화 개요를 설명하였다. 즉, 상담사례 개념화의 필요성, 정의, 유형, 모형 등 상담사례 개념화와 관련된 핵심내용들을 설명하였다. 제2부에서는 기초개념을 설명하였다. 즉, 근거기반 실천, 과학, 현상, 개념, 사고, 가설, 개념체계와 가설체계, 상담이론 등 상담사례 개념화와 관련된 철학적 과학적 기초개념들을 설명하였다. 제3부에서는 반응분석에 대해 설명하였다. 즉, 반응분석의 의미, 반응분석의 상담문제, 상담문제 원인, 상담개입 등 이 책에서 개념화 준거로 사용한 반응분석에 대해 설명하였다. 제4부에서는 상담사례 개념화 과정에 대해 설명하였다. 즉, 구체적인 사례를 토대로 주어진 정보의 확인, 의문 생성, 의문의 탐구와 판단, 검증 그리고 수정 및 보완 등의 상담사례 개념화의 실제 과정에 대해 설명하였다.

이 책을 쓰기까지 많은 분의 도움이 있었다. 먼저, 저자가 상담에 입문하였을 때부터 늘 가까이서 멘토 역할을 해 주셨던 박태수 교수님께 감사드린다. 또 양정국 선생님, 송남두 선생님, 김경순 선생님도 저자가 힘들 때마다 도움을 주셨던 고마운 분들이다. 그리고 이종헌 목사님, 이형득 교수님, 김성회 교수님, 정욱호 교수님, 이성태 교수님, 설기문 교수님, 김정희 교수님, 그리고 이장호 교수님, 장성숙 교수님, 김명권 교수님, 김용태 교수님, 김진숙 교수님 등으로부터 인간적 전문적으로 많이 배웠고, 그분들의 지식과 경험도 이 책에 간접적으로 담겨 있다. 또한 늘 가까이 계시면서 지지자 역할을 해 주시는 정욱호 교수님, 박기원 교수님, 김홍숙 교수님께도 감사드린다. 또한 계명대학교에 근무하면서 도움을 주시는 정현희 교수님, 박재황 교수님, 조명실 교수님, 양지웅 교수님, 김지연 교수님, 조수현 교수님, 임경수 교수님, 박민수 교수님, 손은정 교수님, 윤혜영 교수님, 정대겸 교수님, 안숙영 교수님, 그리고 김종덕 학장님, 홍희숙 팀장님께도 감사드린다. 더불어 상담 동역자이자 삶의 동반자인 정성란 교수, 그리고 사랑하는 딸 예주와 아들 예성에게도 감사드린다. 마지막으로 학지사의 박용호 전무님, 김순호 편집이사님과 편집부 직원 선생님들, 그리고 김진환 사장님께 진심으로 감사드린다.

⬡ 차례

■ 머리말 _ 3

제1부 상담사례 개념화 개요

1. 상담사례 개념화 필요성 / 13
  1) 근거기반 실천에서의 상담사례 개념화 요구 _ 14
  2) 외부 지도감독 기관이나 단체에서의 상담사례 개념화 요구 _ 15
  3) 상담사례 관리와 상담사례 개념화 요구 _ 16
  4) 상담기관의 상담서비스 관리와 상담사례 개념화 요구 _ 17
  5) 상담자 교육과정과 상담사례 개념화 요구 _ 18

2. 상담사례 개념화 정의 / 21

3. 상담사례 개념화의 유형 / 26
  1) 상담이론에 따른 구분 _ 26
  2) 접근방법에 따른 구분 _ 27
  3) 내용에 따른 구분 _ 28
  4) 시점에 따른 구분 _ 28

4. 상담사례 개념화 모형 / 30

    1) 상담사례 개념화 목적 _ 31

    2) 상담사례 개념화 목표 _ 32

    3) 상담사례 개념화 과정 _ 36

■ 요약 / 40

제2부   상담사례 개념화의 기초 개념

5. 근거기반 실천 / 45

6. 과학 / 49

    1) 과학 정의 _ 52

    2) 과학의 특징 _ 53

7. 현상 / 57

    1) 외적으로 나타난 상 _ 58

    2) 있는 그대로의 객관적 사실 _ 59

    3) 외적 대상에 대한 내적 표상 _ 61

8. 개념 / 63

    1) 개념에 대한 정의 _ 63

    2) 개념의 특성 _ 65

    3) 유목화 _ 68

9. 사고 / 75

10. 가설 / 77

    1) 진술 _ 77

    2) 명제 _ 80

    3) 가설 _ 81

11. 개념체계와 가설체계 / 83

   1) 개념체계 _ 84

   2) 가설체계 _ 90

12. 상담이론 / 96

   1) 이론과 상담이론 개념 정의 _ 96

   2) 기존의 상담이론 _ 97

   3) 상담사례 개념화 준거로서의 개인적 상담이론 _ 99

■ 요약 / 101

제3부   반응분석

13. 반응분석 의미 / 107

   1) 절충통합적 상담이론 모형 _ 107

   2) 과학적 상담이론 모형 _ 108

   3) 개인적 상담이론 모형 _ 108

   4) 반응과 분석 _ 109

14. 반응분석 모형 / 111

   1) 반응분석과 상담 개념 정의 _ 111

   2) 반응분석의 상담문제 _ 117

   3) 반응분석의 상담문제 원인 _ 122

   4) 반응분석의 상담개입 _ 202

■ 요약 / 218

제4부 **상담사례 개념화 실제 과정**

15. 주어진 정보 / 225

1) 주어진 정보의 내용과 출처의 확인 _ 225

2) 주어진 정보의 정리 _ 227

16. 의문 / 239

1) 일차의문 _ 241

2) 이차의문 _ 245

3) 의문 연습 _ 255

17. 의문 탐구와 판단 / 259

1) 주어진 정보, 그리고 기존 개념단어나 가설문장 확인 _ 260

2) 개념단어나 가설문장 구성 _ 263

18. 검증, 그리고 수정 및 보완 / 288

1) 상담가설 검증 방식 _ 290

2) 상담사례, 그리고 재개념화와 상담가설 검증 예시 _ 293

■ **요약 / 305**

■ 참고문헌 _ 308

제1부

상담사례
개념화 개요

1. 상담사례 개념화 필요성

2. 상담사례 개념화 정의

3. 상담사례 개념화의 유형

4. 상담사례 개념화 모형

■ 요약

상담자들에게 상담사례 개념화(相談事例 概念化, case conceptualization)는 비교적 익숙한 주제이면서, 동시에 어렵고 부담스러운 주제이다. 특히 초보상담자들에게 상담사례 개념화는 상대적으로 더 어렵고 부담스러운 주제이다. 초보상담자들이 상담사례 개념화를 어려워하는 이유 중에 하나는 상담사례 개념화가 무엇인지 잘 모르기 때문이다. 사실 이는 초보상담자들만의 문제가 아니다. 중급상담자들 중에서도 상담사례 개념화가 구체적으로 무엇인지 잘 모르는 사람들이 적지 않다. 상담실무에서 상담사례 개념화를 해 나가려면, 피상적인 수준에서의 이해만으로는 부족하고, 상담실무에서 요구하는 수준의 매우 구체적인 이해가 있어야 기대하는 수준의 상담사례 개념화를 해 나갈 수 있다. 가령, 상담사례 개념화가 구체적으로 무엇인지, 그리고 상담사례 개념화의 목적이나 기능이 무엇인지, 상담사례 개념화를 실시할 때 구체적으로 처음에 무엇을 어떻게 해 나가야 하고, 그다음에 무엇을 어떻게 해 나가야 하며, 끝날 때 무엇을 어떻게 해 나가야 하는지, 그리고 상담사례 개념화가 종료되면 구체적으로 무엇을 산출해야 하는지 등과 같은 상담실무에서 요구하는 수준의 매우 구체적인 개념 정의, 목적이나 기능에 대한 이해, 목표에 대한 이해, 구체적인 진행 절차에 대한 이해 등이 있어야 비로소 기대하는 수준의 상담사례 개념화를 해 나갈 수 있게 된다.

물론 상담사례 개념화 자체에는 누구나 경험할 수 있는 일반적인 어려움이 내재되어 있다. 이는 초보자뿐만 아니라 숙련된 상담자도 겪어야 하는 상담사례 개념화 과정의 일부이다. 그러나 이와는 별도로 상담사례 개념화에 대한 지식의 부족, 즉 이해가 부족하면 추가적인 어려움이나 혼란이 발생할 수 있다. 그런데 희망적인 것은 Kendjelic과 Eells(2007), 이명우(2004) 등의 연구에 의하면 상담사례 개념화에 대한 기초적인 지식과 수행능력은 단기교육으로 증진할 수 있다는 것이다. 제1부에서는 상담사례 개념화에 대한 전반적인 이해를 돕기 위해 상담사례 개념화에 대한 개요를 다루었다. 즉, 상담사례 개념화의 필요성, 상담사례 개념화에 대한 개념 정의, 상담사례 개념화의 유형, 그리고 상담사례 개념화 실제 모형에 대해 설명하였다.

1. 상담사례 개념화 필요성

상담사례 개념화의 기원에 대해서는 알려진 것이 거의 없고, 단지 1990년 대에 상담 슈퍼비전에서 발전되어 나온 것으로 추정하고 있다. 즉, 상담자가 내담자의 상담문제, 그리고 이 상담문제의 원인을 이해하게 하고, 이런 이해에 근거하여 적합한 상담개입을 구성해 나가도록 돕는 상담 슈퍼비전의 한 부분이 '상담사례 개념화(case conceptualization)' 또는 '상담사례 공식화(case formulation)'라고 명명되면서 발전되어 나온 것으로 추정하고 있다(이명우, 박정민, 이문희, 임영선, 2005).

그런데 1990년대는 한 세기를 마감하고 새로운 세기를 맞이하는 세기말의 불안과 희망이 공존하던 시기이다. 그리고 상담에서 이 시기는 정신의학, 심리학, 교육학 범주의 상담에서 벗어나 사회복지, 종교, 예술, 산업, 철학, 생태 범주의 상담으로 확장되던 시기이고, 이 과정에서 전통의 유지와 발전, 새로운 시도와 절충통합, 그리고 수반된 혼란이 공존하던 시기이다. 정신의학에서는 뇌영상기기의 발전으로 뇌에 대한 지식이 급증하였고, 또한 발전된 정신약물 사용이 일반화되면서 정신분석을 중심으로 한 심리치료 전통에서 벗어나 신경생리적 접근이 안정화되던 시기이다. 또한 실증주의 기반의 과학적 접근을 강조하는 근거기반 실천 운동이 의학에서 시작되어 간호학, 심리학 등으로 확산되던 시기이다.

이런 1990년대의 시대적 배경에서 상담사례 개념화가 등장하면서 주목을 받기 시작하였고, 점차 그 중요성에 대한 인식이 증가하면서 상담사례 개념화에 대한 요구도 지속적으로 증가해 왔다. 최근 들어서는 상담사례 개념화에 대한 요구가 더 증가하고 있는데, 그 이유는 근거기반 실천, 지도감독 기관, 상담사례 관리, 상담기관, 상담자 양성교육 등과 상관이 있다.

1) 근거기반 실천에서의 상담사례 개념화 요구

최근 상담에서 근거기반 실천이 강조되고 있는데, 상담에서의 근거기반 실천이란 최신 과학적 연구결과, 그리고 상담이론이나 임상적 경험 등의 과학적 근거에 기반을 두고 상담을 해 나가자는 상담의 진보운동이다(고기홍, 2019b). 상담사례 개념화에 대한 요구가 증가하는 이유 중에 하나는 근거기반 실천에서 상담사례 개념화를 요구하고 있기 때문이다.

그렇다면 근거기반 실천에서는 왜 상담사례 개념화를 요구하고 있는 것일까? 그 이유는 상담사례 개념화 과정이 과학적 사고과정에 기반을 두고 있기 때문이다. 즉, 상담사례 개념화는 특정 상담사례의 상담문제, 상담문제 원인, 상담개입에 대해 객관적 의문을 제시하고, 이 의문의 답을 객관적으로 탐구하며, 이 탐구된 결과를 토대로 의문에 대한 답인 상담문제, 상담문제 원인, 상담개입을 객관적으로 판단하고, 이 판단을 토대로 상담문제, 상담문제 원인, 상담개입 가설을 만들고, 이렇게 만든 가설의 진위를 객관적으로 검증하며, 이 검증을 토대로 가설을 수용이나 기각, 그리고 수정이나 보완을 해 나가는 일련의 과학적 사고과정이다. 이 때문에 과학적 접근을 강조하는 근거기반 실천에서 상담사례 개념화를 요구하고 있는 것이다.

과학적 사고에 기반을 둔 상담사례 개념화는 상담의 타당성과 신뢰성을 증대시켜 장기적으로 상담효과와 효율성을 높이는 데 기여한다. 즉, 과학적 사고에 기반을 둔 상담사례 개념화는 상담문제, 상담문제 원인, 상담개입에 대한 타당하고 신뢰할 만한 의문과 탐구, 판단과 검증을 해 나가도록 이

끈다. 이는 타당하고 신뢰할 만한 상담계획, 상담처치, 상담평가로 이어지게 하며, 결국 상담효과와 효율성을 높이는 데 기여한다.

한편, 상담자 중에는 상담사례 개념화란 단순히 기존의 상담이론으로 특정 상담사례를 설명하는 작업이고, 과학적 접근과는 큰 상관이 없다고 여기는 사람이 의외로 많이 있다. 이런 인식을 가진 상담자에게 상담사례 개념화는 효과적이고 효율적인 과학적 접근과는 거리가 먼 형식적 절차일 수 있다. 만약, 상담자가 상담사례 개념화를 이런 형식적 절차 정도로 여기고 있다면, 이는 점검 및 개선되어야 한다. 상담사례 개념화는 효과적이고 효율적인 과학적 접근이다. 앞으로 효과적이고 효율적인 과학적 사고에 기반을 두지 않은 상담사례 개념화는 점차 설자리를 잃어 갈 것이다.

2) 외부 지도감독 기관이나 단체에서의 상담사례 개념화 요구

최근 상담사례 개념화에 대한 외적 요구가 증가하고 있는데, 상담사례 개념화는 이런 외적 요구에 맞추기 위해 요구되고 있다. 예를 들면, 미국에서는 관리의료체제 속에서 보험회사들이 상담자에게 상담처치를 시작하기 이전에 내담자의 문제를 개념화하고, 이를 바탕으로 상담계획을 수립할 것을 요구한다(이명우, 2017). 보험회사의 영향력 아래에 있는 상담자들은 이런 외적인 요구에 따라 상담사례 개념화를 실시하고, 이를 바탕으로 상담계획을 수립해야 하며, 그 결과를 보험회사가 요구하면 제시해야 한다.

국내에서도 상담사례 개념화 실시에 대한 외적 요구가 점진적으로 증가하고 있다. 예를 들면, 청소년상담복지센터, WEE센터와 같은 국가의 지원을 받는 공익상담기관들 중에 일부는 지도감독 기관으로부터 타당한 접근을 하고 있다는 근거로서 상담사례 개념화를 실시하도록 요구받고 있다. 지도감독 기관의 영향력 아래에 있는 상담기관에 소속된 상담자들은 이런 외적인 요구에 따라 상담실무 과정에서 상담사례 개념화를 실시해야 한다.

이런 상담사례 개념화에 대한 외적 요구는 부당한 요구나 압력이 아니다.

왜냐하면, 상담자에게 상담사례 개념화를 실시하도록 요구하면 상담효과나 효율성이 증대되기 때문이다. 또한 이런 상담효과나 효율성의 증대는 담당 상담자의 전문성 발달, 상담기관의 상담서비스 질의 발전, 더 나아가 상담분야의 발전에 기여하고, 이는 결국 상담 이용자들과 지도감독 기관에게도 이득이 돌아가는 공적인 측면이 있기 때문이다. 앞으로 상담분야가 더 발전하면, 상담사례 개념화에 대한 외적 요구도 더 증가할 것이다. 특히 상담효과의 객관적 입증과 맞물려 상담사례 개념화에 대한 외적 요구는 앞으로도 계속 증가할 것이다.

3) 상담사례 관리와 상담사례 개념화 요구

상담사례 개념화는 일종의 상담사례 관리를 목적으로 개발된 절차이다. 즉, 상담사례 개념화는 개별 상담사례를 체계적으로 잘 관리하여 상담과정의 효율성을 높이고, 이를 통해 상담효과를 높이기 위해 개발된 절차이다. 따라서 상담사례 개념화는 그 자체의 기능상 상담과정의 효율성, 그리고 상담효과를 증대시키려 한다. 상담에서 상담사례 개념화가 요구되는 이유는 이런 상담과정의 효율성, 그리고 상담효과를 증대시키려는 기능 때문이다.

좀 더 자세히 설명하면, 상담사례 개념화는 다음과 같은 상담과정의 효율성을 증대시켜, 상담효과의 산출에 기여한다. 가령, 상담사례 개념화 작업은 주어진 정보를 토대로 하기 때문에, 상담사례 개념화를 하기 위해서는 특정 시점에서 주어진 내담자에 대한 정보들을 정리해야 하며, 이런 정보의 정리작업은 주어진 정보의 치료적 활용도를 높여서 상담효과의 산출에 기여한다. 또한 상담사례 개념화의 결과로 만들어진 상담문제, 상담문제 원인, 상담개입에 대한 개념단어나 가설문장은 라포 형성이나 상담구조화를 포함한 상담관계 형성에 도움이 되며, 이는 상담효과를 산출하는 데 기여한다. 또한 상담사례 개념화의 결과로 만들어진 상담문제, 상담문제 원인, 상담개입에 대한 개념단어나 가설문장은 상담계획과 상담처치, 그리고 상담평가의 기초가 되며, 이는 상담효과를 산출하는 데 기여한다. 이뿐만 아니라 상담사례 개념화 결과는 문제 명료화, 진단, 상담종결, 사후관리를 해 나가는 데도 기초자료로 활용되며, 이 역시 상담효과를 산출하는 데 기여한다. 이처럼 상담사례 개념화는 상담과정의 효율성, 그리고 성담효과를 산출하는 데 도움이 되기 때문에 필요하다.

한편, 개별 상담사례는 모두 개인차를 고려해야 한다. 즉, 내담자는 서로 다르다는 점, 그리고 내담자가 호소하거나 상담에서 다루기로 한 상담문제도 내담자에 따라 서로 다르다는 점, 그리고 상담문제의 원인들도 서로 다르다는 점, 이에 따라 상담개입도 서로 달라져야 한다는 점 등의 개인차를 고려해야 한다. 이와 관련해서, 상담사례 개념화는 개인차를 고려하는 절차이기도 하다. 즉, 상담사례 개념화는 개인차를 고려하여 개별 내담자가 가진 특수한 상담문제를 파악하는 절차이고, 또한 개인차를 고려하여 그 상담문제가 가진 특수한 원인을 파악하는 절차이며, 개인차를 고려하여 개별 내담자에게 맞는 특수한 상담개입을 구성해 나가는 절차이다. 따라서 개인차를 고려하기 위해서도 상담사례 개념화가 필요하다.

4) 상담기관의 상담서비스 관리와 상담사례 개념화 요구

상담기관은 기관 자체의 목적을 성취하기 위해 기관에서 제공하는 상담서비스의 질을 관리하고자 한다. 이와 관련해서 상담사례 개념화는 상담과정의 효율성, 그리고 상담효과를 높이는 데 도움이 되기 때문에 보통 상담기관에서는 소속 상담자들에게 높은 수준의 상담사례 개념화를 요구하고, 이를 통해 상담기관에서 제공하는 상담서비스의 질을 관리하고자 한다. 바꿔 말하면, 상담사례 개념화는 상담기관의 상담서비스의 질을 관리하는 데 도움이 되기 때문에 요구되고 있다.

일반적으로 상담기관에서 상담서비스의 질을 관리하는 방법은 지도감독 체계, 즉 슈퍼비전(supervision)이다. 상담기관에서는 행정적 교육적 지지적

지도감독 체계를 통해 소속 상담자들에게 높은 수준의 상담사례 개념화를 하도록 요구한 후, 상담원들의 실제 상담사례 개념화 수행을 관리나 감독을 해 나간다. 그리고 이 과정에서 만약 특정 상담사례를 담당하고 있는 상담자가 높은 수준의 상담사례 개념화 수행능력이 없다고 판단되면 지도감독자가 보다 적극적으로 상담사례 개념화에 대한 행정적 교육적 지지적 슈퍼비전을 실시하고, 이를 통해 담당 상담자가 높은 수준의 상담사례 개념화를 할 수 있도록 지도나 지원, 또는 관리나 감독을 해 나간다. 이런 과정을 통해 상담기관에서 제공하는 상담서비스의 질을 관리하고, 더불어 소속 상담자들의 상담사례 개념화 능력을 포함한 전문성 발달을 촉진해 나간다.

5) 상담자 교육과정과 상담사례 개념화 요구

상담효과를 결정하는 가장 중요한 요인 중에 하나는 상담자의 전문성이다(Garfield, 2000). 만약 특정 상담사례를 담당한 상담자의 전문성 수준이 높다면, 이는 특정 상담사례에 대한 상담효과를 예측할 수 있는 신뢰할 만한 예측요인이 된다. 예를 들어, 특정 상담사례를 담당한 상담자가 상담 관련 정규교육을 받아 학사, 석사, 박사 등의 학위를 가지고 있고, 또한 상담자가 국가나 공인기관이나 단체에서 실시하는 상담자격증 시험에 합격하여 상담자격증을 가지고 있으며, 공인된 상담기관에서 상담자로 근무한 상담경력을 가지고 있다면, 이는 특정 상담사례의 상담효과를 예측할 수 있는 신뢰할 만한 예측요인이 된다.

그런데 상담실제에서 이런 학력이나 자격증, 경력 등은 사실 상담자의 전문성을 나타내는 직접적인 지표가 아니라 간접적인 지표이다. 보다 직접적 지표는 상담자의 상담실무 수행능력이다. 즉, 상담자가 신청접수, 접수면접, 상담관계 형성, 문제 명료화, 진단이나 상담사례 개념화, 상담계획, 상담처치, 상담평가, 상담종결, 사후관리 등의 상담실무를 수행할 수 있는 능력 수준이 상담자의 전문성을 나타내는 보다 직접적인 지표이다. 그리고 특히 상

기된 상담실무 수행능력 중에서도 상담사례 개념화 수행능력은 상담자의 전
문성 발달수준을 나타내는 핵심지표이다.

　최근 상담자 교육과정에는 거의 대부분 상담사례 개념화가 포함되어 있
다. 예를 들어, 학사, 석사, 박사 등의 상담 관련 정규 교육과정, 민간 상담전
문기관의 상담자 양성과정, 청소년상담사, 상담심리사, 전문상담사 등을 포
함한 공인된 상담자격 수련과정 등에는 상담사례 개념화가 거의 필수적인
교육내용으로 포함되어 있다. 이처럼 거의 모든 상담자 교육과정에서 상담
사례 개념화를 필수적인 교육내용으로 다루는 이유는 상담사례 개념화가 전
문성 발달의 핵심지표이기 때문이다. 상담사례 개념화에 대한 요구가 증가
하는 이유는 상담자 교육과정의 증가, 그리고 상담자 교육과정에 상담사례
개념화가 필수 내용으로 포함되어 있고, 이 때문에 학생이나 수련생들에게
상담사례 개념화를 하도록 요구하는 것과 밀접한 상관이 있다. 즉, 상담자
양성교육에서 요구하고 있기 때문에 상담사례 개념화에 대한 요구가 증가하
고 있다.

　한편, 현재 이루어지고 있는 상담사례 개념화 교육(또는 훈련, 슈퍼비전)에
대한 상담수련생들(또는 학생들)의 만족도는 낮은 것으로 나타난다(왕은자,
2001; 이명우, 박정민, 이문희, 임영선, 2005). 만족도가 낮은 이유는 수련생 요
인도 있지만, 그보다는 상담교육자 요인, 그리고 상담사례 개념화의 학문적
기반의 부족 요인이 더 크다.

　첫째, 상담수련생들의 상담사례 개념화 교육에 대한 만족도가 낮은 이유
중에 하나는 상담교육자 요인 때문이다. 즉, 상담교육자가 상담사례 개념화
에 대한 지식이나 수행능력이 부족하기 때문인데, 그 이유는 상담교육자가
이전에 유능한 상담교육자를 만나지 못했기 때문이고, 그래서 상담교육자도
상담사례 개념화에 대한 지식과 수행능력을 형성할 수 있는 양질의 교육기
회를 갖지 못하였기 때문이다.

　물론, 모든 상담교육자가 그렇다는 말은 결코 아니다. 일부 상담교육자들
은 과거에 유능한 상담교육자를 만나 상담사례 개념화에 대한 양질의 교육

을 받았거나 오랜 실무경험을 통해 상담사례 개념화에 대한 지식과 수행능력을 갖춘 사람들이다. 이들은 상담수련생들에게 상담사례 개념화에 대한 양질의 교육을 제공할 수 있고, 이를 통해 수련생들의 교육에 대한 만족도뿐만 아니라 상담사례 개념화 능력의 형성, 그리고 전문성 발달을 조력할 수 있는 사람들이다. 하지만 안타깝게도 이런 유능한 상담교육자가 많지 않은 것이 우리의 현실이다. 따라서 상담사례 개념화를 좀 더 발전시키기 위해서는 상담교육자를 대상으로 한 상담사례 개념화 교육도 요구되고 있다.

둘째, 상담수련생들의 상담사례 개념화 교육에 대한 만족도가 낮은 보다 근본적인 이유는 상담사례 개념화의 학문적 기반이 부족하기 때문이다. 상담사례 개념화는 현재 발전 과정 중에 있는 분야로서 아직 학문적 기반이 충분히 갖추어지지 않은 상태에 있다. 예를 들면, 상담사례 개념화를 포함하여 진단, 평가, 사정, 개념화, 공식화, 사례 공식화, 진단적 공식화, 임상적 공식화, 상담개입 공식화, 상담가설, 상담계획 등과 같은 관련된 용어에 대한 학문적 논의나 합의도 부족하고, 또 상담사례 개념화와 관련된 실태 연구, 상담사례 개념화 원리나 방법에 대한 연구, 상담사례 개념화 효과에 대한 연구 등과 같은 기초적인 연구도 부족하다. 또한 상담사례 개념화 이론 모형들도 부족한데, 몇 개 안 되는 이론 모형들도 대부분 객관적으로 검증되지 않았거나 검증이 되었다고 하더라도 상담실무에서 활용하기에는 실용성이 낮은 이론 모형들이다. 일부 이론 모형은 기존의 특정 상담이론에 치우친 모형이어서 범이론적 접근을 하고 있는 상담현장의 현실과 괴리된 것들도 있다. 이처럼 학문적 기반이 부족한 상태에서 상담사례 개념화 교육이 이루어지고 있다는 점을 고려할 때 낮은 교육만족도는 어쩌면 당연한 결과일 수 있다.

따라서 상담사례 개념화 교육의 질을 포함하여 상담사례 개념화를 좀 더 발전시키기 위해서는 상담사례 개념화의 학문적 기반을 구축하기 위한 노력이 요구된다. 특히 상담사례 개념화에 대한 기초연구, 그리고 객관적이고 실용적이며 통합적인 상담사례 개념화 이론 모형의 개발과 보급 등에 대한 노력이 요구되고 있다.

2. 상담사례 개념화 정의

　기존의 상담사례 개념화 교재들을 살펴보면, 거의 대부분 '상담사례 개념화를 정의하는 내용'이 간략하게 기술되어 있다. 즉, 설명하려는 상담사례 개념화가 무엇인지에 대해 충분한 논의나 설명 없이 서둘러 상담사례 개념화의 원리나 방법에 대한 논의나 설명으로 넘어가는 교재들이 대부분이다.

　왜 이런 현상이 나타나고 있을까? 그 이유 중에 하나는 상담사례 개념화를 정의하는 일이 방대하고 복잡하기 때문이다. 글을 쓰는 사람의 입장에서 보면, 상담사례 개념화를 정의하는 일은 방대하고 복잡해서 회피하고 싶은 주제이다. 가령, '상담사례 개념화'에 대해 정의하려면 '상담, 사례, 상담사례, 개념, 개념화'와 같은 연관개념들에 대한 이해와 정의가 선행되어야 한다. 그리고 이 연관개념들을 제대로 이해하고 정의하려면, 그와 관련된 또 다른 연관개념들에 대한 이해와 정의가 선행되어야 한다. 예를 들면, '개념'을 제대로 이해하고 정의하려면, 그 연관개념인 '과학, 현상, 추리, 사고, 의문, 판단, 진술, 명제, 가설, 검증 등'에 대한 이해와 정의가 선행되어야 한다. 어렵지만 이들에 대한 이해와 정의가 선행되어야만 비로소 개념을 제대로 이해하여 정의할 수 있고, 이 개념을 이해하여 정의해야만 비로소 상담사례 개념화를 제대로 이해하여 정의할 수 있다. 이는 '개념'뿐만이 아니다. 다른 '상담, 사례, 상담사례, 개념화'와 연관된 개념을 제대로 이해하여 정의해야만

상담사례 개념화를 제대로 이해하여 정의할 수 있다. 이런 이유 때문에 상담
사례 개념화를 정의하는 일은 겉으로 보면 쉽고 단순한 일로 보이지만 속을
들여다보면 방대하고 복잡해서 회피하고 싶은 주제이다.

그런데 상담사례 개념화를 잘 수행해 나가려면, 방대하고 복잡해서 어려
운 일임에도 불구하고 상담사례 개념화의 본질을 제대로 이해하고 바르게
정의하는 것이 무엇보다도 중요하다. 따라서 여기서는 상담사례 개념화를
정의하고, 이에 대한 추가적인 설명을 덧붙였다. 과학, 현상, 추리, 사고, 의
문, 판단, 진술, 명제, 가설, 검증 등의 기초개념들은 제2부에서 따로 자세히
설명하였다.

그동안 학자들은 상담사례 개념화(Case conceptualization)가 무엇인지에 대
한 정의를 시도해 왔다. 다음에 기술된 내용은 기존의 학자들이 제시한 상담
사례 개념화에 대한 정의들이다.

- 상담자가 내담자에게 얻은 단편적인 정보들을 종합하여 내담자 문제의
  본질과 원인에 대해 가설을 수립하는 것이다(Eells, 1997).
- 내담자에 대한 정보를 모아서 조직화하고, 내담자의 상황과 부적응 패
  턴을 이해하고 설명하며, 상담을 안내하고 초점을 맞추고, 도전과 장애
  를 예상하고, 성공적인 종결을 준비하기 위한 방법 및 임상적 전략이다
  (Sperry & Sperry, 2012).
- 내담자의 심리적 · 대인관계적 · 행동적 문제와 장점, 이 문제와 관련된
  원인 및 촉발 · 유지 요인들을 정확하게 파악하고 문제해결의 방향과
  더 나아가 문제해결에 필요한 전략 및 기법을 계획하는 것이다(이윤주,
  2001).
- 상담자의 상담이론과 상담 경험에 근거하여 내담자의 문제에 관한 다
  양한 단서나 정보를 종합하고 이를 바탕으로 내담자 문제의 원인을 가
  설적으로 설명하여 내담자의 문제해결을 위한 목표와 전략을 구상하는

역동적인 과정이다(이명우, 2004).

- 내담자의 주호소 문제와 관련 있는 다양한 정보를 통해 현재까지 내담자의 문제가 지속적으로 유지되는 원인과 경로를 가설적으로 검토한 후 내담자의 주호소 문제를 해결하기 위한 상담전략들을 수립하는 일련의 과정이다(이명우, 박정민, 이문희, 임영선, 2005).
- 개별적인 특정 내담자의 문제, 문제의 원인이나 관련 요인, 상담개입 방향이나 방법에 대해 이론적 개념을 사용하여 설명하는 일이다(고기홍, 2014).

상기된 상담사례 개념화에 대한 기존의 정의들을 살펴보면, 서로 비슷한 점도 있지만 대체로 구조나 내용 측면에서 서로 차이가 있음을 알 수 있다. 여기에서는 우선 상담사례 개념화 정의와 관련된 몇 가지 전제조건들을 설정하였다. 그리고 설정된 전제조건과 함께 기존의 정의들을 참조하여 상담사례 개념화를 정의하였다.

상담사례 개념화 정의와 관련된 전제조건은 다음과 같다.

- 상담사례 개념화의 일차적인 목적은 사례관리이다. 즉, 특정 상담사례를 담당한 상담자가 자신이 담당하고 있는 특정 상담사례에 대한 상담개입 과정의 효율성을 높이고, 이를 통해 상담효과를 높여 나가기 위한 사례관리 목적으로 상담사례 개념화를 실시한다.
- 근거기반 실천을 토대로 할 때, 상담사례 개념화는 과학적 사고의 과정이다. 즉, 상담사례 개념화는 특정 상담사례와 관련된 주어진 정보를 토대로, 특정 상담사례의 상담문제, 상담문제 원인, 상담개입에 대한 의문을 생성하고, 이 의문의 답을 탐구하고, 이 탐구결과를 토대로 의문의 답을 판단하고, 이 판단의 진위를 검증한 후, 판단을 수용이나 기각, 그리고 수정이나 보완을 해 나가는 과학적 사고의 과정이다.
- 상담사례 개념화와 관련된 상담의문의 주된 내용은 '상담문제는 무엇인

가?' '상담문제의 원인은 무엇인가?' '상담개입을 어떻게 할 것인가?'의 세 가지이다. 그리고 반응분석을 토대로 할 때, 상담문제는 호소문제, 이면문제, 진단문제, 상담문제로 세분하여 의문할 수 있다. 이 중에 이면문제는 다시 사건문제, 반응문제, 발달문제, 체계문제로 세분하여 의문할 수 있다. 상담문제의 원인은 사건원인, 반응원인, 발달원인, 체계원인으로 세분하여 의문할 수 있다. 상담개입은 상담개입 상담문제, 상담개입 문제원인, 상담개입 목표, 상담개입 전략으로 세분하거나 사건개입 목표와 전략, 반응개입 목표와 전략, 발달개입 목표와 전략, 체계개입 목표와 전략으로 세분하여 의문할 수 있다.

- 상담사례 개념화의 결과로서 산출하고자 하는 목표는 상담문제, 상담문제 원인, 상담개입에 대한 개념단어나 가설문장을 구성하는 것이다. 가령, 상담자가 상담사례 개념화를 완료하면 다음과 같은 개념단어나 가설문장이 진술되어야 한다. 즉, '내담자의 상담문제는 ○○이다'라는 상담문제 개념단어나 가설문장이 진술되어야 한다. 또한 '내담자의 상담문제의 원인은 ○○이다'라는 상담문제의 원인 개념단어나 가설문장이 진술되어야 하며, '상담개입은 ○○개입을 해야 한다'라는 상담개입 개념단어나 가설문장이 진술되어야 한다.

- 상담사례 개념화는 상담이론을 준거로 사용한다. 즉, 기존의 상담이론에 대한 지식, 최신의 과학적 연구결과에 대한 지식, 임상적 경험에 대한 지식 등을 포함한 개인적 상담이론을 준거로 사용하여 상담사례의 상담문제, 상담문제 원인, 상담개입에 대한 개념단어나 가설문장을 의문, 탐구, 판단, 검증해 나간다.

이상의 '상담사례 개념화에 대한 개념 정의와 관련된 전제조건들'을 토대로 상담사례 개념화를 정의하면 다음과 같다.

상담사례 개념화(case conceptualization)란 특정 상담사례를 관리할 목적으로, 담당 상담자가 주어진 정보를 토대로 상담문제, 상담문제 원인, 상담개입에 대한 개념이나 가설에 대해 의문하고, 이 의문의 답을 탐구하며, 이 탐구결과를 토대로 의문의 답인 상담문제, 상담문제 원인, 상담개입 개념이나 가설을 판단하고, 이렇게 판단한 개념이나 가설의 진위를 검증하며, 이 검증결과를 토대로 개념이나 가설을 수용이나 기각, 그리고 수정이나 보완하면서 개념이나 가설을 정교화(精巧化)해 나가는 작업이다. 즉, 상담자가 주어진 정보를 토대로 상담문제, 상담문제 원인, 상담개입에 대한 의문, 탐구, 판단, 검증해 나가는 작업이다.

3. 상담사례 개념화의 유형

상담사례 개념화를 이해하는 방법 중 하나는 그 유형을 아는 것이다. 여기서는 상담사례 개념화의 유형에 대해 간략히 설명하였다. 일반적으로 상담사례 개념화는 상담이론, 접근방법, 내용, 시점 등의 분류 준거에 따라 다음과 같이 다양하게 구분할 수 있다.

1) 상담이론에 따른 구분

상담사례 개념화는 어떤 상담이론을 개념체계로 사용하느냐에 따라 '정신분석 사례 개념화, 행동상담 사례 개념화, 인간중심상담 사례 개념화, 인지상담 사례 개념화, 현실상담 사례 개념화 등'으로 구분할 수 있다. 즉, 정신분석 상담이론을 개념체계로 사용하여 상담사례 개념화를 한다면 '정신분석 사례 개념화'라 하고, 행동상담 이론을 개념체계로 사용하여 상담사례 개념화를 한다면 '행동상담 사례 개념화'라 하며, 인간중심상담 이론을 개념체계로 사용하여 상담사례 개념화를 한다면 '인간중심상담 사례 개념화'라고 구분할 수 있다.

그리고 개념체계로 사용하는 상담이론의 숫자와 절충통합 형태에 따라 단일이론 사례 개념화, 절충적 사례 개념화, 통합적 사례 개념화, 절충통합적 사례 개념화로 구분할 수도 있다. 즉, 하나의 상담이론을 개념체계로 사용하여 개념화를 하면 '단일이론 사례 개념화'라고 하고, 두 개 이상의 상담이론의 내용을 모아 놓고 변경 없이 그대로 개념체계로 사용하면 '절충적 사례 개념화'라고 한다. 또한 두 개 이상의 상담이론의 내용을 합쳐서 하나의 통합된 상담이론으로 만들고, 이 통합된 상담이론을 개념체계로 사용하면 '통합적 사례 개념화'라고 하며, 절충적 개념체계와 통합적 개념체계가 공존하는 형태의 개념체계를 사용하면 '절충통합 사례 개념화'라고 한다. 일반적으로 현대상담에서는 단일이론 사례 개념화는 점점 줄어들고 있고, 절충통합 사례 개념화는 점점 증가하고 있다. 이런 현상이 나타나는 이유 중에 하나는 개념체계가 단일상담이론에서 범이론적인 절충통합 상담이론으로 뚜렷하게 변화해 왔기 때문이다.

2) 접근방법에 따른 구분

상담사례 개념화는 접근방법이나 대상에 따라 '개인상담 사례 개념화, 집단상담 사례 개념화, 가족상담 사례 개념화, 초월영성상담 사례 개념화, 전화상담 사례 개념화 등'으로 구분할 수 있다. 즉, 일대일 개인면접 중심의 개인상담 사례에 대해 개념화를 하면 '개인상담 사례 개념화'라 하고, 소집단 상호작용 중심의 집단상담 사례에 대해 개념화를 하면 '집단상담 사례 개념화'라 한다. 또한 가족관계 중심의 가족상담 사례에 대해 개념화를 하면 '가족상담 사례 개념화'라 하고, 자아초월이나 개인성 초월이나 영적 성장 중심의 초월영성상담 사례에 대해 개념화를 하면 '초월영성상담 사례 개념화'라 한다.

한편, 상담사례 개념화는 상호 협력 정도에 따라 '일방적 사례 개념화와 쌍방적 사례 개념화'로 구분할 수 있다. 먼저 상담자가 내담자와 협의하지 않고 혼자 개념화를 하면 일방적 사례 개념화라고 하고, 상담자가 내담자와 협의하면서 개방적이고 상호 협력적으로 개념화를 하면 쌍방적 사례 개념화라

고 한다. 일반적으로 상담사례 개념화 작업은 상담자 업무라는 점에서 부분
적으로 일방적 사례 개념화를 요구한다. 그러나 정보수집, 가설검증, 내담자
의 자기이해를 포함한 자기관리 촉진 등을 고려할 때 상담사례 개념화 작업
은 개방적이고 상호 협력적인 쌍방적 사례 개념화가 바람직하다.

3) 내용에 따른 구분

상담사례 개념화는 내용에 따라 크게 '상담문제 개념화, 상담문제 원인 개
념화, 상담개입 개념화'로 구분할 수 있다. 이들을 더 세분할 수도 있는데, 가
령 상담문제 개념화는 '호소문제 개념화, 이면문제 개념화, 진단문제 개념화,
상담문제 개념화'로 세분할 수 있다. 그리고 상담문제 원인 개념화는 '촉발
원인 개념화, 유지원인 개념화, 발생원인 개념화'로 세분할 수도 있고, '유인
(誘因, 또는 외부요인 外部要因) 개념화, 소인(素因, 또는 내부요인 內部要因) 개
념화'로도 세분할 수 있다. 또한 '사건원인, 반응원인, 발달원인, 체계원인'으
로 세분할 수도 있다. 상담개입 개념화도 더 세분화하여 '상담개입 문제 개
념화, 상담개입 문제원인 개념화, 상담개입 목표 개념화, 상담개입 전략 개
념화'로 세분할 수도 있고, '사건개입 목표와 전략 개념화, 반응개입 목표와
전략 개념화, 발달개입 목표와 전략 개념화, 체계개입 목표와 전략 개념화'로
세분할 수도 있다.

4) 시점에 따른 구분

상담사례 개념화는 시점에 따라 '초기 사례 개념화, 중기 사례 개념화, 후
기 사례 개념화'로 구분할 수 있다.

- 초기 사례 개념화는 신청 및 접수면접 이후, 또는 본 상담이 시작된 이
후 초기단계의 상담회기(가령, 1회기, 2회기, 3회기)에서 실시하는 개념화

이다. 상담사례 관리 측면에서 보면, 초기 사례 개념화는 매우 중요한 작업이다. 하지만 숙련된 상담자가 아니라면 초기 사례 개념화는 쉽지 않다. 만약 특정 상담사례를 담당한 상담자의 초기 사례 개념화 능력이 부족하다면, 슈퍼비전을 통한 지도와 감독이 필요하다.

- 중기 사례 개념화는 중기단계의 상담회기에서 실시하는 개념화이다. 일반적으로 중기 사례 개념화 작업은 초기 사례 개념화를 검증하여 가설의 수용이나 기각, 또는 가설의 수정이나 보완에 초점이 모아진다. 즉, 초기 사례 개념화를 통해 상담문제, 상담문제 원인, 상담개입에 대한 개념이나 가설을 수립한 이후, 수립된 개념이나 가설의 진위를 검증하여, 개념이나 가설을 수용하거나 기각하고, 필요하다면 개념이나 가설을 수정이나 보완을 해 나가는 데 초점이 모아진다.

- 후기 사례 개념화는 상담종결 임박 시점, 또는 종결단계의 상담회기, 또는 상담종결 이후에 실시하는 개념화이다. 후기 사례 개념화의 주된 초점은 종결 작업과 상관있다. 즉, '종결 시점 판단, 상담결과 측정 및 성취 여부 판단, 성과 다지기, 미해결문제 처리, 자립 조치, 관계 마무리 조치, 그리고 사후지도 등'의 종결 작업(고기홍, 2014)에 대한 개념화와 상관있다. 그리고 '상담보고서 작성, 상담교육, 슈퍼비전, 사례발표회 등'에서 요구하는 개념화 형식에 맞춰서 이전 개념화 내용을 재정리하는 작업과 상관있다.

4. 상담사례 개념화 모형

표준국어대사전(국립국어원, 2019)에는 모형(模型)이란 "모양이 같은 물건을 만들기 위한 틀" 또는 "실물을 모방하여 만든 물건"이라고 기술되어 있다. 그리고 모델(model)이란 "작품을 만들기 전에 미리 만든 물건, 또는 완성된 작품의 대표적인 보기", "본보기가 되는 대상이나 모범"이라고 기술되어 있다. 또한 교육학용어사전(서울대학교 교육연구소, 1995)에는 모형이란 "과학자가 설명하기를 원하는 현상에 대한 통찰을 얻기 위하여 사용된 단순화되고 이해하기 쉬운 구조체계"라고 기술되어 있다. 사회복지학사전(이철수, 2013)에는 모형이란 "현상의 이해를 위해 주요 구성요소를 추출하여 그들 간의 상호작용 관계를 나타낸 현실의 추상적 표현(abstract representation of reality)"이라고 기술되어 있다.

이상을 종합하면, 모형이란 '실제를 본떠 축약한 것, 또는 실제를 대표하는 본보기'라고 요약할 수 있다. 따라서 상담사례 개념화 모형이란 '상담사례 개념화 작업의 실제를 본떠 축약한 것, 또는 실제 상담사례 개념화를 대표하는 본보기'라고 할 수 있다. 여기서는 앞에서 다룬 상담사례 개념화에 대한 정의를 토대로, 그리고 제3부에서 설명할 반응분석을 토대로, 실제 상담실무에서 사용할 수 있는 '상담사례 개념화 모형'을 구성하여 제시하였다.

1) 상담사례 개념화 목적

상담사례 개념화를 실시하는 목적은 다음과 같이 네 가지로 요약할 수 있다. 즉, '상담자의 상담사례 관리, 상담기관의 소속 상담자 지도감독, 지도감독 기관이나 단체의 요구, 상담교육 기관이나 단체의 요구' 때문에 상담사례 개념화를 실시한다.

(1) 상담자의 상담사례 관리

상담자는 상담사례 관리를 목적으로 상담사례 개념화를 한다. 즉, 특정 상담사례를 담당한 상담자가 자신이 담당한 특정 상담사례를 상담해 나가는 전체 과정에서 상담과정의 효율성과 상담효과를 높일 목적으로 상담사례 개념화를 실시한다.

(2) 상담기관의 소속 상담자 지도감독

상담기관에서 소속 상담자가 제공하는 상담서비스의 질을 관리할 목적으로 소속 상담자에게 상담사례 개념화를 요구한다. 즉, 상담기관은 기관 자체의 목적을 성취하기 위해 기관에서 제공하는 상담서비스의 질을 관리해 나가고자 한다. 이와 관련하여 상담사례 개념화를 실시하면 기관의 상담서비스의 질을 높이는 데 도움이 되기 때문에 상담기관에서는 소속 상담자에게 높은 수준의 상담사례 개념화를 요구하고, 이를 지도감독해 나간다.

(3) 상급 지도감독 기관이나 단체의 요구

지도감독 기관이나 단체에서 관할 상담기관이나 소속 상담자의 상담서비스 질을 지도감독할 목적으로 상담사례 개념화를 요구한다. 즉, 지도감독 임무를 가진 상급 기관이나 단체에서는 자신들의 상위 목적을 성취하기 위해 관할 상담기관이나 소속 상담자의 상담서비스 질을 관리해 나가고자 한다. 이와 관련하여 상담사례 개념화를 실시하면 관할 상담기관이나 소속 상담자가 제공하는 상담서비스의 질을 높이는 데 도움이 되기 때문에 지도감독 기관이나 단체에서는 관할 상담기관이나 소속 상담자에게 상담사례 개념화를 요구하고, 이를 지도감독해 나간다.

(4) 상담교육 기관이나 단체의 요구

상담교육 기관이나 단체에서는 상담자 양성을 목적으로 소속 학생이나 수련생들에게 상담사례 개념화를 요구한다. 즉, 대학의 상담 관련 정규 교육과정, 민간 상담전문기관의 상담자 양성과정, 국가나 공인단체의 상담자격증 취득과정 등에서는 전문성을 갖춘 상담자를 양성하고자 하며, 이런 목적의 성취와 관련하여 상담사례 개념화 능력을 형성시키면 상담전문성 향상에 도움이 되기 때문에 상담교육 내용에 상담사례 개념화를 포함하고, 소속 학생이나 수련생들에게 상담사례 개념화를 하도록 요구한 후, 상담사례 개념화 능력이 형성되도록 지도해 나간다.

2) 상담사례 개념화 목표

목표란 산출하고자 하는 긍정적 결과에 대한 합의된 진술이다(고기홍, 2014). 따라서 상담사례 개념화의 목표란 특정 상담사례에 대한 개념화가 완료되었을 때 산출하고자 기대하는 결과에 대한 합의된 진술이라고 할 수 있다. 상담사례 개념화 정의에 기술된 바와 같이 상담사례 개념화의 목표는 개념단어나 가설문장을 수립하여 진술하는 것이다. 즉, '상담문제, 상담문제 원인, 상담개입에 대한 개념단어나 가설문장을 구성하여 진술하는 것'이 상담사례 개념화의 목표이다.

(1) 상담문제에 대한 개념단어나 가설문장의 구성과 진술

상담사례 개념화의 첫 번째 목표는 '상담문제에 대한 개념단어나 가설문장을 구성하여 진술하는 것'이다. 따라서 상담사례 개념화가 완료되면, 상담

문제에 대한 개념단어나 가설문장을 구성한 후, 이를 다음과 같은 가설문장
으로 진술할 수 있어야 한다.

- 상담문제는 ○○이다.

그런데 반응분석에서는 상담문제를 다시 내담자나 관련인이 호소한 호소
문제, 내담자가 호소하지 않은 이면문제, 정신장애와 관련된 진단문제, 상담
에서 다루기로 합의한 상담문제로 구분한다. 또한 이면문제는 다시 사건문
제, 반응문제, 발달문제, 체계문제로 세분한다. 따라서 반응분석을 토대로
한 상담사례 개념화가 완료되면, 상담문제에 대한 개념단어나 가설문장을
구성한 후, 이를 다음과 같은 가설문장으로 진술할 수 있어야 한다.

① 호소문제는 ○○이다.
② 이면문제는 ○○이다. (또는 사건문제, 반응문제, 발달문제, 체계문제는
  ○○이다.)
③ 진단문제는 ○○이다.
④ 상담문제는 ○○이다.

⑵ 상담문제 원인에 대한 개념단어나 가설문장의 구성과 진술

상담사례 개념화의 두 번째 목표는 '상담문제 원인에 대한 개념단어나 가
설문장을 구성하여 진술하는 것'이다. 따라서 상담사례 개념화가 완료되면,
상담문제의 원인에 대한 개념단어나 가설문장을 구성한 후, 이를 다음과 같
은 가설문장으로 진술할 수 있어야 한다.

- 상담문제의 원인은 ○○이다.

그런데 반응분석에서는 상담문제 원인을 다시 사건원인, 반응원인, 발달

원인, 체계원인으로 구분한다. 그리고 사건원인은 다시 문제상황 관련 사건
원인(최근 문제상황 관련 사건원인, 과거 문제상황 관련 사건원인, 발달 초기 문제
상황 관련 사건원인, 미래 문제상황 관련 사건원인, 지금여기 문제상황 관련 사건원
인), 스트레스 반응 유발 사건원인(극한사건 원인, 생활변화 사건원인, 잔일거리
사건원인), 조건화 학습 관련 사건원인(선행 유발사건 원인, 선행 억제사건 원인,
후속 강화사건 원인, 후속 약화사건 원인)으로 세분한다. 반응원인은 다시 외현
행동 원인(비언어행동 원인, 언어행동 원인, 수행행동 원인), 내현반응 원인(지각
원인, 기억원인, 감정원인, 사고원인, 욕구원인), 반응양식 원인(외현행동 양식 원
인, 내현반응 양식 원인), 성격 원인(자아기능 원인, 성격장애 원인,성격 5요인 원
인), 신체 원인(신체구조와 기능원인, 유전과 유전인자 원인)으로 세분하며, 발달
원인은 일반 발달원인(당면 발달과제 원인, 미해결 발달과제 원인), 초월영성 발
달원인(미성취 자아초월 원인, 미성취 개인초월 원인, 미성취 영적성장 원인)으로
세분한다. 체계원인은 가족체계원인(가족구조 변화원인, 가족기능 원인, 가족발
달 원인)과 지역사회 체계원인(지역사회 자원부족 원인, 지역사회 연계체계 부족
원인)으로 세분한다. 따라서 반응분석을 토대로 한 상담사례 개념화가 완료
되면, 상담문제 원인에 대한 개념단어나 가설문장을 구성한 후, 이를 다음과
같은 가설문장으로 진술할 수 있어야 한다.

- 상담문제의 사건원인은 ○○이다. 구체적으로 상담문제의 문제상황 관
  련 사건원인(최근 문제상황 관련 사건원인, 과거 문제상황 관련 사건원인, 발
  달 초기 문제상황 관련 사건원인, 미래 문제상황 관련 사건원인, 지금여기 문
  제상황 관련 사건원인), 스트레스 반응 유발 사건원인(극한사건 원인, 생활
  변화 사건원인, 잔일거리 사건원인), 조건화 학습 관련 사건원인(선행 유발
  사건 원인, 선행 억제사건 원인, 후속 강화사건 원인, 후속 약화사건 원인)은
  ○○이다.
- 상담문제의 반응원인은 ○○이다. 구체적으로 상담문제의 외현행동 원
  인(비언어행동 원인, 언어행동 원인, 수행행동 원인), 내현반응 원인(지각원

인, 기억원인, 감정원인, 사고원인, 욕구원인), 반응양식 원인(외현행동 양
식 원인, 내현반응 양식 원인), 성격 원인(자아기능 원인, 성격장애 원인,성격
5요인 원인), 신체 원인(신체구조와 기능원인, 유전과 유전인자 원인)은
○○이다.

- 상담문제의 발달원인은 ○○이다. 구체적으로 상담문제의 일반 발달원
  인(당면 발달과제 원인, 미해결 발달과제 원인), 초월영성 발달원인(미성취
  자아초월 원인, 미성취 개인초월 원인, 미성취 영적성장 원인)은 ○○이다.
- 상담문제의 체계원인은 ○○이다. 구체적으로 상담문제의 가족체계원
  인(가족구조 변화원인, 가족기능 원인, 가족발달 원인), 지역사회 체계원인
  (지역사회 자원부족 원인, 지역사회 연계체계 부족 원인)은 ○○이다.

(3) 상담개입에 대한 개념단어나 가설문장의 구성과 진술

상담사례 개념화의 세 번째 목표는 '상담개입에 대한 개념단어나 가설문
장을 구성하여 진술하는 것'이다. 따라서 상담사례 개념화가 완료되면, 상담
개입에 대한 개념단어나 가설문장을 구성한 후, 이를 다음과 같은 문장으로
진술할 수 있어야 한다.

- 상담개입은 ○○개입을 해야 한다.

그런데 반응분석에서는 상담개입을 상담개입 문제, 상담개입 문제원인,
상담개입 목표, 상담개입 전략으로 구분한다. 그리고 상담개입 목표와 전략
은 다시 사건개입 목표와 전략, 반응개입 목표와 전략, 발달개입 목표와 전
략, 체계개입 목표와 전략으로 세분한다. 따라서 반응분석을 토대로 한 상담
사례 개념화가 완료되면, 상담개입에 대한 개념단어나 가설문장을 구성한
후, 이를 다음과 같은 가설문장으로 진술할 수 있어야 한다.

- 상담개입 문제는 ○○이다.
- 상담개입 문제원인은 ○○이다.
- 상담개입 목표는 ○○이다.
- 상담개입 전략은 ○○이다. (사건개입 목표와 전략, 반응개입 목표와 전략, 발달개입 목표와 전략, 체계개입 목표와 전략은 ○○이다.)

3) 상담사례 개념화 과정

근거기반 실천에 의하면 상담사례 개념화의 과정은 과학적 사고의 과정이다. 즉, ① 주어진 상담정보를 토대로, ② 상담문제, 상담문제 원인, 상담개입과 관련된 개념단어나 가설문장에 대한 의문을 생성하고, ③ 이 생성된 의문의 답을 탐구하며, 이 탐구의 결과를 토대로 의문의 답을 판단하는 과정을 통해 상담문제, 상담문제 원인, 상담개입과 관련된 개념단어나 가설문장을 구성한다. 그리고 ④ 구성된 상담문제, 상담문제 원인, 상담개입과 관련된 개념단어나 가설문장의 진위를 검증하고, 이를 토대로 개념단어나 가설문장을 수용이나 기각, 또는 수정이나 보완하면서 상담문제, 상담문제 원인, 상담개입과 관련된 개념단어나 가설문장을 정교화해 나가는 과학적 사고의 과정이다. 이 과정을 요약하면 상담사례 개념화의 과정은, '① 정보의 확인과 정리, ② 의문 생성, ③ 개념단어나 가설문장 구성, ④ 검증, 그리고 수정이나 보완'으로 구분할 수 있다.

(1) 정보의 확인과 정리

상담사례 개념화는 주어진 정보를 기초자료로 사용한다. 즉, 상담사례 개념화를 실시하는 시점에서 주어진 상담문제, 상담문제 원인, 상담개입과 관련된 개념단어나 가설문장에 대한 정보들을 기초자료로 사용해서 의문, 탐구, 판단, 검증을 해 나간다. 이 때문에 상담사례 개념화의 첫 단계는, ① 주어진 정보의 내용과 출처를 확인하고, ② 이를 사용하기 쉽게 정리하는 것이다.

① 주어진 정보의 출처는 상담자 기억, 그리고 과거 상담자료, 신청접수 자료, 접수면접 자료, 이전 상담회기를 포함한 이전 상담자료이다. 그리고 ② 상담사례 개념화 과정에서 주어진 정보들을 사용하려면, 이를 사용하기 쉽게 정리하는 작업이 필요하다. 가령, 주어진 정보를 내용에 따라 '상담문제 정보, 상담문제 원인 정보, 상담개입 정보'로 구분하거나, '사건정보, 반응정보, 발달정보, 체계정보'로 구분한다. 또는 사실 여부에 따라 '사실정보, 사실 아닌 정보'로 구분하는 작업이 필요하다.

(2) 의문 생성

상담사례 개념화는 과학적 사고의 과정이지만 동시에 논리적 사고의 과정이기도 하다. 과학적 논리적 사고는 의문에서 시작된다. 따라서 상담사례 개념화도 의문의 생성에서부터 시작된다고 할 수 있다. 상담사례 개념화를 시작하기 위한 가장 기본적인 의문은 다음과 같다.

① 상담문제 의문
- 내담자의 상담문제는 무엇인가?
- 구체적으로 내담자의 호소문제, 이면문제, 진단문제, 상담문제는 무엇인가?
- 구체적으로 내담자의 호소문제, 이면문제, 진단문제, 상담문제를 개념단어나 가설문장으로 구성하여 진술한다면 어떻게 진술할 수 있는가?

② 상담문제 원인 의문
- 상담문제의 원인은 무엇인가?
- 구체적으로 상담문제의 사건원인, 반응원인, 발달원인, 체계원인은 무엇인가?
- 구체적으로 상담문제의 사건원인, 반응원인, 발달원인, 체계원인을 개념단어나 가설문장으로 구성하여 진술한다면 어떻게 진술할 수 있는가?

③ 상담개입 의문

- 상담개입을 어떻게 할 것인가?
- 구체적으로 상담개입 상담문제, 상담개입 상담문제 원인, 상담개입 목표, 상담개입 전략은 무엇인가? 그리고 구체적으로 사건개입, 반응개입, 발달개입, 체계개입 목표와 전략은 무엇인가?
- 구체적으로 상담개입 상담문제, 상담개입 상담문제 원인, 상담개입 목표, 상담개입 전략을 개념단어나 가설문장으로 구성하여 진술한다면 어떻게 진술할 수 있는가? 그리고 구체적으로 사건개입, 반응개입, 발달개입, 체계개입 목표와 전략을 개념단어나 가설문장으로 구성하여 진술한다면 어떻게 진술할 수 있는가?

(3) 개념단어나 가설문장 구성

상담사례 개념화는 상담문제, 상담문제 원인, 상담개입 개념단어나 가설문장에 대한 의문을 생성한 이후에 의문의 답을 탐구하고, 이 탐구를 토대로 의문의 답인 상담문제, 상담문제 원인, 상담개입을 판단하고, 이를 개념단어나 가설문장으로 구성하여 진술해 나간다. 이렇게 구성하여 진술하는 개념단어나 가설문장의 기본적인 형태는 다음과 같다.

① 상담문제에 대한 개념단어나 가설문장의 구성과 진술

- 상담문제는 ○○이다.
- 구체적으로 호소문제, 이면문제, 진단문제, 상담문제는 ○○이다.

② 상담문제 원인에 대한 개념단어나 가설문장의 구성과 진술

- 상담문제의 원인은 ○○이다.
- 구체적으로 상담문제의 사건원인, 반응원인, 발달원인, 체계원인은 ○○이다.

③ 상담개입에 대한 개념단어나 가설문장의 구성과 진술

- 상담개입은 ○○개입을 해야 한다.
- 구체적으로 상담개입 문제, 상담개입 문제원인, 상담개입 목표, 상담개입 전략은 ○○이다. 또한 구체적으로 사건개입 목표와 전략, 반응개입 목표와 전략, 발달개입 목표와 전략, 체계개입 목표와 전략은 ○○이다.

⑷ 검증 그리고 수정이나 보완

상담사례 개념화에서는 주어진 정보의 내용이나 과학적 논리적 사고의 내용을 검증해 나간다. 즉, 상담사례 개념화에서는 주어진 정보에 포함되어 있는 상담문제, 상담문제 원인, 상담개입에 대한 가설문장의 진위, 그리고 과학적 논리적 사고를 통해 판단한 상담문제, 상담문제 원인, 상담개입에 대한 가설문장의 진위를 반증을 통해 검증하고, 이 과정에서 가설문장의 수용이나 기각, 수정이나 보완을 해 나간다.

① 가설문장의 진위 검증하기

상담사례 개념화에서는 구성된 상담문제, 상담문제 원인, 상담개입 가설문장의 진위를 검증한다. 이 과정에서 가설문장의 진위를 검증하는 방식은 주로 입증방식보다는 반증방식을 사용한다. 즉, 원래 가설문장과 반대되는 가설문장을 만들어 놓고, 이 반대 가설문장을 지지하는 증거를 찾을 수 없으면 원래 가설문장을 수용하고, 이 반대 가설문장을 지지하는 증거를 찾을 수 있으면 원래 가설문장을 기각하는 방식으로 가설문장을 검증한다.

② 가설문장 수정 및 보완하기

상담문제, 상담문제 원인, 상담개입 가설문장의 진위를 검증하여 수용이나 기각 여부를 판단한 이후에 필요하다면 상담문제, 상담문제 원인, 상담개입 가설문장을 수정이나 보완하여, 이를 더 정교화해 나간다.

요 약

- 제1부 상담사례 개념화 개요에서는 '상담사례 개념화의 필요성, 상담사례 개념화에 대한 개념 정의, 상담사례 개념화의 유형, 그리고 상담사례 개념화 모형'에 대해 설명하였다.

- 상담사례 개념화의 기원에 대해서는 알려진 것이 거의 없고, 단지 1990년대에 상담 슈퍼비전에서 발전되어 나온 것으로 추정하고 있다(이명우, 박정민, 이문희, 임영선, 2005).

- 근거기반 실천에서 상담사례 개념화를 요구하고 있다. 근거기반 실천은 과학적 근거에 기반을 둔 상담을 해 나가자는 상담의 진보운동이다(고기홍, 2019b).

- 외부 지도감독 기관이나 단체에서의 상담사례 개념화를 요구하고 있다. 상담사례 개념화는 이런 외적 요구에 맞추기 위해 요구되고 있다.

- 사례관리를 위해 상담사례 개념화가 요구되고 있다. 상담사례 개념화는 개별상담사례를 체계적으로 잘 관리하여 상담과정의 효율성을 높이고, 이를 통해 상담효과를 높이기 위해 개발된 절차이다.

- 상담기관에서 소속 상담자에게 상담사례 개념화를 요구하고 있다. 상담기관은 기관 자체의 사업목적을 성취하기 위해 기관에서 제공하는 상담서비스의 질을 관리하고자 하며, 이 때문에 소속 상담자들에게 상담사례 개념화를 요구하고 있다.

- 상담자 교육과정에서 상담사례 개념화를 요구하고 있다. 상담사례 개념화 수행능력은 상담자의 전문성 발달수준을 나타내는 핵심지표이고, 이 때문에 상담자 교육과정에서 상담사례 개념화를 요구하고 있다.

- 현재 이루어지고 있는 상담사례 개념화 교육(또는 훈련, 슈퍼비전)에 대한 상담수련생(또는 학생)의 만족도는 낮은 것으로 나타난다(왕은자, 2001; 이명우, 박정민, 이문희, 임영선, 2005). 만족도가 낮은 이유는 수련생 요인도 있지만, 상담교육자 요인, 그리고 상담사례 개념화의 학문적 기반의 부족 요인 등이 있다.

● 상담사례 개념화는 현재 발전과정 중에 있는 분야로서 아직 학문적 기반이 충분히 갖추어지지 않은 상태에 있다. 따라서 상담사례 개념화를 더 발전시키기 위해서는 상담사례 개념화의 학문적 기반을 구축하기 위한 노력이 요구된다.

● 상담사례 개념화(case conceptualization)란 특정 상담사례를 관리할 목적으로, 담당 상담자가 주어진 정보를 토대로 상담문제, 상담문제 원인, 상담개입과 관련된 개념이나 가설에 대해 의문하고, 이 의문의 답을 탐구하며, 이 탐구결과를 토대로 의문의 답인 상담문제, 상담문제 원인, 상담개입 개념이나 가설을 판단한다. 이렇게 판단한 개념이나 가설의 진위를 검증하며, 이 검증결과를 토대로 개념이나 가설을 수용이나 기각, 그리고 수정이나 보완하면서 개념이나 가설을 정교화(精巧化)해 나가는 작업이다.

● 상담사례 개념화의 일차적인 목적은 사례관리이다. 즉, 특정 상담사례를 담당한 상담자가 자신이 담당하고 있는 특정 상담사례에 대한 상담개입 과정의 효율성을 높이고, 이를 통해 상담효과를 높여 나가기 위한 사례관리의 목적으로 상담사례 개념화를 실시한다.

● 상담사례 개념화는 과학적 사고의 과정이다. 즉, 상담사례 개념화는 주어진 정보를 토대로, 의문을 생성하고, 이 의문의 답을 탐구하며, 이 탐구결과를 토대로 의문의 답을 판단하고, 이 판단의 진위를 검증한 후, 판단을 수용이나 기각, 그리고 수정이나 보완을 해 나가는 과학적 사고의 과정이다.

● 과학적 사고는 의문에서 시작되는데, 과학적 사고에 기반을 둔 상담사례 개념화는 상담문제, 상담문제 원인, 상담개입에 대한 개념단어나 가설문장에 대한 의문에서 시작된다.

● 상담사례 개념화의 목표는 상담문제, 상담문제 원인, 상담개입에 대한 개념단어나 가설문장을 구성하는 것이다.

● 상담사례 개념화는 상담이론을 준거로 사용한다. 즉, 기존의 상담이론에 대한 지식, 최신의 과학적 연구결과에 대한 지식, 임상적 경험에 대한 지식 등을 포함한 개인적 상담이론을 준거로 사용하여 상담사례의 상담문제, 상담문제 원인, 상담개입에 대한 개념단어나 가설문장을 의문, 탐구, 판단, 검증해 나간다.

- 상담사례 개념화 유형은 분류 준거에 따라 다양하게 구분할 수 있다. 예를 들어, 상담이론에 따라 '정신분석 사례 개념화, 행동상담 사례 개념화, 인간중심상담 사례 개념화 등'으로 구분할 수 있다. 또한 상담이론의 숫자와 절충통합 형태에 따라 '단일이론 사례 개념화, 절충적 사례 개념화, 통합적 사례 개념화, 절충통합적 사례 개념화'로 구분할 수도 있다. 접근방법이나 대상에 따라서는 '개인상담 사례 개념화, 집단상담 사례 개념화, 가족상담 사례 개념화, 전화상담 사례 개념화 등'으로 구분할 수도 있다. 내용에 따라서는 '상담문제 개념화, 상담문제 원인 개념화, 상담개입 개념화'로 구분할 수 있다. 시점에 따라 '초기 사례 개념화, 중기 사례 개념화, 후기 사례 개념화'로 구분할 수도 있다.

- 모형이란 '실제를 본떠 축약한 것, 또는 실제를 대표하는 본보기'이다. 상담사례 개념화 모형이란 '상담사례 개념화 작업의 실제를 본떠 축약한 것, 또는 실제 상담사례 개념화를 대표하는 본보기'이다.

- 상담사례 개념화 모형을 구성하여 제시하였는데, 먼저, 상담사례 개념화를 실시하는 이유는 '상담자의 상담사례 관리, 상담기관의 소속 상담자 지도감독, 지도감독 기관이나 단체의 요구, 상담교육 기관이나 단체의 요구' 때문이다. 상담사례 개념화의 목표는 '상담문제, 상담문제 원인, 상담개입에 대한 개념단어나 가설문장을 구성하여 진술하는 것'이다. 그리고 상담사례 개념화의 과정은, ① 정보의 확인과 정리, ② 의문 생성, ③ 개념단어나 가설문장 구성, ④ 검증, 그리고 수정이나 보완'의 순서로 이루어진다.

제2부

상담사례 개념화의 기초 개념

5. 근거기반 실천   6. 과학

7. 현상   8. 개념

9. 사고   10. 가설

11. 개념체계와 가설체계

12. 상담이론   ■ 요약

상담수련생들이 가장 어려워하는 주제 중에 하나는 상담사례 개념화(相談事例 概念化 case conceptualization)이다. 사실 상담수련생뿐만 아니라 중급단계의 상담자나 심지어 숙련단계의 상담자에게도 상담사례 개념화는 어려운 주제이다. 이 때문에 상담자들은 상담사례 개념화에 대한 지식이나 수행 능력을 형성하거나 증진하기 위한 노력들을 많이 한다. 가령, 관련된 책을 찾아서 읽고, 또 관련 특강이나 워크숍 등에 참가하고, 또 슈퍼비전을 받으면서 상담사례 개념화 지식이나 수행 능력을 형성하거나 증진하려고 노력한다. 그런데 이런 노력들을 해 본 상담자들은 잘 알겠지만 노력해도 기대만큼 지식이나 수행 능력이 증가하지 않는다. 왜 그럴까? 왜 책을 읽고 특강을 수강하고 워크숍에 참가하고 슈퍼비전을 받아도 상담사례 개념화에 대한 지식이나 수행 능력이 기대만큼 크게 증가하지 않는 것일까?

그 이유 중에 하나는 의외로 상담사례 개념화와 관련된 기초 개념에 대한 지식이나 이해가 부족하기 때문이다. 일부 철학자는 상담자들에게 '상담과 관련된 오랜 철학적 사유에 대한 기본적인 지식이나 이해 없이 상담을 얕게 해 나간다'라고 지적한다. 그리고 일부 정통 과학자는 상담자들에게 '과학에 대한 기본적인 지식이나 이해가 부족한 상태에서 상담을 비과학적으로 해 나간다'라고 지적한다. 철학자나 과학자들이 상담에 대한 지식이나 이해가 부족해서 이런 지적을 할 수도 있다. 하지만 이들의 지적에는 상담자들이 무엇이 부족하고 또 무엇을 더 발전시켜야 하는지에 대한 시사점이 담겨 있다. 가령, 숙련된 상담자들조차도 상담사례 개념화의 '개념'이란 단어가 '오랜 철학적 사유의 산물이고 동시에 모든 학문에서 사용하는 범학문적 용어라는 사실'을 모르고 있는 경우도 있다. 이 때문에 '상담사례 개념화를 제대로 이해하려면 철학에서 사용하는 개념, 그리고 범학문적 용어인 개념에 대한 이해가 선행되어야 한다는 것'을 잘 모른다. 또한 일부 상담자들은 '상담의 과학적 접근을 강조하는 근거기반 실천'에 대해 잘 모른다. 그리고 '상담사례 개념화가 과학적 사고를 기반으로 한다는 사실'도 잘 모른다. 이처럼 상담사례 개념화와 관련된 기초 개념에 대한 지식이나 이해가 부족하면 높은 수준의 상담사례 개념화를 기대하기는 어렵다.

이 장에서는 상담사례 개념화와 관련된 철학적 과학적 기초 개념들을 설명하였다. 즉 '근거기반 실천, 과학, 현상, 개념, 사고, 가설, 개념체계와 가설체계, 상담이론 등'의 상담사례 개념화와 관련된 철학적 과학적 기초 개념들을 설명하였다.

5. 근거기반 실천

근거기반(Evidence-based)이란 용어는 1992년 캐나다에 있는 맥마스터 대학교 의과대학(Medical School of McMaster University)의 고든 기얏(Gordon Guyatt) 등의 연구진(안형식, 2006)이 '환자들에게 최선의 의료서비스를 제공하기 위해, 의사가 의학적 개입을 할 때, 최신의 과학적 근거에 기반하여 개입을 해 나가자'는 제안을 하는 과정에서 처음으로 사용되었다. 이후 의료 분야에서 시작된 과학적 근거에 기반한 개입을 하자는 운동은 근거기반 간호(Evidence-Based nursing), 근거기반 사회복지(Evidence-Based social welfare), 근거기반 심리치료(Evidence-Based Psychotherapy), 근거기반 교육(Evidence-Based Education, Evidence-Based Learning & Teaching, Evidence-Based Training), 그리고 이들을 통칭하는 근거기반 실천(Evidence-Based Practice) 등으로 불리면서 간호, 복지, 심리, 교육 등의 분야로 확산되어 왔다(고기홍, 2018; 고기홍, 2019a).

의학에서 근거기반 실천 운동이 발생한 이유는 하루에도 수십 또는 수백 편의 새로운 연구결과가 쏟아지는 급변하는 의학의 발전 속에서, 일부 의사들이 최신의 과학적 연구결과를 모르는 상태에서 과거의 잘못된 연구결과에 근거해서 진단이나 치료를 해 나가는 데서 발생하는 문제들 때문이었다. 이런 문제들을 해결하기 위해 최신의 과학적 연구결과에 근거해서 진단하고

치료를 해 나가자는 근거기반 실천 운동이 제안되었고, 이런 제안에 동참하는 사람들이 생겨나면서 근거기반 실천 운동이 시작되었다. 예를 들면, 과거에 'A질병에 B치료법을 사용하면 치료효과C가 나타난다'는 연구결과가 발표되었다고 가정하자. 그런데 최근에 'A질병에 B치료법을 사용하면 치료효과 C와 함께 심각한 부작용D가 발생하고, 반면 대안치료법E를 사용하면 치료효과C는 나타나지만 심각한 부작용D는 발생하지 않는다'는 연구결과가 발표되었다고 가정하자. 이 상황에서 어떤 의사가 최신의 과학적 연구결과를 모른 상태에서 A질병을 가진 환자에게 B치료법을 계속 사용한다면 환자에게 심각한 문제를 야기할 수 있다. 이런 문제점을 해결하기 위해 최신의 과학적 연구결과에 근거해서 진단하고 치료를 해 나가자는 진보운동이 전개되었고, 이 진보운동이 바로 의학에서의 근거기반 실천이다.

최근 상담에서도 과학적 접근을 강조하는 '상담에서의 근거기반 실천' 또는 '근거기반 상담'이 증가하고 있는데, 이런 근거기반 상담의 구체적인 하위 내용 중에 하나가 바로 '근거기반 상담사례 개념화'이다. 근거기반 상담사례 개념화에서 '근거(Evidence)'란 일차적으로 '상담문제, 상담문제 원인, 상담개입과 관련된 최신의 과학적 연구결과'를 의미한다.

그런데 상담은 의학만큼 과학적 연구가 많이 이루어지지 않았다. 가령, 의학처럼 질병에 대한 분류 및 명명체계, 즉 진단체계에 대한 과학적 연구가 많이 이루어지지 않았고, 의학처럼 질병의 원인이나 기제에 대한 과학적 연구가 많이 이루어지지 않았으며, 의학처럼 질병의 치료기제나 치료방법에 대한 과학적 연구가 많이 이루어지지도 않았다. 상담에서 이루어진 과학적 연구는 '상담문제'의 경우 실태연구 정도이고, '상담문제 원인'의 경우 엄격한 인과관계 실증연구는 거의 없고 대부분 상관관계 실증연구들이다. 그리고 '상담개입'의 경우 상담효과 연구, 상담과정 연구, 상담효과 요인 연구, 상담 공통요인 연구, 상담 특수요인 연구 등이 이루어졌다(고기홍, 2017). 이처럼 상담에서 최신의 과학적 연구결과는 의학과 비교할 때 상대적으로 빈약하다. 따라서 상담사례 개념화를 해 나갈 때 의학처럼 최신의 연구결과에 대한 지식에만 의존해서 상담사례 개념화를 해 나가는 것은 현실적으로 한계가 있다.

이런 이유 때문에 상담사례 개념화를 할 때는 임상적 경험과 상담이론을 근거로 사용한다. 즉, 근거기반 상담사례 개념화를 할 때는, ① 상담문제, 상담문제 원인, 상담개입과 관련된 최신의 과학적 연구결과에 대한 지식과 함께, ② 임상적 경험, 즉 상담실무에서 얻은 상담문제, 상담문제 원인, 상담개입에 대한 지식, 그리고 ③ 이런 과학적 연구와 임상적 경험, 그리고 검증되지 않은 상담가설이나 상담모형들을 포함하고 있는 기존의 상담이론에 대한 지식을 근거로 사용해서 상담사례 개념화를 해 나간다. 결국, 근거기반 상담사례 개념화란 최신의 과학적 연구결과, 임상적 경험, 그리고 기존의 상담이론에 대한 지식을 근거로 사용해서 특정 상담사례의 상담문제, 상담문제 원인, 상담개입과 관련된 개념단어나 가설문장에 대해 의문, 탐구, 판단, 검증해 나가는 작업이라고 할 수 있다.

근거기반 상담사례 개념화에서 '근거(Evidence)'의 또 다른 의미는 '과학적 사고의 과정'이라는 의미이다. 즉, 상담사례 개념화는, ① 특정 상담사례에 대한 정보를 토대로 ② 특정 상담사례의 상담문제, 상담문제 원인, 상담개입에 대한 객관적 의문을 생성하고, ③ 이 생성된 의문의 답을 객관적으로 탐구하며, ④ 이 탐구된 결과를 토대로 의문에 대한 답인 상담문제, 상담문제 원인, 상담개입을 객관적으로 판단하고, 이 판단을 토대로 상담문제 가설, 상담문제 원인 가설, 상담개입 가설을 만들며, ⑤ 이렇게 만든 가설의 진위를 객관적으로 검증하고, ⑥ 이 검증을 토대로 가설을 수용이나 기각, 그리고 수정이나 보완을 해 나가는 일련의 과학적 사고의 과정이다.

다른 한편, 근거기반 상담사례 개념화가 강조되는 이유는 상담 현장의 실무자들 중에 일부가 근거기반 상담사례 개념화에 대한 지식이나 능력이 부족하기 때문이다. 또한 지식이나 능력이 있더라도 상담실제에서 근거기반 상담사례 개념화를 실천하지 않기 때문이다. 또한 상담자 양성교육들 중에 일부는 근거기반 상담사례 개념화 교육 내용이 부족하기 때문이다. 또한 상담교육자들 중에도 일부는 근거기반 상담사례 개념화에 대한 지식이나 능력이 부족하기 때문이다. 그리고 결국 근거기반 상담사례 개념화가 강조되는 보다 직접적인 이유는 근거기반 상담사례 개념화가 비과학적인 접근들을 줄이고 대신 과학적 접근을 증가시켜 상담과정의 효율성과 상담효과를 높이는 데 기여하기 때문이다. 더 나아가 높은 수준의 상담서비스의 질을 유지하고, 상담분야의 장기적 발전을 도모해 나갈 수 있기 때문이다.

6. 과학

　'상담은 과학인가? 아니면 예술인가?' 이 질문은 상담의 논쟁거리 중 하나이다. 그런데 이런 유형의 질문들은 대체로 함정이 있는 질문들이다. 즉, 질문자가 선택 가능한 다른 항목들은 모두 제외시킨 후, 두 가지 선택항목만 제시하면서 둘 중 하나를 선택하라고 응답자에게 요구하면, 응답자도 역시 선택 가능한 다른 응답항목을 배제한 후, 주어진 두 가지 선택항목 중에서 하나를 선택할 가능성이 증가하게 된다. 이런 유형의 질문은 암시적 의사소통에 해당된다. 질문자는 빠른 의사결정을 위해 또는 응답자의 선택범주를 제한하여 응답반응을 통제하기 위해 암시적 의사소통 질문을 하는데, 이런 질문을 받으면 응답자는 둘 중 하나를 선택할 가능성이 높아진다. '상담은 과학인가? 아니면 예술인가?'라는 질문도 비슷하다. 만약 우리가 암시적 의사소통 질문이 만들어 놓은 함정에 빠진다면 둘 중 하나라고 응답할 수 있다. 하지만 이런 함정에 빠지지 않는다면 더 나은 생산적인 논쟁이 가능한데, 이 논쟁의 결론부터 이야기하자면, '상담은 과학이면서 동시에 예술이다.'

　과학(科學, Science)이란 객관적이고 실증적인 방법으로 현상을 탐구하여 현상을 기술, 설명, 예측, 통제해 나가는 활동, 또는 이런 활동을 통해 형성한 지식체계나 이론, 또는 학문이다. 상담도 과학이다. 즉, 상담도 객관적이고 실증적인 방법으로 상담현상을 탐구하여 기술, 설명, 예측, 통제해 나가는 활동, 또는 이런 활동을 통해 형성한 상담 관련 지식체계나 이론, 또는 학문이다. 좀 더 구체적으로 말하면, ① 상담도 객관적이고 실증적인 방법으로 상담현상을 탐구하여 나타나는 상담현상을 있는 그대로 기술하고자 한다. 또한 ② 상담도 상담현상의 원인을 논리적이고 실증적인 방법으로 탐구하여 나타난 상담현상의 원인을 설명하고자 한다. 또한 ③ 상담도 상담현상을 설명하는 규칙성을 토대로 미래의 상담현상을 예측하고자 한다. 특히 상담현상에 대한 조작, 즉 특정한 상담개입을 했을 때 원하는 특정 상담현상이 발생하는지를 예측하고자 한다. 또한 ④ 상담도 기술과 설명과 예측을 토대로 상담개입 계획을 수립하고, 이를 토대로 상담개입을 실시하여, 원하는 상담결과를 산출함으로써 상담현상을 통제하고자 한다. 이런 측면에서 상담도 과학이고, 이 때문에 상담은 과학적 토대 위에서 해 나가야 한다.

그런데 상담은 과학이면서 동시에 예술이다. 예술(藝術, Art)이란 표준국어대사전(국립국어원, 2019)에 의하면 "감상의 대상이 되는 아름다움을 표현하려는 인간의 활동 및 그 작품"이다. 또는 "아름다운 경지에 이른 숙련된 기술을 비유적으로 이르는 말"이다. 상기된 사전적 정의에 의하면 예술은 미적 추구, 즉 감상의 대상이 되는 아름다움의 표현을 추구한다. 또한 특정 기술도 숙련된 수준에 이르면 단순한 기술 이상의 아름다운 예술로 인식될 수 있다.

상담과정에서 나타나는 현상들은 너무 다양하고 복잡하다. 그런 다양하고 복잡한 역동 속에서 상담을 수행하고 그 결과로서 상담효과를 얻어 나가는 과정은 과학과 기술을 넘어선 미적으로 승화된 예술이라고도 할 수 있다. 가령, 상담진행 과정에서는 과학적으로 기술, 설명, 예측, 통제하기 어려운 날것 그대로의 생생함이 살아 있는 불확실하고 불안정한 상담현상들이 과학의 경계 밖에서 늘 발생한다. 상담현상은 그 자체가 불확실하고 불안정한 특성이 있다. 즉, 상담은 겉으로 확실히 드러난 외현행동을 다루려고 하지만, 동시에 외현행동을 촉발하거나 강화하는 불확실하고 불안정한 외부사건, 그리고 외현행동과 상관있는 내면의 불확실하고 불안정한 신경생리 반응이나 심리적 반응, 그리고 불확실하고 불안정하게 반복되는 사건과 반응양식, 그리고 이런 사건과 반응양식을 형성, 유지, 악화시켜 온 불확실하고 불안정한 과거의 역사들, 그리고 이면의 불확실하고 불안정한 성격이나 기질이나 형질, 그리고 이런 성격이나 기질이나 형질을 형성하고 발현시켜 온 불확실하고 불안정한 개인사, 그리고 사건과 반응에 영향을 미치는 불확실하고 불안정한 가족과 지역사회 환경 등이 얽히고설키면서 매우 다양하고 복잡한 상담현상들을 만들어 낸다. 상담자가 이런 다양하고 복잡한 역동들을 고려하면서 순간순간 자신이 어떤 상담개입을 할 것인지를 주관적이고 즉흥적이며 직관적으로 판단하고 이를 수행해서 상담효과를 얻어 나가는 과정은 그 자체로 단순한 과학과 기술을 넘어선 하나의 예술이다. 따라서 상담은 예술이라고도 할 수 있다.

결론적으로 상담은 과학이면서 동시에 예술이다. 즉, 상담자는 과학적 접근을 통해 상담에서 일어나는 현상들을 객관적으로 기술, 설명, 예측, 통제해 나가야 한다. 그러면서 동시에 순간순간 발생하는 과학의 경계 밖 현상들을 주관적이고 즉시적이며 직관적이고 역동적인 예술적 접근을 하면서 상담효과들을 만들어 나가야 한다. 결국 상담에서는 과학적 측면과 예술적 측면이 모두 요구된다.

그런데 예술적 측면이 요구됨에도 불구하고, 상담은 과학적 접근이 강조되어야 한다. 상담이 하나의 독립된 전문분야로 발전할 수 있었던 것은 그동안 상담에서 나타나는 불확실하고 불안정한 현상들을 과학적 접근을 통해 확실하고 안정적인 것으로 바꿔 나가는 노력이 있었기 때문이다. 그리고 앞으로도 상담분야의 발전은 과학적 접근을 어느 정도 강조하느냐에 따라 좌우될 것이기 때문이다. 이는 상담사례 개념화도 마찬가지이다. 상담사례 개념화 자체가 과학적 접근임에도 불구하고 상담사례 개념화 과정에 내재된 불확실성과 어려움 때문에 상담사례 개념화는 언제든지 형식적이고 비과학적인 과정으로 변질될 위험요소를 가지고 있다. 그리고 이 때문에 상담사례

개념화 과정에서 과학을 강조할 필요가 있다. 결국 장기적으로 볼 때 상담사
례 개념화의 발전은 과학적 접근을 어느 정도 강조하느냐에 따라 좌우될 것
이다.

1) 과학 정의

일반적으로 과학(科學, Science)은 물리, 화학, 생물, 지구과학 등의 기초과
학(또는 순수과학, 자연과학)을 지칭하는 용어이다. 그러나 이 용어의 적용 범
주를 더 확대하면 공학, 의학, 약학 등의 응용과학, 그리고 더 나아가 사회,
심리, 교육, 복지 등의 사회과학까지도 과학에 포함할 수도 있다. 여기서는
과학을 기초과학에 국한하지 않고, 응용과학이나 사회과학까지도 포괄하는
용어로 사용하였다.

과학을 의미하는 영어단어 'science'의 어원은 '지식'을 뜻하는 라틴어
'scientia'이다(김성원, 최경희, 허명, 2017). 그리고 science의 번역어인 '과학(科
學)'은 의미구조상 '세분화된 분과(科)로 나누어진 학문(學)'을 의미한다. 그리
고 표준국어대사전(국립국어원, 2019)에는 과학(科學)이 "보편적인 진리나 법
칙의 발견을 목적으로 한 체계적인 지식. 넓은 뜻으로는 학(學)을 이르고, 좁
은 뜻으로는 자연과학을 이른다"라고 기술되어 있다. 또한 철학사전(철학사
전편찬위원회, 2012)에는 과학이 "사물의 구조, 성질, 법칙을 탐구하는 인간의
이론적 인식활동 및 그 산물로서의 체계적 이론적 지식"이라고 기술되어 있
다. 그리고 교육학 용어사전(서울대학교 교육연구소, 1995)에는 과학이 "자연
과 인간의 현상을 합리적으로 이해하기 위한 목적의 탐구행위"라고 기술되
어 있다. 또한 "넓은 의미의 과학은 학문과 같은 뜻으로 사용되나, 좁은 의미
의 과학은 객관적으로 존재하는 자연현상과 인간현상을 있는 그대로 기술
(記述), 설명(說明), 예언(豫言), 통제(統制)하는 방법론적 특색을 지닌 지식체
계이다"라고 기술되어 있다.

상기된 과학에 대한 정의들을 종합하면, 과학이란 '관찰, 조사, 실험 등의 객관적이고 실증적인 방법으로 현상을 탐구하여 현상을 기술하거나 설명하거나 예측하거나 통제해 나가는 활동, 또는 이런 활동을 통해 형성한 지식체계나 이론, 또는 학문'이라고 정의할 수 있다.

2) 과학의 특징

과학에 대한 개념 정의를 토대로, 과학을 목적, 방법, 과정, 가치의 네 가지 항목으로 구분하여 좀 더 자세히 설명하면 다음과 같다. 첫째, 과학의 목적은 현상을 기술하고, 설명하며, 예측하고, 통제하는 것이다. 먼저, 과학의 목적 중 하나는 현상을 기술(description)하는 것이다. 즉, 현상의 존재, 구조, 변화 등을 탐구하여, 있는 그대로의 사실을 발견한 후, 이를 기술하는 것이다. 더 나아가 기술된 현상을 탐구하여, 유목(類目)을 발견하거나 구성하고, 이를 토대로 분류 및 명명하는 것이다. 또 다른 과학의 목적은 현상을 설명(explanation)하는 것이다. 즉, 현상 관련 존재, 구조, 변화뿐만 아니라 현상 관련 상관이나 인과관계, 촉발이나 유지나 발생기제, 반복이나 순환이나 발달주기, 관련 구성 개념의 속성, 가치 등을 탐구하여, 관련된 사실이나 규칙성을 발견하고, 이를 토대로 현상을 설명하는 것이다. 또 다른 과학의 목적은 현상을 예측(prediction) 또는 예언하는 것이다. 즉, 발견된 사실이나 규칙성을 토대로 미래의 현상을 탐구하여, 발생 가능한 미래의 현상을 발견하고, 이를 토대로 미래의 현상을 예측 또는 예언하는 것이다. 또 다른 과학의 목적은 현상을 통제(Control)하는 것이다. 즉, 발견된 사실이나 규칙성, 그리고 미래 현상에 대한 예측 또는 예언을 토대로 현상의 통제를 탐구하여, 현상을 통제하는 규칙성이나 원리를 발견하고, 이를 토대로 원하는 방향으로 현상을 통제(관리, 조작, 개입, 실천, 적용)하는 것이다.

둘째, 과학의 방법은 객관적이고 실증적이다. 먼저, 과학의 우선 대상은 경험적 현상이다. 즉, 과학은 객관적 실증을 위해서 관찰, 측정, 조작 가능한 현상을 우선적 대상으로 한다. 역으로 표현하면 관찰, 측정, 조작할 수 없는 현상은 과학의 우선적 대상이 아닌 차선적 대상이다. 또한 과학에서는 진실이나 진리를 탐구하기 위해 귀납법과 가설연역법을 사용한다(장대익 2008). 즉, 어떤 의문이 발생하면, 관련 현상을 관찰하여 사실적 정보들을 수집하고, 이런 사실적 정보들을 분석하거나 종합해서 일반화된 사실이나 규칙성을 발견해 나가는 귀납법을 사용한다. 그리고 일반화된 사실이나 규칙성을 토대로 새로운 가설을 수립하고, 이 가설을 객관적이고 실증적인 방식으로 검증해 나가는 가설연역법을 사용하기도 한다. 더 나아가 가설검증의 과정을 반복하여 같은 결과가 나오면 가설은 정설(定說)로 받아들인다. 하지만 정설로 받아들일 뿐 완전한 진설(眞說)로 받아들이지는 않는다. 과학에서는 가설이나 정설에 대해 다시 의문하고 다시 검증하여 다시 진위 판단을 할 수 있는 가능성을 항상 열어 둔다.

셋째, 과학의 전개 과정은 비교적 일정한 국면으로 이루어진다. 즉, 과학은 '의문, 탐구, 판단, 가설, 검증, 재과정'의 순으로 전개된다. 과학의 첫 번째 국면은 의문이다. 이는 호기심을 가지고 현상을 관찰하다가 지금까지 의문하지 않았던 새로운 창의적 의문을 생성하고, 이러한 의문의 답을 탐구하고자 하는 동기가 발생하는 국면이다. 가령 '개념, 존재, 구조, 변화, 관계, 가치, 통제, 목표, 방법, 적용' 등에 대한 의문을 생성하고 이를 탐구하고자 동기가 발생하는 국면이다. 두 번째 국면은 탐구이다. 이는 생성된 의문의 답을 얻기 위해 논리와 실증을 통해 탐구해 나가는 국면이다. 세 번째 국면은 판단이다. 이는 탐구의 결과로서 의문에 대한 답, 즉 판단을 내리고, 이 판단을 진술하는 국면이다. 네 번째 국면은 가설 수립이다. 이는 판단과 관련된 진술들 중에서, 그 진위를 실증적으로 검증해야 하는 내용이 있을 경우, 그 진술을 실증적 검증이 가능한 형태의 가설로 바꾸는 국면이다. 그런데 이 과정에서 실증적 검증이 아닌 논리적 검증, 즉 논리적 진위 판단을 해야 할 경우 진술은 논리적 진위 판단이 가능한 형태의 명제로 바꾼다. 다섯 번째 국면은 가설 검증이다. 이는 수립된 가설을 실증적인 방법으로 검증하는 국면이다. 즉, 관찰, 조사, 실험 등의 실증적인 방법으로 자료를 수집하고, 수집된 자료를 분석하여 가설의 진위 여부를 판단한 후, 가설을 기각하거나 수용, 또는 수정이나 보완해 나가는 국면이다. 여섯 번째 국면은 재과정이다. 이는 가설의 진위를 검증한 이후에, 또다시 관련된 의문, 탐구, 판단, 가설, 검증의 과정을 반복하는 국면이다. 이런 재과정을 통해 과학적 지식은 증가하고, 이렇게 증가된 과학적 지식들을 조직화하여 이론을 만들며, 더 나아가 하나의 학문으로 발전되어 나가기도 한다.

그런데 상기된 과학의 전개 과정은 순차적으로만 일어나지 않고 비순차적으로 일어날 수 있다. 즉, 의문, 탐구, 판단, 가설, 검증의 과정이 순서가 바뀌어서 전개될 수도 있고, 반복이나 구간반복, 또는 병렬적으로 전개될 수도 있고, 또는 어떤 국면이 나타나지 않거나 전혀 다른 국면이 추가되어 전개될 수도 있다.

넷째, 과학은 가치 있지만 한계도 있다. 먼저, 과학은 매우 가치 있다. 과학은 현상을 객관적으로 탐구하여 있는 그대로의 사실을 발견하여 현상을 기술하고, 현상의 규칙성을 발견하여 현상을 설명하며, 발생 가능한 또는 조작 가능한 미래 현상을 발견하여 미래 현상을 예측하고, 현상을 통제하는 원리를 발견하거나 창조하여 가능한 범위 내에서 현상을 원하는 방향으로 통제해 왔다. 과학은 실증적 접근을 통해 사실, 구성 개념, 원리나 법칙, 모형, 이론, 그리고 학파나 학문 등의 지식체계를 누적시켜 왔고 앞으로도 누적시켜 갈 것이다. 인간은 과학을 활용하여 수많은 의문을 해소해 왔고 앞으로도 해소해 나갈 것이다. 또한 과학을 활용하여 원하는 목표들을 성취해 왔고 앞으로도 성취해 나갈 것이다. 과학은 인류 문명의 토대가 되어 왔고 이는 미래에도 그럴 것이다. 따라서 과학은 매우 가치 있다.

하지만 과학은 한계와 무가치한 측면도 있다. 예를 들면, 과학의 일차적 대상은 접근 가능한 현상이다. 즉, 접근할 수 없는 현상들은 과학의 대상에서 종종 제외된다. 가령, 직접 접근할 수 없는 우리가 모르는 우주, 우리가 모르는 물질이나 비물질, 우리가 모르는 현상이나 비현상을 포함한 우리의 인식 경계 밖에 있는 것들은 과학의 대상에서 제외되곤 한다. 또한 과학은 방법적으로도 한계가 있다. 예를 들면, 관찰, 조사, 실험과 같은 객관적 실증적 방법들은 측정의 오류, 검증의 오류, 결과의 해석과 일반화 오류 등의 한계가 있다.

　그리고 과학은 보통 가치중립적이다. 하지만 과학은 종종 가치중립적으로 이루어지지 않으며, 그 결과를 무가치하게 사용될 수도 있다. 예를 들면, 원자에 대한 과학적 지식은 원자폭탄의 개발과 사용, 그리고 끔찍한 집단학살로 이어지기도 했다. 하나의 과학적 파생물인 우생학은 유태인 학살정책에 이용되었다. 응용화학의 발전과 함께 환경오염도 증가하고 있다. 종종 과학은 상업적 목적으로 오용되기도 하는데, 일부 과학자들은 기업으로부터 돈을 받고 사실과 다르지만 기업이 원하는 연구결과를 제공해 주기도 했다. 일부 과학자들은 정부와 손을 잡고 인간을 대상으로 비윤리적 연구들을 수행하면서 연구 대상자들에게 돌이킬 수 없는 피해를 주는 만행을 저지르기도 했다. 이처럼 과학은 종종 가치중립적으로 이루어지지 않았고 그 결과가 무가치하게 사용되었다. 그러나 결론적으로 과학은 한계나 무가치한 측면이 있지만 현존하는 가장 바람직한 방법론이자 지식체계라는 점은 의심할 여지가 없다.

7. 현상

　상담사례 개념화는 상담사례의 상담문제와 관련된 현상, 상담문제 원인과 관련된 현상, 상담개입과 관련된 현상을 개념단어나 가설문장으로 만들어 가는 작업이다. 따라서 상담사례 개념화를 하려면, 그 기초로서 현상에 대한 이해가 필요하다. 여기서는 상담사례 개념화를 해 나가는 데 필요한 기초 지식으로서 현상에 대해 설명하였다.

　표준국어대사전(국립국어원, 2019)에는 현상(現象, phainomenon)이란 '인간이 지각할 수 있는, 사물의 모양과 상태' 또는 '본질이나 객체의 외면에 나타나는 상'이라고 기술되어 있다. 그리고 다음 사전(다음, 2019)에는 '사물이나 어떤 작용이 드러나는 바깥 모양새' 또는 '오관(五官) 또는 심리 작용의 매개에 의해 의식으로 발현되는 모든 것'이라고 기술되어 있다. 그리고 네이버 한자사전(네이버, 2019)에는 '눈앞에 나타나 보이는 사물(事物)의 형상(形狀)' 또는 '본질(本質)이나 본체(本體)의 바깥으로 나타나는 상(象)'이라고 기술되어 있다. 한편, 철학사전(철학사전편찬위원회, 2012)에는 '눈앞에 나타나 있는 것' 또는 '무엇인가 나타난 모습(appearance)' 또는 '단순한 나타남'이라고 기술되어 있다. 그리고 철학에서 현상이란 '관찰되고 확인된 모든 사실로서 과학적 연구의 대상이 되는 것' 또는 '의식에 현전(現前)하여 있는 것, 그것 자체가 말끔히 드러나 있는 것' 또는 '본질이 의식에 나타난 모습, 즉 주관적인 의식 내용을 뜻하는 것' 등과 같이 여러 가지 의미로 사용된다고 기술되어 있다(철학사전편찬위원회, 2012).

상기된 현상에 대한 개념 정의를 종합하면, 현상은 세 가지 의미로 정의할 수 있다. 즉 '외적으로 나타난 상, 있는 그대로의 객관적 사실, 외적 대상에 대한 내적 표상'의 세 가지 의미로 정의할 수 있다.

1) 외적으로 나타난 상

현상에 대한 첫 번째 정의는 '외적으로 나타난 상'이다. 이 정의는 '표면으로 나타난 것은 현상이지만 표면으로 나타나지 않은 것은 현상이 아니다'라는 의미를 포함한다. 또한 이 정의는 '현상이란 본질(또는 본체)과 비교되는 것'이라는 의미를 포함한다. 즉, '이면적 실체인 본질이 존재하고, 이 본질이 외적인 상으로 나타난 것'이라는 의미를 포함한다. 이러한 현상, 즉 외적으로 나타난 상은 진상(眞象)과 가상(假象)으로 구분하기도 한다. 이때 진상(眞象)이란 이면적 본질이 있는 그대로 외적으로 나타난 것이고, 가상(假象)이란 이면적 본질이 왜곡되어 외적으로 나타난 것이다.

상담 또는 상담사례 개념화에서도 외적으로 나타난 상, 즉 표면으로 나타난 상담현상(또는 상담사례 현상)을 다룬다. 또한 표면으로 나타나지 않은 본질이나 본체, 또는 표면으로 나타나지 않은 이면적 심층적 배경적 맥락적인 내용들을 다룬다. 예를 들어, 내담자가 표면적으로 '우울하다는 언어적 표현행동'을 했다면, 이 표면적 행동의 본질은 '우울증'이나 '우울증 관련 신경생리적 기능장애'일 수 있다. 상담에서는 우울하다는 언어적 표현행동도 다루지만, 그 이면에 존재하면서 우울하다는 언어적 표현행동을 하게 하는 우울증도 다룬다. 또 어떤 내담자가 '높은 곳을 피하는 회피행동'을 한다면, 이 표면적 행동의 본질이나 본체는 '불안장애, 특히 고소공포증'일 수도 있고, '어릴 때 높은 곳에서 떨어져서 다쳤던 경험에 대한 기억'일 수도 있으며, '신경증 성격이거나 특성 불안'일 수도 있고, '초기 발달과정의 애착장애'일 수도 있다. 상담에서는 표면적인 내담자의 회피행동도 다루지만, 그 이면에 존재하면서 높은 곳에 대한 회피행동을 하게 하는 본질이나 본체인 '고소공포증, 높은 곳에서 떨어져 다쳤던 경험에 대한 기억, 신경증 성격이나 특성 불안, 그리고 애착장애'도 다룬다. 표면적 상담현상과 이면적 실체인 본질이나 본체 중에 어떤 것에 더 비중을 두느냐는 상담이론마다 조금씩 다르다. 가령, 행동상담에서는 표면으로 나타난 객관적 현상만을 다루려 하고 객관적이지 않은 이면의 본질이나 본체에 대해서는 관심을 갖지 않는 경향이 있다. 반면, 정신분석에서는 표면으로 나타난 현상을 다루긴 하지만, 그보다는 이면의 본질이나 본체 또는 심층적 무의식적 내용을 더 비중 있게 다루려고 한다.

2) 있는 그대로의 객관적 사실

현상에 대한 두 번째 정의는 '있는 그대로의 객관적 사실'이다. 이는 주로 과학에서의 정의이다. 과학에서는 이면적 본질을 가정하지 않는다. 즉, 본질은 실재하지 않거나 추론된 것, 또는 가정이나 전제된 것으로 본다. 반면, 현상은 실재하는 것이고 객관적으로 알 수 있는 것으로서 있는 그대로의 객관적 사실이라고 본다. 즉, 현상은 '오감을 사용하여 객관적으로 관찰할 수 있거나 측정도구를 사용하여 객관적으로 측정할 수 있는 있는 그대로의 객관적 사실'이라고 본다. 과학은 이러한 있는 그대로의 객관적 사실을 연구 대상으로 삼는다. 즉, 과학에서는 있는 그대로의 객관적 사실에 대해 의문을 하고, 이 의문의 답을 얻기 위해 객관적 사실들을 토대로 탐구하고, 이 탐구 결과를 토대로 의문의 답인 객관적 사실을 판단하고, 이 판단을 검증하기 위해 객관적 사실을 기술한 가설을 구성하고, 이 가설을 실증적 방법으로 검증하여 가설의 진위 여부를 판단하고, 이 가설의 진위 판단을 토대로 객관적

사실에 대한 지식을 얻고, 이상의 과정을 반복하면서 객관적 사실에 대한 지
식체계나 모형이나 이론을 만들어 가고, 이렇게 만들어진 객관적 사실에 대
한 지식체계나 모형이나 이론을 현실에 적용하여 있는 그대로의 객관적 사
실을 기술하고 설명하며 예측하고 통제하는 데 사용하고, 이상의 과정을 반
복하면서 과학은 발전되어 나간다.

　상담 또는 상담사례 개념화는 과학적 또는 객관적 접근을 추구하며, 이 때
문에 있는 그대로의 객관적 사실, 즉 객관적 상담현상(또는 상담사례 현상)을
중요시한다. 일반적으로 상담에서는 행동을 외현행동과 내현행동(또는 내현
반응)으로 구분한다. 이런 구분에서 외현행동은 관찰 및 측정 가능한 객관적
사실이다. 예를 들면, 시각단서를 통해 알 수 있는 색과 형태, 동작, 그리고
이들의 강도나 빈도, 지속시간 등이고, 청각단서를 통해 알 수 있는 소리, 단
어, 문장, 그리고 이들의 강도나 빈도, 지속시간 등이며, 후각단서를 통해 알
수 있는 냄새, 그리고 이 냄새 강도나 빈도, 지속시간 등이며, 촉각단서를 통
해 알 수 있는 온도, 감촉, 그리고 이들의 강도나 빈도, 지속시간 등이다. 반
면, 내현행동은 직접 관찰이나 측정할 수 있는 것이 아니라 객관적 외현행동
을 통해 추론된 것이다. 즉, 직접 알 수는 없지만 외현행동을 통해 추론할 수
있는 내적 반응들이다. 예를 들면, 감각과 지각표상, 기억표상, 상상표상, 느
낌, 의문과 추리와 판단, 욕구, 자아의 의지와 인식과 조절, 방어기제 등은 모
두 직접 알 수는 없지만 외현행동을 통해 추론할 수 있는 내적 반응들이다.
상담에서 이런 내담자의 내현행동들을 직접 알 수는 없기 때문에 객관적으
로 관찰 및 측정 가능한 외현행동을 통해 추론해서 간접적으로 알아낸다. 가
령, 내담자의 외현행동인 '우울하다는 언어표현'을 통해 내현행동인 '우울한
감정'을 추론한다. 객관적 시각에서 볼 때 내담자의 '우울하다는 외현적 언어
표현 행동' 그리고 관련된 비언어적인 외현행동 없이 결코 내현행동인 '우울
한 감정반응'을 직접 알 수는 없다. 따라서 상담에서 내담자를 이해하는 가
장 기초적인 정보는 그의 외현행동이다.

상담 또는 상담사례 개념화를 과학적으로 해 나가기 위해서는 상담자에게 외현행동과 내현행동을 구분하는 능력이 요구된다. 즉, 객관적으로 관찰한 외현행동과 추론된 내현행동을 구분하는 능력이 요구된다. 또한 객관적 외현행동 단서를 토대로 내현행동을 추론하는 능력이 요구된다. 또한 객관적인 외현행동 단서와 추론된 내현행동을 토대로 행동양식, 더 나아가 성격까지 추론하는 능력이 요구된다. 또한 추론된 내현행동, 추론된 행동양식, 추론된 성격의 진위를 확인하기 위해 가설을 수립하고, 이 가설의 진위를 실제로 검증해 나가는 능력이 요구된다.

또한 과학적 접근을 위해서는 '현상 의문과 판단, 현상 기술, 현상 명명, 현상 설명, 현상 평가, 현상 제안'을 구분하는 능력이 요구된다. 이는 상담자의 객관적 사고와 표현, 내담자와의 의사소통 과정에서 매우 중요한 역할을 한다. 이와 관련된 기법 중에 하나가 'Do Language'다. 이에 대해서는 뒤에서 따로 설명하였다.

3) 외적 대상에 대한 내적 표상

현상에 대한 세 번째 정의는 '외적 대상에 대한 내적 표상'이다. 이 정의에서는 인간이 경험하는 현상의 실체는 외적 대상이 아니라 '외적 대상에 대한 내적 표상'이라고 본다. 인간은 자신의 의식적 경험 밖에 존재하는 실체에 대해서는 모른다. 인간의 의식적 경험의 실체는 외부 정보가 상향 및 하향 처리과정을 통해 의식에 만들어진 표상이다. 즉, 감각기관에서 뇌신경으로 이어지는 외부 정보의 상향 처리과정, 그리고 이전 경험에 의해 만들어진 도식을 사용하여 들어온 외부 정보를 해석하는 하향 처리과정을 통해 구성된 외적 대상에 대한 감각적 표상이 바로 경험의 실체이다. 따라서 인간이 경험하는 현상의 실체는 외부에 있는 것이 아니고 내적인 감각적 표상에 있다. 이 입장에서 보면, 외부 현실은 직접 알 수 없다. 단지 내적인 표상을 통해 간접적으로 추정할 수 있을 뿐이다.

한편, 이 정의를 토대로 한다면 현상의 기초 재료는 감각적 표상이다. 즉, 현상을 구성하는 내용물은 오감을 통해 만들어진 대상에 대한 감각적 표상이라고 할 수 있다. 다시 말하면, '현상은 색과 모양, 움직임 등의 시각적 표상'으로 구성되어 있다. 또한 '현상은 소리의 청각적 표상, 피부감각의 촉각적 표상, 냄새의 후각적 표상, 맛의 미각적 표상'들로 구성되어 있다. 이러한 오감이 만들어내는 대상에 대한 감각적 표상이 현상을 구성하는 주된 내용물이다. 물론, 현상을 구성하는 내용물이 감각적 표상만은 아니다. 과거 경험에 의해 형성된 도식을 사용하여 외부 정보를 해석한 내용, 그리고 기억표상의 내용, 상상표상의 내용 등도 현상을 구성하는 내용물의 일부이다.

상담 또는 상담사례 개념화에서도 내적 표상 또는 표상체계를 다룬다. 가령, 신경언어프로그래밍(Neuro Linguistic Programming: NLP)에서는 표상이나 표상체계를 직접 다룬다. 인지상담, 인지행동상담에서도 표상체계를 다루는데, 주로 정보의 하향 처리과정을 다룬다. 사실 모든 상담이론에서 표상체계를 간접적으로 다룬다. 예를 들어, 정신분석에서는 주로 생의 초기나 과거의 심리적 외상과 관련된 기억표상, 저항이나 전이로 활성화되어 나타나는 자기 및 대인표상 등을 다룬다. 또 인간중심상담에서도 지금여기 상담장면에서 활성화되어 나타나는 자기 및 대인표상 등을 다룬다. 일반적으로 상담에서는 내담자의 내적 표상을 밝히고자 한다. 그리고 이렇게 밝혀진 내적 표상을 토대로 내담자를 이해하고, 이러한 이해를 토대로 내담자가 바람직한 방향으로 변화해 나갈 수 있도록 돕는 다양한 개입들을 해 나간다. 이 과정에서 상담사례 개념화는 '현상, 즉 내적 표상을 개념화'하고, 이를 상담에서 다루어 나갈 수 있도록 하는 중요한 절차이다.

8. 개념

과학이나 학문에서 가장 중요한 개념 중에 하나는 바로 '개념 그 자체'이다. 그리고 상담사례 개념화란 특정 상담사례의 상담문제와 관련된 현상들, 그리고 상담문제 원인이나 상담개입과 관련된 현상들을 개념으로 만들어 가는 작업이다. 따라서 과학이나 학문의 기초로서, 그리고 상담사례 개념화의 기초로서 '개념'에 대해 충분히 이해하는 것은 매우 중요하다. 한편, 개념은 유목화의 산물이다. 따라서 개념을 이해하려면 유목화에 대한 이해가 선행되어야 한다. 여기서는 '개념에 대한 정의, 개념의 특성, 유목화'에 대해 설명하였다.

1) 개념에 대한 정의

개념이 무엇인지에 대한 정의는 다양하다. 먼저, 개념(概念)은 한자로 '대개, 대략, 대부분' 등을 의미하는 概, 그리고 '생각, 관념' 등을 의미하는 念으로 이루어진 단어로서, '대략적 생각'이라는 의미를 지니고 있다. 즉 '어떤 현상이나 대상을 대략적으로 지칭하는 생각'이라는 의미이다. 개념에 대한 정의는 다양한데, 기존의 개념에 대한 정의들은 다음과 같다.

- 개념이란 "어떤 사물이나 현상에 대한 일반적인 지식이다." 또는 "구체적인 사회적 사실들에서 귀납하여 일반화한 추상적인 사람들의 생각이다." 또는 "여러 관념 속에서 공통된 요소를 뽑아내어 종합하여서 얻은 하나의 보편적인 관념이다. 이는 언어로 표현되며, 일반적으로 판단에 의하여 얻어지는 것이나 판단을 성립시키기도 한다."(국립국어원, 2019)
- 개념이란 "실제로 보고 체험하여 아는 경험적인 개개의 것, 즉 개물(個物)이나 개체(個體)에 대해 그것들을 포괄하고, 그것들보다 한 단계 차원이 높은 추상적 보편적 존재이다."(한국사전연구사 편집부, 1994)
- 개념이란 "현상을 기술하는 데 사용되는 용어나 표상이다."(이명선, 이소우, 김금자, 김묘경, 김지현, 이경희, 이인옥, 이정숙, 홍정희, 2006)
- 개념이란 "특정한 사물, 사건이나 상징적인 대상들의 공통된 속성을 추상화하여 종합화한 보편적 관념이다."(곽호완, 박창호, 이태연, 김문수, 진영선, 2008)
- 개념이란 "사물과 그 과정의 본질적 특징들을 반영하는 사고 형식으로 인간의 사고활동의 기본적 단위이다."(철학사전편찬위원회, 2012)
- 개념이란 "사물 현상에 대한 일반적인 관념이나 지식이다. 다시 말해서 개개의 사물로부터 공통적 일반적 성질을 뽑아내서 이루어진 표상(表象)이다."(행정학용어표준화연구회, 2010)
- 개념이란 "특정한 대상이나 현상 또는 공통적인 속성을 가리키는 의미체이다."(김춘경, 이수연, 이윤주, 정종진, 최웅용, 2016)

이상에서 살펴본 바와 같이 개념에 대한 정의는 매우 다양해서 이해하기 어렵지만 상기된 정의들을 종합하면, 개념이란 '현상이나 대상에 대한 사고의 산물인 사상을 지칭하기 위해 만들어 낸 내적 관념이다. 그리고 이 내적 관념을 지칭하기 위해 만들어 낸 외적 단어(또는 낱말)이다'라고 정의할 수 있다. 이를 좀 더 자세히 설명하면, 현상이나 대상에 대해 사고(思考)를 하고, 이 사고의 결과로서 사고의 산물인 사상(思想)이 만들어지며, 이 사상을 지칭하기 위해 만들어낸 내적 관념(觀念)이 바로 개념이다. 더 나아가 기존의 언어체계를 사용하여 이 내적 관념을 지칭하는 단어를 선택하거나 새로 만들고, 이 만들어진 단어가 집단적 학문적 공유와 합의, 그리고 통용의 과정을 거치면서 집단적 학문적으로 일반화된 것이 우리가 사용하는 개념이다.

2) 개념의 특성

상기된 개념에 대한 정의를 토대로 개념의 특성을 '구성된 개념, 유목화 산물, 사고 기본 단위, 의사소통 원재료'의 4가지로 요약할 수 있다. 이를 중심으로 개념에 대해 좀 더 자세히 설명하면 다음과 같다.

(1) 구성된 개념

개념은 개인적 집단적 학문적으로 구성된 것, 즉 만든 것이다. 먼저, 개념은 개인이 주관적으로 만든 것이다. 가령, 특정 개인이 특정 현상이나 대상에 대해 사고(思考)를 하고, 이 사고의 결과로서 사고의 산물인 사상(思想)이 만들어지며, 이 사상을 지칭하기 위한 관념(觀念)이 만들어지고, 기존의 언어체계를 사용하여 이 관념을 지칭하는 단어(單語)를 선택하거나 새로 만드는 과정을 통해 개념은 개인이 주관적으로 만든 것이라고 할 수 있다.

그리고 개념은 개인을 넘어서서 집단적으로 만든 것이기도 하다. 즉, 개인이 주관적으로 만든 개념들은 타인이나 집단, 더 나아가 사회나 문화적으로 공유와 합의, 그리고 통용의 과정을 거치게 되고, 이 과정에서 개념은 집단적(또는 사회나 문화적)으로 만든 것이라고 할 수 있다.

또한 개념은 학문적으로 만든 것이기도 하다. 즉, 특정 학문 분야의 학자가 특정 학문 분야의 현상이나 대상에 대해 과학적 사고(思考)를 하고, 이 과학적 사고의 결과로서 사고의 산물인 사상(思想)이 만들어지며, 이 사상을 지칭하기 위한 관념(觀念)이 만들어지고, 특정 학문 분야의 언어체계를 사용하여 이 관념을 지칭하는 단어(單語)를 선택하거나 새로 만드는 과정을 통해 개념은 학문적으로 만든 것이라고 할 수 있다. 또한 특정 학문 분야의 학자가 주관적으로 만든 특정 개념은 다른 학자들과 공유와 합의, 그리고 통용의 과정을 거치게 되고, 이 과정에서 개념은 학문적으로 만든 것이라고 할 수 있다.

한편, 개념은 그 특성상 개인적 집단적 학문적으로 구성된 것이기 때문에 개인에 따라, 집단(또는 사회나 문화)에 따라, 학문에 따라 다르게 구성될 수 있다는 것을 인식 및 수용하는 것이 필요하다.

(2) 유목화 산물

개념은 유목화 과정의 산물이다. 즉, 현상이나 대상에 대해 사고를 하고, 이 사고의 과정에서 발생한 사고의 내용들을 그 속성에 따라 유목으로 나누면서 사상(思想)들을 만들어 내고, 이렇게 만들어 낸 사상들을 다시 그 속성에 따라 유목으로 나누면서 특정 사상에 대한 특정 관념(觀念)을 만들어 내며, 이렇게 만들어 낸 관념들을 다시 그 속성에 따라 유목으로 나누면서 기존의 언어체계를 사용하여 특정 관념을 지칭하는 단어(單語)를 선택하거나 새로 만들어 내고, 이렇게 선택하거나 만들어 낸 단어들을 집단적 학문적 공유와 합의, 그리고 통용의 과정을 거치면서 다시 그 속성에 따라 유목으로 나누면서 집단적(그리고 사회적 문화적) 학문적으로 일반화된 개념을 만들어 나가는 등의 일련의 유목화 과정의 산물이 바로 개념이다. 바꿔 말하면 개념은 분류 및 명명 과정의 산물이라고 할 수 있다.

그런데 유목화 과정은 그 자체의 특성상 구체적인 것을 일반화하거나 추상화하는 경향이 있다. 개념도 유목화 과정의 산물이기 때문에 그 특성상 일반화나 추상화되어 있다. 따라서 개념을 바르게 이해하거나 사용하려면 개념의 일반화나 추상화 특성에 대한 인식과 수용이 필요하다.

(3) 사고의 기본 단위

사고(思考)의 구조를 분석해 보면, 사고는 '기초 의미단위(意味單位)인 개념들로 구성'되어 있다(백종현, 2004). 즉, 개념은 사고의 기초 재료로서, 사람들은 자신이 가지고 있는 개념들을 사용하여 사고(특히 추상적이고 고차원적인 사고)를 전개해 나간다.

예를 들어, 어떤 사람이 아침에 일어나서, '오늘은 토요일이다. 아침에 늦잠을 자고 일어나니 식구들이 모두 나가고 집에는 아무도 없다. 모두 어디 갔을까? 아마 영화 보러 간 것이 분명하다.'라는 일련의 사고들을 했다고 가정하자. 이를 분석해 보면, 이 사람이 한 일련의 사고들은 많은 개념으로 구성되어 있음을 알 수 있다. 즉, '오늘, 토요일, 아침, 늦잠, 자다, 일어나다, 식구, 모두, 나가다, 집, 아무, 없다, 어디, 가다, 영화, 보다, 가다, 것, 분명하다' 등의 개념들이 일련의 사고들을 구성하는 요소들이다. 좀 더 자세히 설명하면, 이 사람은 '오늘'과 '토요일'이라는 두 개의 개념을 사용하여 '오늘은 토요일이다'라는 사고를 전개하였다. 만약 '오늘'과 '토요일'이라는 개념이 없다면 '오늘은 토요일이다'라는 사고를 전개할 수 없었을 것이다. 마찬가지로 '아침, 늦잠, 자다, 일어나다, 식구, 모두, 나가다, 집, 아무, 없다'는 개념들을 사용하여 '아침에 늦잠을 자고 일어나니 식구들이 모두 나가고 집에는 아무도 없다'라는 사고를 전개했고, 또한 '어디, 가다, 영화, 보다, 가다, 것, 분명하다'라는 개념들을 사용하여 '모두 어디 갔을까? 아마 영화 보러 간 것이 분명하다'라는 사고를 전개하였다. 따라서 기술된 개념들이 없었다면 기술된 일련의 사고들을 전개할 수 없었을 것이다. 이처럼 개념은 사고의 기본 요소이자 기초 재료이다. 인간은 개념을 사용함으로써 비로소 고차원적인 사고를 전개해 나갈 수 있다.

개념은 단지 일상에서의 현실적 사고의 기초 재료일 뿐만 아니라 논리적 사고, 과학적 사고, 그리고 상담이나 상담사례 개념화와 관련된 사고를 해 나가는 기초 재료로 사용된다. 일반적으로 특정 분야에서 전문성이 증가하면, 그 분야에 대한 개념 지식과 사고 능력이 증가한다. 상담이나 상담사례 개념화도 마찬가지다. 상담이나 상담사례 개념화에 대한 전문성이 증가하면, 상담이나 상담사례 개념화에 대한 개념 지식과 사고 능력도 증가한다.

참고로 일상에서 흔히 사용하는 '개념이 없다'는 말은 사고활동, 특히 고차원
적인 사고를 전개해 나갈 때 사용하는 기초 재료인 개념이 없거나 부족하다
는 의미로 사용되는 말이다.

(4) 의사소통의 원재료

개념은 언어적 표현이나 의사소통의 원재료이기도 하다. 일반적으로 개념
이 내적인 사고과정의 기초 재료라면, 단어(單語)는 내적인 개념을 외적인 언
어 형태로 나타낸 것이면서 동시에 언어적 표현이나 의사소통의 기초 재료
이다.

그리고 판단이 개념을 기초 재료로 사용한 내적 사고과정의 산물이라면,
진술문장(陳述文章)은 개념을 사용한 내적인 판단을 외적인 문장 형태로 나
타낸 것이다. 이러한 진술문장을 논리적 검증 가능한 문장 형태로 바꾼 것이
명제(命題)이고, 이 명제를 실증적 검증 가능한 문장 형태로 바꾼 것이 연구
가설(研究假說)이다. 그리고 이상의 진술, 명제, 연구가설 등을 포함한 의사
소통의 원재료는 바로 개념이다.

한편, 개념은 그 특성상 개인적 집단적 학문적으로 구성된 것이기 때문에
개인에 따라, 집단에 따라, 학문에 따라 다르게 정의될 수 있다. 이 때문에
개념은 흔히 다중의미를 지닐 수 있고, 이로 인해 개인적으로 사고의 혼란,
그리고 사회적으로 의사소통의 왜곡이나 오류 등이 발생할 수 있다. 사고의
혼란, 그리고 의사소통의 왜곡이나 오류 등을 줄이는 방법 중에 하나는 사용
하는 개념의 의미를 명확하게 정의하여 사용하는 것이다.

3) 유목화

개념화는 개념을 만들어 가는 일을 의미한다. 그리고 이러한 개념을 만들
어 가는 일은 유목화 과정을 통해 이루어진다. 즉, 유목화 과정을 통해 개념
이 만들어진다. 따라서 개념은 유목화 과정의 산물이다. 이 때문에 개념을

이해하려면 유목화에 대한 이해가 필요하다. 여기서는 유목화를 '유목, 유목화, 상담에서 유목화, 행동의 하위유형, 행동의 상위유형'으로 구분하여 설명하였다.

(1) 유목(類目, category)

유목은 한자로 '類目'인데, 여기서 類는 '무리, 종류' 등을 의미하고, 目은 '목록, 명칭' 등을 의미한다. 따라서 유목(類目)이란 '무리목록, 무리명칭, 종류목록, 종류명칭' 등을 의미한다고 할 수 있다. 그리고 유목은 영어로 category 인데, 이는 '동일한 성질을 가진 부류나 범위', 즉 '범주'를 의미한다(국립국어원, 2019). 이상을 종합하면 유목이란 '현상이나 대상을 범주로 만들어 이름을 붙인 목록'을 의미한다. 즉, '현상이나 대상을 분류 및 명명하여 만들어 놓은 목록' 또는 '현상이나 대상을 분류 및 명명하는 일에 준거가 되는 이미 만들어진 분류목록'을 의미한다. 결국, 유목은 분류목록의 준말이라고 할 수 있는데, 여기서 분류목록(分類目錄, Classification List)이란 '특정 현상들이나 대상들을 분류하여 만들어 놓은 목록' 또는 '특정 현상들이나 대상들을 분류 및 명명하는 일에 사용되는 분류 및 명명체계'를 의미한다.

(2) 유목화(類目化, categorization)

유목화는 유목을 만들어 나가는 일을 의미한다. 다시 말하면, '현상들이나 대상들을 비슷한 것들로 묶어서 범주로 만들어 이름을 붙여 나가는 일, 즉 분류 및 명명하는 일'을 의미한다.

유목화는 상향 유목화와 하향 유목화로 구분할 수 있는데, 상향 유목화는 '개별적인 대상들이나 현상들을 비슷한 것들로 묶어서 보다 상위의 범주로 구분하고, 이 상위 범주에 일반화 또는 추상화된 이름을 붙여 나가는 일'을 의미한다. 즉, '개별적인 대상들이나 현상들에 대해서 위쪽 방향으로 분류 및 명명해 나가는 일'을 의미한다. 반면, 하향 유목화는 '일반화 또는 추상화된 이름을 구체화 또는 세분화해서 보다 하위의 범주들로 구분하고, 이런 각각의 하위 범주들에 대해서 세분화된 이름을 붙여 나가는 일'을 의미한다. 즉 '아래쪽 방향으로 분류 및 명명해 나가는 일'을 의미한다.

예를 들어, '개별적인 개(犬)들'이 있으면, 이들을 비슷한 것들끼리 묶어서 '진돗개, 풍산개, 불도그, 치와와 등의 개 품종'으로 상향 유목화를 할 수 있다. 더 나아가 이런 '품종들'을 묶어서 '개'라고 상향 유목화를 할 수 있다. 더 나아가 이런 '개'뿐만 아니라 '고양이, 소, 말, 염소, 닭, 사자, 호랑이' 등을 묶어서 '동물'이라고 상향 유목화를 할 수 있다. 더 나아가 이런 '동물'뿐만 아니라 '식물'까지 포함해서 '생물'이라고 상향 유목화를 할 수 있다. 더 나아가 이런 '생물'뿐만 아니라 '무생물'까지 포함해서 '자연'이라고 상향 유목화를 할 수 있다.

반대로, '자연'을 세분화해 '생물과 무생물'로 하향 유목화를 할 수 있다. 그리고 이들 중에 '생물'을 다시 세분화해 '동물과 식물'로 하향 유목화를 할 수 있다. 그리고 이들 중에 '동물'을 다시 세분화해 '개, 고양이, 소, 말, 염소, 닭, 사자, 호랑이' 등으로 하향 유목화를 할 수 있다. 그리고 이들 중에 '개'를 다시 세분화해 '진돗개, 풍산개, 불도그, 치와와' 등의 개 품종으로 하향 유목화를 할 수 있다. 그리고 이들 중에 '진돗개'를 다시 세분화해 '진돌이, 진순이, 바둑이, 흰둥이, 누렁이, 해피 등으로 불리는 개별적인 개'로 하향 유목화를 할 수 있다. 그리고 이 중에 '진돌이라고 불리는 개별적인 개'를 다시 세분화해 '진돌이의 머리, 몸, 다리, 꼬리' 등으로 하향 유목화를 할 수 있다. 그리고 이들 중에 '머리'를 다시 세분화해 '눈, 코, 귀, 입' 등으로 하향 유목화를 할 수 있다. 그리고 이들 중에 '눈'을 다시 세분화해 '눈썹, 눈꺼풀, 각막, 동공, 유리체, 시신경' 등으로 하향 유목화를 할 수 있다. 그리고 이들 중에 '눈썹'을 다시 세분화해 '왼쪽 눈썹, 오른쪽 눈썹'으로 하향 유목화를 할 수 있다. 그리고 '왼쪽 눈썹'을 더 세분화해 눈썹의 구조, 더 나아가 세포나 원자 수준까지 하향 유목화를 할 수도 있다.

(3) 상담에서의 유목화

유목화는 모든 학문의 기초이다. 상담에서도 마찬가지다. 상담에서 사용하는 개념들은 유목화의 산물이다. 그리고 상담에서도 유목화는 두 가지로 구분할 수 있다. 즉, 구체화 방향으로 분류 및 명명해 나가는 하향 유목화, 그리고 일반화 방향으로 분류 및 명명해 나가는 상향 유목화의 두 가지로 구분할 수 있다.

예를 들어, 어떤 내담자가 가정폭력 문제로 상담실을 방문했는데, 내담자가 '폭력 때문에 왔어요'라고 말했다고 가정하자. 이 경우, 내담자가 언급한 '폭력'은 내담자의 반응행동들을 상향 유목화하여 추상적으로 명명한 것이다. 즉, 폭력이라는 단어에는 내담자가 어떤 상황에서 어떤 반응행동을 했는지가 나타나 있지 않다. 상담은 내담자의 반응행동을 바람직한 방향으로 변화하도록 조력하는 활동이다. 따라서 효과적인 상담개입을 하려면 '폭력'을 하향 유목화하여 내담자의 구체적인 반응행동들을 밝혀 나가는 것이 필요하다.

가령, 상담자는 내담자가 언급한 '폭력'을 구체화하여 '때리는 행동, 벌주는 행동, 위협하는 행동, 비난하는 행동' 등과 같은 폭력의 하위 행동들을 밝혀낼 수 있는데, 이는 하향 유목화이다. 그리고 상담자는 필요하다면 내담자의 '때리는 행동, 벌주는 행동, 위협하는 행동, 비난하는 행동'을 더 구체화하여 하향 유목화를 할 수도 있다. 가령, '때리는 행동'을 더 구체화하여 '오른손으로 뺨을 2회 때린다. 파리채로 머리를 3회 때린다' 등의 세분화된 행동들을 밝혀낼 수 있는데, 이 역시 하향 유목화 과정이다. 더 나아가 '오른손으로 뺨을 2회 때린다'를 더 구체화하여 "오른손이 손가락을 편 상태에서 약 45도 각도로 위로 올라갔다. 귀에서 20cm 정도 떨어진 위치에서 멈추었다가 다시 아이의 뺨이 있는 쪽으로 빠르게 나아갔다. 그리고 아이의 뺨을 때렸다. 아이의 뺨에서 '짝' 하고 소리가 났다. 아이의 턱과 머리카락이 크게 흔들렸다. 아이의 뺨이 붉어졌다. 다시 오른손이 손가락을 편 상태에서 약 45도 각도로 위로 올라갔다. 귀에서 20cm 정도 떨어진 위치에서 멈추었다가 다시 아이의 뺨이 있는 쪽으로 빠르게 나아갔다. 그리고 다시 아이의 뺨을 때렸다. 아이의 뺨에서 또다시 '짝' 하고 소리가 났다. 아이의 턱과 머리카락이 또 다시 크게 흔들렸다. 아이의 뺨이 더 붉어졌다' 등의 매우 세분화된 행동들을 밝혀낼 수 있는데, 이 역시 하향 유목화 과정이다.

반대로, '폭력'은 상향 유목화를 통해 일반화 방향으로 분류 및 명명해 나갈 수 있다. 가령, 내담자가 아이를 '때리는 행동, 벌주는 행동, 위협하는 행동, 비난하는 행동' 등의 폭력행동들을 할 때도 있고 안 할 때도 있지만 폭력행동을 할 때가 상대적으로 더 많다면, 이를 일반화하여 '폭력행동 경향'이라 명명할 수 있는데, 이는 상향 유목화 과정이다. 또는 이런 폭력행동들이 특정 조건에서 거의 예외 없이 반복될 때, 이를 일반화하여 '폭력행동 양식'이라고 명명할 수 있는데, 이 역시 상향 유목화 과정이다. 그리고 이런 폭력행동 경향이나 양식이 과거에도 있었고 현재도 있으며 미래에도 있을 것이라고 예측될 때, 또한 생활 전반에서 반복이나 지속되고 있을 때, 이를 일반화하여 '폭력적 성격 또는 폭력성'이라고 명명할 수 있는데, 이 역시 상향 유목화 과정이다. 그리고 이런 폭력행동 경향이나 양식이나 성격이 내담자 형제들에게도 관찰되고, 부모에게도 관찰되며, 부모의 형제나 조부모에게도 관찰되면, 이를 일반화하여 '폭력적 기질, 형질, 유전인자'라고 명명할 수 있는데, 이 역시 상향 유목화 과정이다. 상담자는 이렇게 상향 유목화된 '폭력행동 경향, 폭력행동 양식, 폭력적 성격, 폭력적 유전인자' 등의 개념화를 한 이후에, 이 일반화 또는 추상화된 개념들을 사용하여 '내담자의 행동경향, 행동양식, 성격, 유전 등'과 관련된 보다 고차원적인 사고들을 전개해 나갈 수 있게 된다. 이상의 내용을 도식으로 정리하면 [그림 2-1]과 같다.

상향 유목화나 하향 유목화는 각각 장단점이 있다. 먼저, 상향 유목화는 일반화 기능이 있다. 즉, 상향 유목화를 통해 복잡한 현상이나 대상을 특정 개념으로 단순화하고, 이 단순화된 개념을 사용하여 더 고차원적인 사고를 할 수 있도록 이끄는 기능을 한다. 하지만 상향 유목화는 정보의 삭제나 누락, 변형이나 왜곡, 일반화나 과장 등의 위험이 있어서, 현실 인식이나 대처,

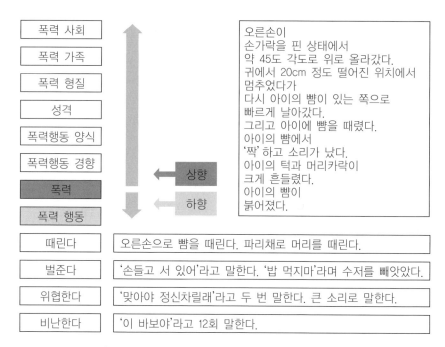

폭력 사회	
폭력 가족	
폭력 형질	
성격	
폭력행동 양식	
폭력행동 경향	
폭력	
폭력 행동	

오른손이
손가락을 핀 상태에서
약 45도 각도로 위로 올라갔다.
귀에서 20cm 정도 떨어진 위치에서
멈추었다가
다시 아이의 뺨이 있는 쪽으로
빠르게 날아갔다.
그리고 아이에 뺨을 때렸다.
아이의 뺨에서
'짝' 하고 소리가 났다.
아이의 턱과 머리카락이
크게 흔들렸다.
아이의 뺨이
붉어졌다.

상향
하향

때린다	오른손으로 뺨을 때린다. 파리채로 머리를 때린다.
벌준다	'손들고 서 있어'라고 말한다. '밥 먹지마'라며 수저를 빼앗았다.
위협한다	'맞아야 정신차릴래'라고 두 번 말한다. 큰 소리로 말한다.
비난한다	'이 바보야'라고 12회 말한다.

[그림 2-1] 폭력에 대한 분류 및 명명, 그리고 유목화

(이 책을 구매한 분들은 개인적 용도로 이 책에 있는 도식들을 사용할 수 있습니다.
개인적 용도 외에 이 책에 있는 도식들을 사용할 때는 허락을 받고 출처를 명시해야 합니다.)

그리고 의사소통의 기능을 떨어뜨릴 수도 있다. 비유를 한다면, 숲은 보지만 나무는 보지 못해서 발생하는 문제들이 유발될 수 있다.

　반면, 하향 유목화는 구체화 기능이 있다. 즉, 일반화된 특정 개념을 구체화함으로써 정보의 삭제나 누락, 변형이나 왜곡, 일반화나 과장 등으로 인해 발생하는 역기능을 낮추는 역할을 한다. 하지만 하향 유목화는 구체화 과정 자체에 시간과 에너지가 많이 소요되는데, 이는 구체화 정도가 강할수록 더 그렇다. 또한 하향 유목화를 하면, 그 결과로써 구체적인 정보의 양이 증가하게 되는데, 이 역시 구체화 정도가 강할수록 그 양도 더 증가하게 된다. 이렇게 되면 사용하지 않는 불필요한 정보들도 더 증가하게 되는데, 이 또한 구체화 정도가 강할수록 더 그렇다. 이처럼 많은 에너지 소모나 불필요한 정보들의 증가는 현실 인식이나 대처, 그리고 의사소통의 기능을 저하할 수도 있다. 비유를 한다면 작은 나무는 보지만 큰 숲은 보지 못해서 발생하는 문제들이 유발될 수 있다. 따라서 상향 유목화와 하향 유목화 간에는 적절한 균형이 필요하다.

⑷ 유목화 능력

심리학자 피아제는 심적 조작 능력에 따라 인간의 발달단계를 전조작기와 조작기로 구분하였다. 즉, 구체적 대상이 없이도 그 대상을 대신할 상징이나 추상적인 개념을 사용하여 심적으로 그 대상을 인식하고 대처할 수 있는 심적 조작 능력이 발달하지 않은 상태인 전조작기, 그리고 이런 심적 조작 능력이 발달한 상태인 조작기로 구분하였다.

피아제에 의하면, 발달상 어린아이는 조작기가 되어야 비로소 유목화 능력이 형성된다. 즉, 전조작기에는 대상이나 현상을 분류 및 명명하는 유목화 능력이 덜 발달되어 있어서 유목화 과제를 제대로 수행하지 못한다. 하지만 조작기가 되면 대상이나 현상을 분류 및 명명하는 유목화 능력이 발달되면서 유목화 과제를 수행할 수 있게 된다. 예를 들어, 아이에게 '사과 10개, 그리고 배 5개'를 보여 주고 나서, '사과가 더 많니? 과일이 더 많니?'라고 질문하면, 발달상 전조작기의 아이는 상향이나 하향 유목화 능력이 덜 발달되어 있기 때문에 '사과'라고 답변한다. 반면, 조작기의 아이는 상향이나 하향 유목화 능력이 발달되어 있기 때문에 '과일'이라고 답변한다. 피아제는 조작기를 다시 구체적 조작기와 형식적 조작기로 구분하였는데, 형식적 조작기에 이르면 인간은 추상적 능력이 더 발달하여 추상적 사고가 가능해지고, 추리판단 능력이 더 발달하여 고차원적인 사고가 가능해진다(곽금주, 2016; 송명자, 2008).

9. 사고

표준국어대사전(국립국어원, 2019)에는 사고(思考, thinking)란 "생각하고 궁리함" 또는 "심상이나 지식을 사용하는 마음의 작용" 또는 "개념, 구성, 판단, 추리 따위를 행하는 인간의 이성 작용"이라고 기술되어 있다. 그리고 교육학 용어사전(서울대학교 교육연구소, 1995)에는 사고란 "넓은 뜻으로는 인간의 지적 작용을 총괄하여 이르는 말이지만, 일반적으로는 감성(感性)의 작용과 구별하여 개념, 판단, 추리의 작용을 가리키는 말"이라고 기술되어 있다. 실험심리학 용어사전(곽호완, 박창호, 이태연, 김문수, 진영선, 2008)에는 사고란 "문제 해결의 과정에서 그 결론에 이르기까지의 심리 작용"이라고 기술되어 있다. 백종현(2004)은 사고(생각)를 넓은 의미와 좁은 의미로 구분하고, 먼저 넓은 의미의 사고란 "의식 활동과 그 내용 모두를 지칭하는 것"이고, 좁은 의미의 사고란 "판단과 그것의 요소인 개념, 그리고 판단이 일정한 규칙에 따라 결합된 추론"이라고 정의하였다.

상기된 정의들을 종합하면, 사고란 '의문, 탐구, 판단의 과정'이라고 정의할 수 있다. 즉, 사고란 '의문을 생성하고, 이 생성된 의문의 답을 탐구하며, 이 탐구결과를 토대로 의문의 답을 판단하는 과정'이다. 그리고 이러한 의문, 탐구, 판단의 과정이 논리적 규칙을 따를 때, 이를 추리(推理) 또는 추론(推論)이라고 한다.

표준국어대사전(국립국어원, 2019)에는 추리(推理, Inference)란 "알고 있는 것을 바탕으로 알지 못하는 것을 미루어서 생각함"이라고 기술되어 있다. 그리고 한국한자어사전(단국대학교 동양학연구소, 1996)에는 추리란 "이미 아는 사실(事實)을 전제로 하여 미루어서 다른 사실(事實)을 알아냄"이라고 기술되어 있다. 또한 철학사전(철학사전편찬위원회, 2012)에는 추리란 "전제(前提)인 하나 또는 몇 개의 명제(命題)로부터 귀결(歸結)이라든가 결론(結論)이라고 불리는 새로운 명제를 도출해 내는 사고작용"이라고 기술되어 있다. 또한 교육학용어사전(서울대학교 교육연구소, 1995)에는 추리란 "한 명제를 출발점, 혹은 기본적인 전제로 하여, 어떤 다른 명제를 도착점, 혹은 결론으로 획득하는 과정"이라고 기술되어 있다.

이상의 추리에 대한 정의들을 종합하면, 추리란 '알고 있는 사실(또는 전제, 가정)을 토대로 모르는 사실(또는 진실, 규칙, 법칙, 진리)을 알아내는 논리적 사고 과정'이라고 정의할 수 있다. 이 정의를 토대로 하면, 추리는 다음과 같은 네 가지 과정을 포함한다. 첫째는 전제 확인하기다. 즉, 알고 있는 사실, 그리고 알고 있는 사실에 전제된 기본가정을 확인하기다. 둘째는 의문하기다. 즉, 모르는 사실(또는 진실, 규칙, 법칙, 진리)에 대한 의문을 생성하고, 이를 질문으로 바꿔서 진술하기다. 셋째는 탐구하기다. 즉, 모르는 사실에 대한 의문의 답을 얻기 위해 귀납적 방법이나 연역적 방법 등을 사용하여 의문의 답을 탐구하기다. 넷째는 판단하기다. 즉, 탐구결과를 토대로 의문의 답을 판단하기(또는 결론 내리기)다.

상담사례 개념화는 특정 상담사례에 대한 논리적 사고, 즉 추리의 과정이다. 다시 말하면, 상담사례 개념화는, ① 상담사례 개념화를 실시하는 시점에서 상담사례의 상담문제, 상담문제 원인, 상담개입과 관련된 주어진 정보들을 확인하여 정리하고, 그리고 ② 상담사례의 상담문제, 상담문제 원인, 상담개입과 관련된 의문을 생성하고, 그리고 ③ 이 생성된 의문의 답을 얻기 위해 탐구하고, 그리고 ④ 이 탐구결과를 토대로 의문의 답인 상담문제, 상담문제 원인, 상담개입과 관련된 판단을 하는 추리과정이다.

10. 가설

상담사례 개념화의 목표 중에 하나는 상담가설을 산출하는 것이다. 가령, 상담문제에 대한 가설, 상담문제 원인에 대한 가설, 상담개입에 대한 가설을 산출하는 것이 상담사례 개념화의 주된 목표이다. 그런데 이러한 상담가설을 산출하려면, 먼저 가설에 대한 이해가 필요하고, 이러한 가설을 이해하려면 진술, 명제에 대한 이해가 필요하다. 여기서는 진술, 명제, 가설을 설명하였다.

1) 진술

한국한자어사전(단국대학교 동양학연구원, 1996)에는 진술(陳述)이란 "구두(口頭)로 자세(仔細)히 말함"이라고 기술되어 있다. 또한 교육학용어사전(서울대학교 교육연구소, 1995)에는 진술이란 "논리학적 개념으로서, 대상에 관한 각종 판단을 서술한 문장"이리고 기술되어 있다. 즉, 현상이나 대상에 대해 논리적 사고를 하고, 이 사고의 결과로 판단을 하며, 이 판단을 외적인 문장으로 나타낸 것이 진술이라는 것이다. 이상을 종합하면, 진술이란 '내적 판단을 외적 문장으로 나타낸 것'이라고 정의할 수 있다. 즉, 사고의 기초 재료인 개념을 사용해서 사고를 전개하고, 이러한 사고를 전개한 결과로서 내적 판단을 내리고, 이러한 내적 판단을 외적 문장으로 나타낸 것이 진술이다.

진술은 일반진술, 그리고 명제, 가설 등으로 구분할 수 있다. 첫째, 일반진술이란 포괄적인 의미로서의 진술을 의미한다. 즉, 내적 판단이 외적 문장으로 나타낸 대부분의 것들을 포괄적으로 지칭할 때 일반진술이라는 용어를 사용하는데, 이 용어는 주로 명제나 가설과 대비할 때 사용된다. 일반진술은 다시 '기술(사실판단), 명명(개념판단), 판단(일반판단), 평가(가치판단), 제안(방안판단)'으로 더 세분할 수 있다. 둘째, 명제란 논리적 사고나 논리적 검증 작업을 위해 만들어진 진술을 의미한다. 보통 논리적으로 참과 거짓을 판단할 수 있는 진술을 명제라고 한다. 셋째, 가설이란 논리적 검증이나 실증적 검증 작업을 위해 만들어진 진술을 의미한다. 보통 논리적 검증 또는 실증적 검증에서는 '문제의 결론에 대한 예측적 진술, 즉 잠정적 결론에 대한 진술'을 가설이라고 한다.

앞에서 설명한 것처럼 일반진술의 유형은 '기술(사실판단), 명명(개념판단), 판단(일반판단), 평가(가치판단), 제안(방안판단)'의 다섯 가지로 구분할 수 있다. 이를 추가적으로 설명하면 다음과 같다.

- 기술(記述): 일반진술의 한 형태는 기술(記述) 또는 서술(敍述)이나 구술(口述)이다. 여기서 기술이란 현상이나 대상에 대한 있는 그대로의 사실을 파악하고 이 사실을 있는 그대로 나열하듯이 기록하는 일을 의미한다. 즉, 있는 그대로의 사실에 대해 의문하고, 이러한 사실의문의 답을 얻기 위해 탐구하고, 이 탐구결과를 토대로 사실의문에 대한 답, 즉 사실판단을 하고, 이 사실판단을 외적 문장으로 표현한 것을 사실에 대한 진술문장, 즉 기술이라 한다. 결국, 기술이란 구체적인 사실을 있는 그대로 진술한 문장이다.
- 명명(命名): 일반진술의 또 다른 형태는 명명(命名)이다. 명명이란 현상이나 대상에 이름을 붙이는 일을 의미한다. 즉, 개념에 대해 의문하고,

이 개념의문의 답을 얻기 위해 탐구하고, 이 탐구결과를 토대로 개념의문에 대한 답, 즉 개념판단을 하고, 이 개념판단을 외적 문장으로 표현한 것을 명명이라 한다. 결국, 명명이란 현상이나 대상을 유목화하여 분류 및 명명한 진술문장이다.

- 판단(判斷): 일반진술의 또 다른 형태는 판단(判斷)이다. 판단이란 사고과정의 산물로, 현상이나 대상에 대해 의문하고, 이 의문의 답을 얻기 위해 탐구하고, 이 탐구결과를 토대로 의문에 대한 답을 판정하거나 단정하고, 이 판정하거나 단정한 것을 외적 문장으로 표현한 것을 판단이라 한다. 판단은 의문의 내용이 무엇이냐에 따라 사실판단, 개념판단, 상관판단, 인과판단, 가치판단, 예측판단, 방법판단 등으로 구분할 수 있다. 결국, 판단이란 의문의 답에 대한 판정이나 단정을 진술한 문장이다.

- 평가(評價): 일반진술의 또 다른 형태는 평가(評價)이다. 평가란 "사물의 가치나 수준 따위를 평함. 또는 그 가치나 수준"이다(국립국어원, 2019). 즉, 현상이나 대상의 가치에 대한 판단을 의미한다. 좀 더 자세히 말하면, 현상이나 대상의 가치에 대해 의문하고, 이 가치의문의 답을 얻기 위해 탐구하고, 이 탐구결과를 토대로 가치의문에 대한 답, 즉 가치판단을 하고, 이 가치판단을 외적 문장으로 표현한 것을 평가라 한다. 결국, 평가란 현상이나 대상의 가치를 판단하여 진술한 문장이다.

- 제안(提案): 일반진술의 또 다른 형태는 제안(提案)이다. 제안이란 "안이나 의견으로 내놓음. 또는 그 안이나 의견"이다(국립국어원, 2019). 즉, 문제해결이나 목표성취 방안에 대한 판단과 제시를 의미한다. 좀 더 자세히 말하면, 문제해결 방안 또는 목표성취 방안에 대해 의문하고, 이 방안의문의 답을 얻기 위해 탐구하고, 이 탐구결과를 토대로 방안의문에 대한 답, 즉 방안판단을 하고, 이 방안판단을 외적 문장으로 표현 및 제시한 것을 제안이라 한다. 결국, 제안이란 문제해결 방안이나 목표성취 방안을 판단하여 제시한 진술문장이다.

2) 명제

명제(命題)는 진술의 하위 유형 중 하나이다. 명제는 주로 논리적 사고나 논리적 검증을 위해 만들어진 용어로서 논리학, 수학 등에서 기초 개념으로 사용된다. 한국한자어사전(단국대학교 동양학연구소, 1996)에는 명제란 "어떤 주장(主張)을 가진 하나의 판단내용(判斷內容)을 언어(言語), 기호(記號), 식 (式) 등으로 나타낸 것이다"라고 기술되어 있다. 그리고 표준국어대사전(국립국어원, 2019)에는 명제란 "어떤 문제에 대한 하나의 논리적 판단 내용과 주장을 언어 또는 기호로 표시한 것. 참과 거짓을 판단할 수 있는 내용이라는 점이 특징이다"라고 기술되어 있다. 또한 수학백과(대한수학회, 2015)에는 명제란 "논리학, 철학, 수학, 전산과학 등에서 참인지 거짓인지 판별할 수 있는 의미 있는 평서문이다"라고 기술되어 있다.

이러한 정의를 종합하면, 명제란 '참인지 거짓인지를 판단할 수 있는 문장이나 기호'라고 할 수 있다. 즉, 현상이나 대상의 진위(眞僞, 참과 거짓)에 대해 의문하고, 이러한 진위의문의 답을 탐구하고, 이 탐구결과를 토대로 진위의문에 대한 답, 즉 진위판단을 하고, 이 진위판단을 외적 문장이나 기호로 나타낸 것을 명제라고 한다.

논리적 사고과정에서 명제를 사용하기 위해서는 '명제인지 명제가 아닌지'를 변별하는 능력, 그리고 명제라면 '참명제인지 거짓명제인지'를 변별하는 능력이 요구된다. 먼저, 명제는 진위(참인지 거짓인지의 여부)를 명확히 판단할 수 있는 문장이나 기호이다. 반면, 명제가 아닌 것은 진위를 명확히 판단할 수 없는 문장이나 기호이다. 그리고 참명제란 명제를 검증한 결과 참으로 밝혀진 문장이나 기호이다. 반면, 거짓명제란 명제를 검증한 결과 거짓으로 밝혀진 문장이나 기호이다.

상담사례 개념화에서도 명제와 비명제, 참명제와 거짓명제를 구분하는 능력이 요구된다. 예를 들면, '프로이트는 위대한 천재이다'라는 진술은 하나의 의견(意見)으로서 진위 여부를 분명하게 판단할 수 없기 때문에 명제가 아니다. 반면, '영철이는 프로이트는 위대한 사람이다라고 어제 강의시간에 말했다' 또는 '영철이는 프로이트는 위대한 사람이다라고 오늘 강의시간에 말을 할 것이다'라는 진술은 진위 판단을 할 수 있기 때문에 명제이다. 단, 사실 여부를 확인했을 때 사실일 수도 있고 아닐 수도 있기 때문에 참명제인지 거짓명제인지는 구분할 수 없다.

또한 '아동은 보호해야 할 대상이다'라는 진술은 하나의 의견(意見)으로서 진위 여부를 분명하게 판단할 수 없기 때문에 명제가 아니다. 반면, '청소년보호법에는 아동은 보호할 대상이다라고 명시되어 있다'라는 진술은 진위 여부를 분명히 판단할 수 있기 때문에 명제이다. 단, 청소년보호법에는 '아동은 보호해야 할 대상이다'라는 진술문장이 없기 때문에 거짓명제이다.

3) 가설

표준국어대사전(국립국어원, 2019)에는 가설(假說, Hypothesis)이란 "어떤 사실을 설명하거나 어떤 이론 체계를 연역하기 위하여 설정한 가정" 또는 "사회 조사나 연구에서, 주어진 연구 문제에 대한 예측적 해답. 두 개의 변인이나 그 이상의 변인들 사이의 관계에 대한 추정적 또는 가정적 서술문의 형식으로 이루어진다"라고 기술되어 있다. 그리고 한국한자어사전(단국대학교 동양학연구소, 1996)에는 가설이란 "어떤 현상을 밝히기 위한 출발점으로서 설정된 명제. 실제로는 아직 타당성이 증명되지 않았으나, 여러 경험적 사실들을 통일적으로 설명하기 위하여 임시로 세운 이론"이라고 기술되어 있다. 또한 교육학용어사전(서울대학교 교육연구소, 1995)에는 가설이란 "가정(假定)된 학설. 상식적 의미의 가설은 사건의 원인을 추리해 보는 것으로, 단순히 가정의 뜻을 가진다. 이론적인 의미의 가설은 과학연구에서 쓰이는 가정을 뜻한다. 어떤 현상을 기존의 지식으로 충분히 설명할 수 없을 때 잠정적으로 가정된 학설이 가설이다"라고 기술되어 있다. 또한 교육심리학용어사전(한국교육심리학회, 2000)에는 가설이란 "연구대상인 현상, 또는 모집단의 특성에 대한 잠정적인 진술문이다"라고 기술되어 있다. 또한 행정학용어사전(행정학용어표준화연구회, 2010)에는 가설이란 "실제로는 아직 타당성이 증명되지 않았으나, 여러 경험적 사실들을 체계적으로 설명하기 위하여 임시 가정하여 세운 이론 내지 명제"라고 기술되어 있다. 또한 문학비평용어사전(한국문학평론가협회, 2006)에는 가설이란 "아직까지 알려지지 않은 사태에 대한, 과학적 근거를 가진 명제 형태의 추측으로서, 이미 알려진 사태를 설명하는 성질을 갖는 것을 가리킨다"라고 기술되어 있다.

상기된 가설에 대한 정의들을 종합하면, 가설이란 '문제의 결론에 대한 잠정적 진술'이라고 정의할 수 있다. 이 정의는 영역에 따라 조금씩 다르게 변형되어 정의될 수 있다. 가령, 연구 영역에서 가설이란 '연구문제의 결론에 대한 잠정적 진술'이라고 정의할 수 있고, 논리 영역에서 가설이란 '논리문제의 결론에 대한 잠정적 진술'이라고 정의할 수 있으며, 이론 영역에서 가설이란 '검증되지 않은 잠정적 학설(학문적 설명체계, 모형, 이론)'이라고 정의할 수 있다. 그리고 상담사례 개념화에서 가설이란 '상담문제, 상담문제 원인, 상담개입 결론에 대한 잠정적 진술' 또는 '상담문제, 상담문제 원인, 상담개입에 대한 검증되지 않은 잠정적 학설(학문적 설명체계, 모형, 이론)'이라고 정의할 수 있다.

한편, 가설이란 문제의 결론에 대한 '잠정적 진술'이다. 여기서 '잠정적'이란 '현재 시점에서는 최고 수준의 타당성을 지닌 문제의 결론에 대한 진술이지만, 현재의 진술이 참(사실, 진실, 규칙, 법칙, 진리)인지 아니면 거짓인지는 확인(또는 검증, 실증)되지 않았기 때문에, 현재 시점에서는 '참이 아닌 잠정적인 참'이라는 의미이다. 그리고 아직 진위 여부가 확인되지 않았기 때문에 가설의 진위 여부는 추가 확인(또는 검증, 실증)이 필요한 상태'라는 의미이다. 이 가설이 엄격한 실증을 통해 참이라고 밝혀지면, 가설은 사실(事實), 진실(眞實) 등으로 불린다. 그리고 가설이 실증을 통해 참이라고 밝혀지는 일들이 반복되면, 이 가설은 진설(眞說)이 된다. 이 진설은 실증 정도에 따라 진설(眞說), 이치(理致), 규칙(規則), 법칙(法則), 진리(眞理) 등으로도 불린다.

11. 개념체계와 가설체계

 정신의학에서 진단이란 DSM(Diagnostic and Statistical Manual of Mental Disorders)이나 ICD(The International Statistical Classification of Diseases and Related Health Problems)와 같은 공인된 진단체계를 준거로 사용하여 환자의 정신장애를 분류 및 명명하는 작업이다(고기홍, 2014). 그런데 진단은 DSM이나 ICD와 같은 진단체계를 준거로 사용하기 때문에, 만약 특정 정신과 의사가 진단을 했다면, 이는 그가 진단하는 과정에서 DSM이나 ICD와 같은 진단체계를 준거로 사용했음을 시사한다.

 상담사례 개념화도 이와 비슷하다. 상담사례 개념화란 개념체계나 가설체계를 포함하고 있는 상담이론을 준거로 사용하여 특정 내담자의 상담문제, 상담문제 원인, 상담개입에 대한 개념단어나 가설문장을 구성하여 진술하는 작업이다. 따라서 특정 상담자가 상담사례 개념화를 했다면, 이는 그가 상담사례 개념화를 실시하는 과정에서 개념체계나 가설체계를 포함하고 있는 상담이론을 개념화 준거로 사용했음을 시사한다. 그리고 개념체계나 가설체계를 포함하고 있는 상담이론은 준거로 사용하여 개념화를 했다는 말은 상담자가 이미 개념화 준거인 개념체계나 가설체계를 포함하고 있는 상담이론을 가지고 있음을 시사한다.

 여기서는 먼저 상담사례 개념화의 준거기능을 하는 상담 개념체계와 상담가설체계에 대해 설명하였다. 그리고 뒤이어 상담이론에 대해 설명하였다.

1) 개념체계

앞에서 살펴본 바와 같이, 개념(概念 concept)이란 '현상이나 대상에 대한 사고의 산물인 사상을 지칭하기 위해 만들어 낸 내적 관념이다. 또한 이 내적 관념을 지칭하기 위해 만들어 낸 외적 단어이다.' 좀 더 자세히 설명하면, 현상이나 대상에 대해 사고(思考)를 하고, 이 사고의 결과로서 사고의 산물인 사상(思想)이 만들어지며, 이 사상을 지칭하기 위해 만들어 낸 내적 관념(觀念)이 바로 개념이다. 더 나아가 기존의 언어체계를 사용하여 이 내적 관념을 지칭하는 단어를 선택하거나 새로 만들고, 이 단어가 집단적 학문적 공유와 합의, 그리고 통용의 과정을 거치면서 집단적 학문적으로 일반화된 것이 우리가 사용하는 개념이다.

개념들이 만들어진 이후에, 개인이나 집단(그리고 사회나 문화)이나 학문 등에서는 이 만들어진 개념들을 조직화하여 개념체계(概念體系 concept system)를 구축해 나간다. 여기서 개념체계란 '개념 간의 관계를 통하여 구조화한 개념의 집합'(다음, 2019) 또는 '개념들 간의 관계에 따라 설정된 구조화된 개념들의 집합'(이강원, 손호웅, 2016)이다.

그런데 보통 개인이나 집단(그리고 사회나 문화)이나 학문 등에서는 만들어진 개념들을 조직화해 개념체계를 구축해 나갈 때 서로 다르게 구축해 나간다. 좀 더 자세히 설명하면, ① 특정 개인들은 주관적으로 개념들을 만들어 낸 이후에, 이 만들어 낸 개념들을 주관적으로 조직화하여 주관적 개념체계를 구축한다. 이 때문에 개인마다 개념과 개념체계가 다를 수 있다. 그리고 ② 특정 집단, 그리고 특정 사회나 문화들은 공유와 합의, 그리고 통용의 과정을 통해 집단적으로 개념들을 만들어 내고, 그 이후에 만들어 낸 개념들을 조직화하여 집단적 그리고 사회나 문화적으로 서로 다른 개념체계를 구축한다. 이 때문에 집단에 따라 그리고 사회나 문화에 따라 개념과 개념체계가 다를 수 있다. 또한 ③ 특정 학문들도 마찬가지다. 특정 학문들은 과학적 공유와 합의, 그리고 통용의 과정을 통해 학문적 개념들을 만들어 내고, 그 이후에 만들어 낸 학문적 개념들을 조직화하여 다른 학문과 다른 개념체계를 구축한다. 이 때문에 학문에 따라 개념과 개념체계가 다를 수 있다.

한편, 구축된 개념체계는 개념화 과정의 준거기능을 한다. 즉, 사고과정을 통해 개념단어를 만들어 나가는 과정에서 개념체계는 현상이나 대상을 분류 및 명명하는 준거기능을 한다(고기홍, 2019b). 예를 들어, '사과 1개와 장미꽃 1송이가 앞에 있다'고 가정하자. 그리고 어떤 사람이 앞에 있는 '사과와 장미꽃'을 분류 및 명명한 후, 하나를 가리키며 '이것은 사과이다'라고 말했고, 다른 하나를 가리키며 '이것은 장미꽃이다'라고 말했다고 가정하자. 이때 어떤 사람이 사과와 장미꽃이 다름을 인식하고, 하나를 '사과'로 분류 및 명명한 후, '이것은 사과이다'라고 말하고, 다른 하나를 '장미꽃'으로 분류 및 명명한 후, '이것은 장미꽃이다'라고 말할 수 있었다는 것은 그 사람에게 사과와 장미꽃을 분류 및 명명할 수 있는 준거인 개념체계가 이미 있고, 이렇게 가지고 있던 개념체계를 준거로 사용하여 분류 및 명명하거나 말하는 행위를 한 것이라고 추정할 수 있다.

또 다른 예를 들면, '수박과 토마토는 과일일까? 아니면 채소일까?' 보통 일반인들은 수박과 토마토를 '과일'로 알고 있지만, 사실 학자들은 수박과 토마토를 '채소'로 분류 및 명명한다. 일반인과 학자와의 이런 인식 차이, 또는 분류 및 명명의 차이는 개념체계 때문에 발생한다. 보통 일반인들은 식물에서 열리는 열매는 모두 과일이라고 분류 및 명명하는 개념체계를 가지고 있다. 반면, 학자들은 다년생 식물에서 열리는 열매는 과일로 분류 및 명명하고, 일년생 식물에서 열리는 열매는 채소로 분류 및 명명하는 개념체계를 가지고 있다. 이런 분류 및 명명의 준거 기능을 하는 개념체계의 차이로 인해 일반인들은 수박과 토마토를 과일로 분류 및 명명하지만, 학자들은 채소로 분류 및 명명한다. 이와 같은 혼란을 막기 위해 일부 학자들은 일년생 식물에 열리는 열매인 '수박, 참외, 메론, 토마토 등'을 따로 분류 및 명명하는 개념체계를 개발해서 사용하기도 한다. 가령, 이런 것들은 과일과 채소의 특성을 모두 가지고 있기 때문에 과일과 채소를 합친 '과채류'로 분류 및 명명하는 개념체계를 사용하기도 한다.

앞에서 일반 개념과 개념체계에 대해 설명하였는데, 이는 상담사례 개념화 과정에서의 상담 개념과 상담 개념체계에도 그대로 적용된다. 즉, 상담사례 개념화를 하는 과정에서, 상담자는 특정 상담사례의 상담문제, 상담문제 원인, 상담개입에 대해 사고(思考)를 한다. 그리고 이 사고의 결과로 상담문제, 상담문제 원인, 상담개입에 대한 사상(思想)이 만들어진다. 그리고 이 사상을 지칭하기 위한 내적 관념(觀念)이 만들어지는데, 이 내적 관념을 상담개념(相談槪念)이라 한다. 그리고 이에 대한 공유와 합의, 그리고 통용의 과정을 통해 집단적 학문적으로 상담개념들을 만들어 내고, 그 이후에 만들어 낸 상담개념들을 다시 집단적 학문적으로 조직화해 상담 개념체계를 구축한다. 그리고 이렇게 만들어진 상담 개념체계는 상담사례 개념화의 준거기능을 한다. 즉, 상담 개념체계(상담문제 개념체계, 상담문제 원인 개념체계, 상담개입 개념체계)는 상담문제, 상담문제 원인, 상담개입에 대한 개념화의 준거로서 기능을 한다(고기홍, 2019b).

(1) 상담문제 개념체계를 준거로 사용한 상담문제 개념화

만들어진 상담 개념체계는 상담사례 개념화를 해 나갈 때 상담개념을 만드는 준거로 사용된다. 좀 더 구체적으로 말하면, 상담문제와 관련된 개념체계를 준거로 사용하여, 특정 상담사례의 상담문제에 대한 개념단어를 구성해 나간다. 그리고 상담문제 원인과 관련된 개념체계를 준거로 사용하여 특정 상담사례의 상담문제 원인에 대한 개념단어를 구성해 나가며, 상담개입과 관련된 개념체계를 준거로 사용하여 특정 상담사례의 상담개입에 대한 개념단어를 구성해 나간다.

　정신분석적 상담을 예로 들어 보자. 다른 상담이론적 접근들과 마찬가지로 정신분석 상담에서도 특정 상담사례에 대한 개념화를 해 나갈 때 정신분석 개념체계를 준거로 사용하여 정신분석적 상담문제, 상담문제 원인, 상담개입을 개념화한다.

　여기서는 먼저 정신분석적 상담문제 개념화, 즉 상담문제에 대한 정신분석적 개념체계를 준거로 사용하여, 특정 상담사례의 상담문제에 대한 정신분석적 개념단어를 구성해 나가는 과정을 간략히 설명하였다. 우선 정신분석의 상담문제(相談問題)와 관련된 개념(槪念)들은 '정신병, 신경증, 성격장애, 히스테리, 강박증, 공포증 등'이다. 그리고 이 개념들을 상호관계에 따라 조직화한 것이 정신분석의 상담문제 개념체계이다. 이는 〈표 2-1〉과 같이 도식화할 수 있다.

〈표 2-1〉 정신분석의 상담문제 개념과 개념체계

1. 정신분석의 상담문제 개념 　• 정신증, 신경증, 히스테리, 강박증, 공포증, 편집증, 정신분열 등 2. 정신분석의 상담문제 개념체계 　• (정신병 = 정신증) > 신경증 　• 정신병 ⊃ [정신분열, 편집증(망상), 조증 등] 　• 신경증 ⊃ (히스테리, 강박증, 공포증 등)

　정신분석적 상담사례 개념화의 목표 중 하나는 상기된 정신분석의 상담문제 개념체계를 준거로 사용하여 '상담문제에 대한 정신분석적 개념단어를 구성하는 것'이다. 예를 들어, 정신분석 상담자들은 자신이 담당한 특정 상담사례의 상담문제를 지칭하는 개념단어에 대해 의문을 하고, 이 의문의 답을 얻기 위해 탐구한 후, 이 탐구를 토대로 의문의 답인 상담문제를 지칭하는 개념단어를 만들어 내는데, 이 개념단어를 만들어 낼 때 '정신분석의 상담문제 개념체계'를 준거로 사용한다. 이런 과정을 거쳐 '신경증' 또는 '불안신경증'과 같은 상담문제를 지칭하는 개념단어를 만들어 낼 수 있다.

⑵ 상담문제 원인 개념체계를 준거로 사용한 상담문제 원인 개념화

두 번째 상담문제 원인 개념화, 즉 상담문제 원인에 대한 정신분석적 개념
체계를 준거로 사용하여, 특정 상담사례의 상담문제 원인에 대한 정신분석
적 개념단어를 구성해 나가는 과정을 간략히 살펴보자. 우선 정신분석의 상
담문제 원인과 관련된 개념들은 '정신결정, 의식, 무의식, 전의식, 성격, 정신
병적 성격, 신경증적 성격, 성격구조, 원욕, 자아, 초자아, 성욕, 공격욕, 자아
기능, 인식, 조절, 초자아 기능, 양심, 자아이상, 성격발달, 구강기, 항문기,
남근기, 잠복기, 성기기, 불안, 방어기제, 억압, 부인, 전치, 투사, 퇴행 등'이
다. 그리고 상기된 정신분석의 상담문제 원인과 관련된 개념들을 상호관계
에 따라 조직화한 것이 정신분석의 상담문제 원인 개념체계이다. 이는 〈표
2-2〉와 같이 도식화할 수 있다.

〈표 2-2〉 정신분석의 상담문제 원인 개념과 개념체계

1. 정신분석의 상담문제 원인 개념
   • 정신결정, 의식, 무의식, 전의식, 성격, 정신병적 성격, 신경증적 성격, 성격구조,
     원욕, 자아, 초자아, 성욕, 공격욕, 자아 기능, 인식, 조절, 초자아 기능, 양심, 자아
     이상, 성격발달, 구강기, 항문기, 남근기, 잠복기, 성기기, 고착, 퇴행, 불안, 방어
     기제, 억압, 부인, 전치, 투사, 퇴행 등
2. 정신분석의 상담문제 원인 개념체계
   • 증상 ⊂ 정신결정
   • 의식 ⊂ 무의식(전의식, 무의식)
   • 증상과 원인 의식 ⊂ 증상과 원인 무의식
   • 증상 ⊂ 성격 ⊃ 성격구조[원욕(성욕, 공격욕), 자아(인식, 조절), 초자아(양심, 자
     아이상)]
   • 정신병과 신경증 증상 ⊂ 정신병과 신경증 방어기제(억압, 부인, 전치, 투사, 퇴행
     등) ⊂ 정신병과 신경증 성격(자아 기능 약화)
   • 정신병과 신경증 증상 ⊂ 정신병과 신경증 성격 결정(성격발달 = 구강기, 항문기,
     남근기 〉 잠복기, 성기기)

정신분석적 상담사례 개념화의 목표 중에 하나는 상기된 상담문제 원인에

대한 정신분석적 개념체계를 준거로 사용하여 '상담문제 원인에 대한 정신
분석적 개념단어를 구성하는 것'이다. 예를 들어, 정신분석 상담자들은 자신
이 담당한 특정 상담사례의 상담문제 원인을 지칭하는 정신분석적 개념단어
에 대해 의문을 하고, 이 의문의 답을 얻기 위해 탐구한 후, 이 탐구를 토대로
의문의 답인 상담문제 원인을 지칭하는 정신분석적 개념단어를 만들어 내는
데, 이 개념단어를 만들어 낼 때 '정신분석의 상담문제 원인 개념체계'를 준
거로 사용한다. 그리고 나서 '무의식적 신경증 동기, 신경증적 성격구조, 심
리성적 발달이상, 신경증적 방어기제', 또는 '무의식적 불안, 자아 기능 약화,
구강기나 항문기나 남근기의 발달사건과 신경증 성격발달, 신경증적 억압과
전환, 회피의 방어기제' 등의 상담문제 원인을 지칭하는 개념단어를 만들어
낼 수 있다.

(3) 상담개입 개념체계를 준거로 사용한 상담개입 개념화

세 번째 상담개입 개념화, 즉 상담개입에 대한 정신분석 개념체계를 준거
로 사용하여, 특정 상담사례의 상담개입에 대한 정신분석적 개념단어를 구
성해 나가는 과정도 살펴보자. 우선 정신분석의 상담개입과 관련된 개념(槪
念)은 '성격 재구성, 자아 기능 강화, 자유연상, 분석, 해석, 의식화, 저항, 전
이, 꿈' 등이다. 그리고 상기된 정신분석의 상담개입과 관련된 개념들을 상
호관계에 따라 조직화한 것이 정신분석의 상담개입 개념체계이다. 이는 〈표
2-3〉과 같이 도식화할 수 있다.

〈표 2-3〉 정신분석의 상담개입 개념과 개입체계

1. 개념 　• 성격 재구성, 자아 기능 강화, 자유연상, 분석, 해석, 의식화, 저항, 전이, 꿈 등 2. 개념체계 　• 증상 치료 ⊂ 성격 재구성(자아 기능 강화) < 자유연상, 분석(해석, 의식화, 저항, 　　전이, 꿈 등)

정신분석적 상담사례 개념화의 목표 중에 또 다른 하나는 상기된 정신분석의 상담개입 개념체계를 준거로 사용하여 '상담개입에 대한 정신분석적 개념단어를 구성하는 것'이다. 예를 들어, 정신분석 상담자들은 자신이 담당한 특정 상담사례의 상담개입을 지칭하는 정신분석적 개념단어에 대해 의문을 하고, 이 의문의 답을 얻기 위해 탐구한 후, 이 탐구를 토대로 의문의 답인 상담개입을 지칭하는 정신분석적 개념단어를 만들어 내는데, 이 개념단어를 만들어 낼 때 '정신분석의 상담개입 개념체계'를 준거로 사용한다. 그러고 나서 '자유연상과 분석, 무의식에 대한 해석과 의식화, 성격구조 변화', 또는 '무의식적 불안의 의식화, 자아의 인식과 조절기능의 강화, 저항과 방어기제 분석, 전이분석, 꿈분석' 등의 상담개입을 지칭하는 정신분석적 개념단어를 만들고, 이를 토대로 정신분석 상담을 전개해 나갈 수 있다.

2) 가설체계

앞에서 살펴본 바와 같이 가설(假說 hypothesis)이란 '문제의 결론에 대한 잠정적 진술'이다. 즉, 현상이나 대상에 대해 의문(문제)을 하고, 이 의문의 답을 얻기 위해 탐구하며, 이 탐구를 토대로 의문의 답을 판단(잠정적 결론)한 후, 이를 문장 형태로 진술한 것을 가설이라고 한다. 이 가설이 집단적 학문적 공유와 합의, 그리고 통용의 과정을 거치면서 일반화된 것이 우리가 사용하는 가설이다.

한편, 가설들이 만들어진 이후에, 개인이나 집단(그리고 사회나 문화), 학문 등에서는 이 만들어진 가설들을 조직화하여 가설체계(假說體系 hypothesis system)를 구축해 나간다. 그런데 보통 개인이나 집단(그리고 사회나 문화), 학문 등에서 만들어진 가설들을 조직화하여 가설체계를 구축해 나가는 일은 개인 간 차이, 집단 간 차이, 학문간 차이가 있으며, 이 때문에 구축된 가설과 가설체계의 내용은 개인이나 집단, 학문에 따라 서로 다를 수 있다. 다른 한편, 구축된 가설체계는 개념화(또는 가설화) 과정의 준거로서 기능을 한다.

즉, 사고과정을 통해 가설문장을 만드는 과정에서 가설체계는 현상이나 대상을 기술, 설명, 예측, 통제하는 준거기능을 한다.

　이상에서 일반가설과 가설체계에 대해 설명하였는데, 이는 상담사례 개념화 과정에서의 상담가설과 상담가설체계에도 그대로 적용된다. 즉, 상담사례 개념화를 하는 과정에서, 상담자는 특정 상담사례의 상담문제, 상담문제 원인, 상담개입에 대해 의문을 하고, 이 의문에 대한 답을 얻기 위해 탐구하며, 이 탐구를 토대로 의문에 대한 답인 상담문제, 상담문제 원인, 상담개입을 판단하며, 이 판단을 진술문장으로 나타낸 것이 상담가설이다. 그리고 이 상담가설이 상담 분야에서 공유와 합의, 그리고 통용의 과정을 거치면서 일반화된 것이 상담자들이 사용하는 상담가설이다.
　한편, 상담가설은 상담문제, 상담문제 원인, 상담개입에 대한 잠정적 결론이다. 즉, 현재 시점에서는 참이라고 판단하였지만 아직 그 진위가 검증(또는 실증)되지 않았기 때문에 추가적인 검증을 통해 진위 확인이 필요한 상태이다. 다른 한편, 상담가설을 만든 이후에, 상담자 또는 상담 분야에서는 이 만들어진 상담가설을 조직화하여 상담가설체계를 구축해 나간다. 그리고 이렇게 구축된 상담가설체계는 상담사례 개념화를 해 나갈 때 상담가설을 만드는 준거로 사용된다.

(1) 상담문제 가설체계를 준거로 사용한 상담문제 개념화(또는 가설화)

　만들어진 상담가설체계는 상담사례 개념화를 해 나갈 때 상담가설을 만드는 준거로 사용된다. 좀 더 구체적으로 말하면, 상담문제에 대한 가설체계를 준거로 사용하여 특정 상담사례의 상담문제에 대한 가설문장을 구성해 나간다. 그리고 상담문제 원인에 대한 가설체계를 준거로 사용하여 특정 상담사례의 상담문제 원인에 대한 가설문장을 구성해 나가며, 상담개입에 대한 가설체계를 준거로 사용하여 특정 상담사례의 상담개입에 대한 가설문장을 구성해 나간다.

여기서는 정신분석적 상담을 예로 들어, 상담문제 개념화, 상담문제 원인 개념화, 상담개입 개념화 중에서 먼저 상담문제 개념화(또는 가설화) 과정을 간략히 설명하였다. 즉, 상담문제에 대한 정신분석적 가설체계를 준거로 사용하여, 특정 상담사례의 상담문제에 대한 정신분석적 가설문장을 구성해 나가는 과정을 간략히 설명한다. 우선 정신분석의 상담문제와 관련된 가설들을 상호관계에 따라 조직화한 것이 정신분석의 상담문제 가설과 가설체계이다. 이는 〈표 2-4〉와 같다.

〈표 2-4〉 정신분석의 상담문제 가설과 가설체계

- 내담자의 상태는 정상 상태와 이상 상태로 구분할 수 있다.
- 이상 상태는 다시 정신병과 신경증으로 구분할 수 있다.
- 정신병과 정신증은 병적 상태를 지칭하는 같은 개념이다.
- 정신병은 정신질환으로 인해 병적 증상이 나타나는 이상 상태이다.
- 신경증은 신경이 과민해져 부적응 증상이 나타나는 이상 상태이다.
- 정신병은 심한 이상 상태이고, 신경증은 정상과 이상의 중간 상태이다.
- 정신병에는 정신분열증, 편집증, 조증 등이 포함된다.
- 정신분열증은 정신질환으로 인해 이상 분열 증상을 나타내는 정신병이다.
- 편집증은 정신질환으로 인해 이상 망상과 편집 증상을 나타내는 정신병이다.
- 조증은 정신질환으로 인해 이상 고양 증상을 나타내는 정신병이다.
- 정신분열은 심한 병적 상태이고, 편집증과 조증은 덜 심한 병적 상태이다.
- 신경증에는 히스테리, 강박증, 공포증 등이 포함된다.
- 히스테리는 신경과민으로 인해 이상 신체기능장애 증상을 나타내는 신경증이다.
- 강박증은 신경과민으로 인해 이상 강박 증상을 나타내는 신경증이다.
- 공포증은 신경과민으로 인해 이상 공포 증상을 나타내는 신경증이다.

정신분석적 상담사례 개념화(또는 가설화)의 목표 중 하나는 상기된 정신분석의 상담문제 가설체계를 준거로 사용하여 '상담문제에 대한 정신분석적 가설문장을 구성하는 것'이다. 예를 들어, 정신분석 상담자들은 자신이 담당한 특정 상담사례의 상담문제를 기술하는 가설문장에 대해 의문을 하고, 이 의문의 답을 얻기 위해 탐구한 후, 이 탐구를 토대로 의문의 답인 상담문제를 기술하는 가설문장을 만들어 내는데, 이 가설문장을 만들어 낼 때 '정신분석의 상담문제 가설체계'를 준거로 사용한다. 그러고 나서 〈표 2-4〉의 내용과 같은 상담문제를 기술하는 가설문장들을 만들어 낼 수 있다.

(2) 상담문제 원인 가설체계를 준거로 사용한 상담문제 원인 개념화(또는 가설화)

두 번째 상담문제 원인 개념화(또는 가설화), 즉 상담문제 원인에 대한 정신분석 가설체계를 준거로 사용하여, 특정 상담사례의 상담문제 원인에 대한 정신분석적 가설문장을 구성해 나가는 과정을 간략히 살펴보자. 먼저, 정신분석의 상담문제 원인과 관련된 가설들을 상호관계에 따라 조직화한 것이 정신분석의 상담문제 원인 가설체계(假說體系)이다. 이는 〈표 2-5〉와 같다.

〈표 2-5〉 정신분석의 상담문제 원인 가설과 가설체계

- 정신병이나 신경증은 원인이 존재한다.
- 경험은 의식과 무의식, 그리고 무의식은 다시 노력하면 어렵지 않게 의식할 수 있는 전의식과 노력해도 쉽게 의식할 수 없는 무의식으로 구분할 수 있다.
- 정신병이나 신경증의 원인은 의식이 아닌 무의식에 존재한다.
- 정신병이나 신경증의 원인은 정신병적 성격이나 신경증적 성격이다. 즉, 내적인 정신병적 성격이 외부로 나타난 것이 정신병 증상이다. 또한 내적인 신경증적 성격이 외부로 나타난 것이 신경증 증상이다.
- 정신병적 성격이나 신경증적 성격이 정신병 증상이나 신경증 증상을 유발 및 유지하는 원인은 정신병이나 신경증적 성격구조를 이루는 원욕, 자아, 초자아 간의 정신병적 역동이나 신경증적 역동 때문이다. 즉, 자아의 인식과 조절기능의 약화, 갈등 사건의 발생, 성욕이나 공격욕 등 용납할 수 없는 무의식적인 원욕의 활성화와 의식화 불안, 무의식적인 초자아의 양심과 자아이상의 위배, 자아의 인식과 조절의 실패, 자아의 정신병이나 신경증적 방어기제 사용 등의 정신병이나 신경증적 역동 때문에 정신병이나 신경증 증상이 유발 및 유지된다.
- 정신병이나 신경증의 원인은 생의 초기의 발달사건과 이로 인해 형성된 정신병적 성격이나 신경증적 성격 때문이다. 즉, 생의 초기 구강기, 항문기, 남근기에 발생한 수유나 이유, 배변, 남근 등과 관련된 심리성적 발달사건과 경험, 이로 인해 형성된 정신병적 성격이나 신경증적 성격, 그리고 고착이나 퇴행 때문에 정신병이나 신경증이 형성된다.

정신분석적 상담사례 개념화(또는 가설화)의 목표 중 하나는 상기된 정신
분석의 상담문제 원인 가설체계를 준거로 사용하여 '상담문제 원인에 대한
정신분석적 가설문장을 구성하는 것'이다. 예를 들어, 정신분석 상담자들은
자신이 담당한 특정 상담사례의 상담문제 원인을 설명하는 정신분석적 가설
문장에 대해 의문을 하고, 이 의문의 답을 얻기 위해 탐구한 후, 이 탐구를 토
대로 의문의 답인 상담문제 원인을 설명하는 정신분석적 가설문장을 만들어
내는데, 이 가설문장을 만들어 낼 때 '정신분석의 상담문제 원인 가설체계'를
준거로 사용한다. 그리고 나서 〈표 2-5〉의 내용과 같은 상담문제 원인을 설
명하는 정신분석적 가설문장을 만들어 낼 수 있다.

(3) 상담개입 가설체계를 준거로 사용한 상담개입 개념화(또는 가설화)

세 번째 상담개입 개념화(또는 가설화), 즉 상담개입에 대한 정신분석적 가
설체계를 준거로 사용하여, 특정 상담사례의 상담개입에 대한 정신분석적
가설문장을 구성해 나가는 과정을 간략히 살펴보자. 먼저, 정신분석의 상담
개입과 관련된 가설들을 상호관계에 따라 조직화한 것이 정신분석의 상담개
입 가설체계이다. 이는 〈표 2-6〉과 같다.

〈표 2-6〉 정신분석의 상담개입 가설과 가설체계

- 정신병이나 신경증 증상의 원인은 정신병적 성격이나 신경증적 성격이다. 따라서 정
신병적 성격이나 신경증적 성격을 변화시키면 정신병 증상이나 신경증 증상은 변화
한다.
- 정신병적 성격이나 신경증적 성격은 생의 초기에 형성된다. 그리고 이후의 삶에서
유지(고착이나 퇴행)된다. 특히, 정신병적 성격이나 신경증적 성격은 생활장면의 갈
등 사건에서 활성화되어 나타나며, 이는 반복 및 재연된다. 또한 정신병적 성격이나
신경증적 성격은 상담장면의 저항이나 전이사건에서 활성화되어 나타나며, 이는 반
복 및 재연된다.정신병 증상이나 신경증 증상은 성격 재구성을 통해 변화시킬 수 있
다. 즉, 자아의 인식과 조절기능을 강화하면, 정신병적 성격구조나 신경증적 성격구
조를 재구성할 수 있고, 정신병적 성격구조나 신경증적 성격구조가 재구성되면, 정
신병 증상이나 신경증 증상도 변화한다.

- 정신병 증상이나 신경증 증상은 정신분석을 통해 변화시킬 수 있다. 즉, 자유연상에 기반을 둔 분석과 해석 등을 통해 최근의 갈등 사건과 무의식적인 경험, 무의식적인 과거나 생의 초기 외상 사건과 무의식적인 경험, 상담에서의 저항과 전이 사건과 무의식적인 경험 등을 의식화하고, 자아의 인식과 조절기능을 강화하여 정신병적 성격구조나 신경증적 성격구조를 재구성하면 정신병 증상이나 신경증 증상을 바람직한 방향으로 변화시킬 수 있다.
- 정신분석의 궁극적 목표는 성격구조의 변화와 증상의 제거를 통해 일과 사랑을 할 수 있게 되는 것이다. 즉, 일에서의 생산성과 만족 경험의 증가, 그리고 인간관계에서의 사랑 경험이 증가하는 것이다.

정신분석적 상담사례 개념화(또는 가설화)의 목표 중 하나는 상기된 정신분석의 상담개입 가설체계를 준거로 사용하여 '상담개입에 대한 정신분석적 가설문장을 구성하는 것'이다.

예를 들어, 정신분석 상담자들은 자신이 담당한 특정 상담사례의 상담개입을 설명하거나 예측하는 가설문장에 대해 의문을 하고, 이 의문의 답을 얻기 위해 탐구한 후, 이 탐구를 토대로 의문의 답인 상담개입을 설명하거나 예측하는 가설문장을 만들어 내는데, 이 가설문장을 만들어 낼 때 '정신분석의 상담개입 가설체계'를 준거로 사용한다. 그러고 나서 〈표 2-6〉의 내용과 같은 상담개입을 설명하거나 예측하는 가설문장들을 만들어 낼 수 있다.

12. 상담이론

상담사례 개념화는 개념체계와 가설체계를 포함한 상담이론을 준거로 사용하여 특정 상담사례의 상담문제, 상담문제 원인, 상담개입에 대한 개념단어나 가설문장을 만들어 가는 작업이다. 여기서는 개념체계와 가설체계를 포함하고 있는 상담이론에 대해 설명하였다.

1) 이론과 상담이론 개념 정의

먼저, 이론이란 무엇일까? 표준국어대사전(국립국어원, 2019)에는 이론이란 "사물의 이치나 지식 따위를 해명하기 위하여 논리적으로 정연하게 일반화한 명제의 체계"라고 기술되어 있다. 철학사전(철학사전편찬위원회, 2012)에는 이론이란 "개개의 여러 가지 사항을 통일적으로 설명하기 위해, 또 인식을 발전시키기 위해, 이미 인식되고 정식화되어 있는 경험적 법칙을 기본적 원리에 기초하여 체계화된 것"이라고 기술되어 있다. 그리고 추가적으로 "이론은 개념을 이용하여 수행되는 객관적 실재의 반영 중 최고의 형태이고, 과학의 본질을 이루는 부분이며, 과학 연구의 주요한 목표이다"라고 기술되어 있다. 이균희(2007)는 『사회과학 연구방법론』에서 이론이란 "논리적으로 연결된 명제들의 집합"이라고 하였다. 그리고 추가적으로 "이론은 관찰된 현상에 대한 관계를 설명하는 원리로서 사용된다. 이론에서 가장 중요한 의미를 갖는 요소는 명제이다. 이러한 명제가 표현되기 전에 반드시 이론적인 개념이 정립되어야 한다. 이론의 구축이란 높은 수준의 추상적 개념을 가지고 현상을 기술하는 과정을 의미한다"라고 설명하였다.

이상의 이론에 대한 정의나 설명들을 토대로 이론의 특성을 도출하면 다음과 같다. 즉, '① 이론은 과학의 본질 중 일부이다. ② 이론은 과학적 연구의 주요 목표이다. ③ 이론은 현상에 대한 기술, 해명, 설명 등에 사용된다. ④ 이론은 현상에 대한 개념, 이치, 지식, 명제, 법칙들을 체계화한 것이다' 등의 특성을 도출할 수 있다. 그리고 이렇게 도출한 이론의 특성을 종합하면 이론은 다음과 같이 재정의할 수 있다. 즉, 이론이란 '특성 현상을 기술, 설명, 예측, 통제하는 지식(개념, 가설)들을 조직화한 체계'라고 정의할 수 있다.

그리고 이상의 내용을 토대로 하면 상담이론이란 '상담 현상을 기술, 설명, 예측, 통제하는 지식(상담개념, 상담가설)들을 조직화한 체계'라고 정의할 수 있다. 그런데 상담사례 개념화 측면에서 보면, 상담이론은 상담사례 개념화의 준거기능을 한다. 즉, 상담이론은 특정 내담자의 상담문제, 상담문제 원인, 상담개입에 대한 개념단어나 가설문장을 구성하는 준거기능을 한다. 그리고 상담이론에는 상담문제, 상담문제 원인, 상담개입에 대한 개념단어나 가설문장을 구성하는 준거인 개념체계나 가설체계를 포함하고 있다고 할 수 있다.

2) 기존의 상담이론

상담사례 개념화에서 상담이론은 개념화 준거기능을 한다. 즉, 상담자는 상담사례 개념화를 해 나갈 때 개념화 준거인 상담이론을 사용하여 특정 상담사례의 상담문제, 상담문제 원인, 상담개입에 대한 개념단어나 가설문장을 구성해 나간다(고기홍, 2019b).

그런데 개념화 준거로 상담이론을 사용하려 할 때 문제가 되는 것은 개념화 준거인 기존의 상담이론 모형이 너무 많고, 그 내용이 서로 다르다는 점이다. 예를 들어, 1980년대에 이미 약 400여 개의 상담이론 모형이 보고되었는데(Garfield, 2000), 지금은 그 숫자가 더 증가하였을 것으로 추정된다. 이렇게 기존의 상담이론 모형이 많은 상황에서, 특정 상담이론 모형을 선택해서 개념화 준거로 사용해야 하는 상담자들은 당연히 선택과 관련된 어려움을 겪을 수밖에 없다.

상담자들이 겪는 어려움은 단순히 기존 상담이론 모형의 숫자가 너무 많기 때문만은 아니다. 또 다른 어려움은 수많은 상담이론 모형이 저마다 주장하는 내용이 다르고, 심지어 그 내용들이 대립되거나 상충되기 때문에 어떤 상담이론이 옳은지, 어떤 상담이론이 특정 상담사례의 개념화 준거로 더 적합한지를 알 수 없기 때문이다(고기홍, 2019b).

상담자들은 상담사례 개념화 준거로 상담이론을 선택하는 문제를 '단일준거, 절충준거, 절충통합준거, 통합준거'의 네 가지 방식으로 해결해 왔다. 첫째, 단일준거 방식이다. 즉, 일부 상담자들은 기존의 상담이론들 중에서 선호하는 하나의 상담이론을 선택한 후, 이 단일 상담이론을 상담사례 개념화의 준거로 사용한다. 둘째, 절충준거 방식이다. 즉, 일부 상담자들은 기존의 상담이론들 중에서 하나가 아닌 여러 개의 상담이론들을 선택한 후, 이 여러 개의 상담이론들을 상황에 맞게 절충해서 상담사례 개념화 준거로 사용한다. 셋째, 절충통합준거 방식이다. 즉, 일부 상담자들은 기존의 여러 상담이론의 내용들을 요약 및 정리하여 하나의 절충 및 통합된 상담이론 모형을 만들어 놓고, 이를 개념화 준거로 사용한다. 넷째, 통합준거 방식이다. 즉, 일부 상담자들은 기존의 여러 상담이론에 대한 지식, 상담연구의 결과들에 대한 지식, 그리고 직간접적인 임상적 경험들에 대한 지식들을 요약 및 정리하여 하나의 통합된 개인적 상담이론 모형을 만들어 놓고, 이를 개념화 준거로 사용한다. 이 네 가지 방식은 상담자 전문성 발달과도 상관이 있는 것으로 추정된다. 즉, 상담자의 전문성이 증가할수록 단일준거보다는 절충준거,

절충준거보다는 절충통합준거, 절충통합준거보다는 통합준거를 발달시키는 경향이 있는 것으로 추정된다.

3) 상담사례 개념화 준거로서의 개인적 상담이론

앞에서 언급한 것처럼 상담사례 개념화란 '상담이론을 준거로 사용하여 특정 내담자의 상담문제, 상담문제 원인, 상담개입에 대한 개념단어나 가설 문장을 구성하여 진술하는 작업'이다. 따라서 특정 상담자가 상담사례 개념 화를 실시했다면, 이는 특정 상담자가 상담사례 개념화를 실시하는 과정에 서 '상담이론을 개념화 준거로 사용했음을 시사'한다. 또한 상담자가 상담이 론을 개념화 준거로 사용했다면, 이는 그 상담자가 이미 '개념화 준거인 상담 이론을 가지고 있었음을 시사'한다. 이런 점 때문에 일부 상담학자들은 숙련 된 상담전문가뿐만 아니라 초보상담자들조차도 상담사례 개념화 준거로서 의 개인적 상담이론을 가지고 있으며, 초보상담자와 숙련된 상담자의 차이 는 단지 개인적 상담이론의 '통합성, 명료성, 체계성, 객관성, 실용성 수준'이 라고 주장한다. 이에 대해 좀 더 자세히 설명하면 다음과 같다.

첫째, 초보상담자와 숙련된 상담자의 개인적 상담이론을 비교하면 통합성 의 정도에서 차이를 보인다. 즉, 초보상담자의 개인적 상담이론은 통합성이 낮고, 숙련된 상담자의 개인적 상담이론은 통합성이 높다. 가령, 초보상담자 는 기존의 상담이론 모형들에 대한 지식이 부족하다. 이 때문에 초보상담자 의 개인적 상담이론 속에는 기존 상담이론의 핵심내용들이 덜 반영되거나 덜 통합되어 있을 수 있다. 반면, 숙련된 상담자는 기존의 상담이론 모형들 에 대한 지식이 더 많다. 뿐만 아니라 상담 관련 과학적 연구결과에 대한 지 식, 직접 또는 간접적인 임상적 경험에 대한 지식도 더 많다. 그리고 이런 지 식들은 숙련된 상담자의 개인적 상담이론에 통합되어 있다.

둘째, 초보상담자와 숙련된 상담자는 명료성 정도에서 차이가 있다. 즉, 명료성 정도에서 초보상담자의 개인적 상담이론의 내용은 불명확하고 추상적이다. 반면, 숙련된 상담자의 개인적 상담이론의 내용은 상대적으로 명료하고 구체적이다.

셋째, 초보상담자와 숙련된 상담자는 체계성(또는 조직성) 정도에서 차이가 있다. 즉, 체계성 정도에서 초보상담자의 개인적 상담이론은 체계성이 덜 갖추어져 있다. 반면, 숙련된 상담자의 개인적 상담이론은 상대적으로 체계성이 잘 갖추어져 있다. 예를 들면, 숙련된 상담자들의 개인적 상담이론은 철학적 가정, 상담문제론, 상담문제 원인론, 상담개입론 등과 같은 상담이론이 갖추어야 할 구성 요소나 내용들을 잘 갖추고 있고, 갖추어진 구성 요소나 내용들은 서로 조화롭다.

넷째, 초보상담자와 숙련된 상담자는 객관성 정도에서 차이가 있다. 즉, 객관성 정도에서 초보상담자의 개인적 상담이론의 내용들은 사실보다는 가정이나 추론에 근거해 있고, 논증이나 실증이 부족해서 객관성이 부족하다. 반면, 숙련된 상담자의 개인적 상담이론의 내용은 상대적으로 가정이나 추론보다는 사실 중심의 개념, 그리고 사실 중심의 명제나 가설들이 더 많고, 이 명제나 가설들은 논증이나 실증이 되어 있어 상대적으로 객관성이 더 높다.

다섯째, 초보상담자와 숙련된 상담자는 실용성 정도에서 차이가 있다. 즉, 실용성 정도에서 초보상담자의 개인적 상담이론은 상담사례 개념화 준거로 사용하기 불편하고 비효율적이고 비효과적이어서 실용성이 낮다. 반면, 숙련된 상담자의 개인적 상담이론은 상담사례 개념화 준거로 사용하기 편리하고 효율적이고 효과적이어서 실용성이 높다.

요 약

- 상담사례 개념화를 위해서는 관련된 기초 개념, 특히 '근거기반 실천, 과학, 현상, 개념, 사고, 가설, 개념체계와 가설체계, 상담이론 등'에 대한 이해가 필요하다.

- 상담에서의 근거기반 실천이란 '최신의 과학적 연구결과에 대한 지식, 그리고 추가적으로 임상적 경험에 대한 지식, 과학적 방법에 대한 지식에 근거하여 상담개입을 과학적으로 해 나가자는 하나의 진보운동'이다.

- 상담은 과학이면서 동시에 예술이다. 상담에서는 과학적 접근과 예술적 접근이 모두 요구되지만, 상담의 발전을 위해서는 특히 과학적 접근에 대한 강화가 더 요구되고 있다.

- 과학이란 '관찰, 조사, 실험 등의 객관적이고 실증적인 방법으로 현상을 탐구하여 현상을 기술하거나 설명, 예측, 통제해 나가는 활동, 또는 이런 활동을 통해 형성한 지식체계나 이론, 또는 학문'이다.

- 과학은 다음과 같은 다섯 가지 특성을 가지고 있다. 첫째, 과학의 목적은 현상을 기술하고, 설명하며, 예측하고, 통제하는 것이다. 둘째, 과학의 방법은 객관적이고 실증적이다. 셋째, 과학의 과정은 '의문, 탐구, 판단, 가설, 검증, 재과정'의 순으로 전개된다. 넷째, 과학은 가치 있지만 한계도 있다. 과학은 한계나 무가치한 측면이 있음에도 불구하고 현존하는 가장 바람직한 방법론이자 지식체계이다.

- 현상은 세 가지 의미를 지니고 있다. 즉, '외적으로 나타난 상, 있는 그대로의 객관적 사실, 외적 대상에 대한 내적 표상'의 세 가지 의미를 지니고 있다.

- 과학이나 학문에서 가장 중요한 개념 중에 하나는 바로 '개념 그 자체'이다. 상담과학이나 상담학의 기초로서, 그리고 상담사례 개념화의 기초로서 '개념'에 대한 이해가 필요하다.

- 개념이란 '현상이나 대상에 대한 사고의 산물인 사상을 지칭하기 위해 만들어 낸 내적 관념이다. 그리고 이 내적 관념을 지칭하기 위해 만들어 낸 외적 단어이다.' 즉,

현상이나 대상에 대해 사고(思考)를 하고, 이 사고의 결과로서 사고의 산물인 사상(思想)이 만들어지며, 이 사상을 지칭하기 위해 만들어 낸 내적 관념(觀念)이 바로 개념이다. 더 나아가 기존의 언어체계를 사용하여 이 내적 관념을 지칭하는 단어를 선택하거나 새로 만들고, 이 만들어진 단어가 집단적 학문적 공유와 합의, 그리고 통용의 과정을 거치면서 집단적 학문적으로 일반화된 것이 우리가 사용하는 개념이다.

- 개념의 특성은 '구성된 개념, 유목화 산물, 사고 기본 단위, 의사소통 원재료'의 4가지로 요약할 수 있다. 즉, 개념은 개인적 집단적 학문적으로 구성된 것이고, 유목화 과정의 산물이며, 사고의 기초 재료이고, 언어적 표현이나 의사소통의 원재료이다.

- 개념화는 '개념을 만들어 가는 일'을 의미한다. 그리고 이러한 개념을 만들어 가는 일은 유목화 과정을 통해 이루어진다.

- 유목(類目, category)이란 '현상이나 대상을 범주로 만들어 이름을 붙인 목록'을 의미한다. 유목화(類目化, categorization)란 '유목을 만들어 나가는 일'을 의미한다. 다시 말하면, '현상들이나 대상들을 비슷한 것들로 묶어서 범주로 만들어 이름을 붙여 나가는 일, 즉 분류 및 명명하는 일'을 의미한다.

- 유목화는 상향 유목화와 하향 유목화로 구분할 수 있다. 상향 유목화는 '개별적인 대상들이나 현상들을 비슷한 것들로 묶어서 보다 상위의 범주로 구분하고, 이 상위 범주에 일반화 또는 추상화된 이름을 붙여 나가는 일'을 의미한다. 하향 유목화는 '일반화 또는 추상화된 이름을 구체화 또는 세분화하여 보다 하위의 범주들로 구분하고, 이런 각각의 하위 범주들에 대해서 세분화된 이름을 붙여 나가는 일'을 의미한다.

- 사고란 '의문, 탐구, 판단의 과정'이다. 즉, 사고란 '의문을 생성하고, 이 생성된 의문의 답을 탐구하며, 이 탐구결과를 토대로 의문의 답을 판단하는 과정'이다. 그리고 이러한 의문, 탐구, 판단의 과정이 논리적 규칙을 따를 때, 이를 추리(推理) 또는 추론(推論)이라 한다.

- 추리란 '알고 있는 사실(또는 전제, 가정)을 토대로 모르는 사실(또는 진실, 규칙, 법칙, 진리)을 알아내는 논리적 사고 과정'이다.

- 상담사례 개념화는 특정 상담사례에 대한 추리의 과정이다. 상담사례 개념화 과정은 '주어진 정보 확인하기, 의문 생성하기, 의문의 답을 탐구하기, 의문의 답을 판단하기'

로 이루어진다.

● 진술(陳述)이란 '내적 판단을 외적 문장으로 나타낸 것'이다. 즉, 사고의 기초 재료인 개념을 사용해서 사고를 전개하고, 이러한 사고를 전개한 결과로서 내적 판단을 내리고, 이러한 내적 판단을 외적 문장으로 나타낸 것이다. 진술은 일반진술, 그리고 명제, 가설 등으로 구분할 수 있다.

● 일반진술이란 포괄적인 의미로서의 진술을 의미한다. 일반진술은 다시 '기술(사실판단), 명명(개념판단), 판단(일반판단), 평가(가치판단), 제안(방안판단)'으로 세분할 수 있다.

● 명제란 논리적 사고나 논리적 검증 작업을 위해 만들어진 진술을 의미한다. 보통 논리적으로 '참과 거짓을 판단할 수 있는 진술'을 명제라고 한다.

● 가설이란 논리적 검증이나 실증적 검증 작업을 위해 만들어진 진술을 의미한다. 보통 논리적 검증 또는 실증적 검증에서는 '문제의 결론에 대한 잠정적 진술'을 가설이라 한다. 상담사례 개념화에서 가설이란 '상담문제, 상담문제 원인, 상담개입 결론에 대한 잠정적 진술'이다.

● 개념체계(概念體系 concept system)란 '개념 간의 관계를 통하여 구조화한 개념의 집합(다음, 2019)', 또는 '개념들 간의 관계에 따라 설정된 구조화된 개념들의 집합(이강원, 손호웅, 2016)'이다. 개념들이 만들어진 이후에 개인, 집단(그리고 사회나 문화)이나 학문 등에서는 이 만들어진 개념들을 조직화하여 개념체계를 구축해 나간다.

● 개념체계는 개념화 과정의 준거기능을 한다. 즉, 사고과정을 통해 개념단어를 만들어 나가는 과정에서 현상이나 대상을 분류 및 명명하는 준거기능을 한다. 그리고 상담 개념체계는 상담사례 개념화를 해 나갈 때 상담문제, 상담문제 원인, 상담개입에 대한 개념단어를 구성하는 준거기능을 한다(고기홍, 2019b).

● 가설체계는 개념화(또는 가설화) 과정의 준거기능을 한다. 즉, 사고과정을 통해 가설 문장을 만들어 나가는 과정에서 현상을 기술, 설명, 예측, 통제하는 준거기능을 한다. 그리고 상담 가설체계는 상담사례 개념화를 해 나갈 때 상담문제, 상담문제 원인, 상담개입에 대한 가설문장을 구성하는 준거기능을 한다.

- 이론이란 '특정 현상을 기술, 설명, 예측, 통제하는 지식(개념, 가설)들을 조직화한 체계'이다.

- 상담이론이란 '상담 현상을 기술, 설명, 예측, 통제하는 지식(상담개념, 상담가설)들을 조직화한 체계'이다. 상담이론에는 상담문제, 상담문제 원인, 상담개입에 대한 개념단어를 구성하는 준거인 개념체계, 또 상담문제, 상담문제 원인, 상담개입에 대한 가설문장을 구성하는 준거인 가설체계가 포함되어 있다.

- 상담이론은 상담사례 개념화의 준거기능을 한다. 즉, 상담이론은 특정 내담자의 상담문제, 상담문제 원인, 상담개입에 대한 개념단어나 가설문장을 구성하는 준거기능을 한다.

- 개념화 준거로 상담이론을 사용하려 할 때 문제가 되는 것은 개념화 준거인 기존의 상담이론 모형들이 너무 많고, 그 내용이 서로 다르다는 점이다. 상담자들은 이 문제를 해결하기 위해 '단일준거, 절충준거, 절충통합준거, 통합준거 방식'을 사용해 왔다. 상담자의 전문성이 증가할수록 단일준거보다는 절충준거, 절충준거보다는 절충통합준거, 절충통합준거보다는 통합준거를 개발하여 사용하는 경향이 있다.

- 숙련된 상담자뿐만 아니라 초보상담자들도 상담사례 개념화 준거로서의 개인적 상담이론을 가지고 있다. 단, 초보상담자와 숙련된 상담자는 '그들이 가진 개인적 상담이론의 통합성, 명료성, 체계성, 객관성, 실용성의 정도'에서 차이를 보인다.

제3부

반응분석

13. 반응분석 의미

14. 반응분석 모형

■ 요약

상담사례 개념화는 상담자가 개인적 상담이론(개념체계나 가설체계를 포함)을 개념화 준거로 사용하여 특정 내담자의 상담문제, 상담문제 원인, 상담개입에 대한 개념단어나 가설문장을 구성해 나가는 작업이다. 이 책에서 상담사례 개념화를 해 나갈 때 준거로 사용한 것은 반응분석(反應分析 Response Analysis)이다. 제3부에서는 개념화 준거인 반응분석이 무엇인지에 대해 설명하였다. 그리고 이 반응분석을 토대로 한 구체적인 상담사례 개념화의 사례는 제4부에서 제시하였다.

13. 반응분석의 의미

반응분석(反應分析, Response Analysis)은 기존의 주요 상담이론에 대한 지식, 상담 관련 과학적 연구결과에 대한 지식, 직접 또는 간접적인 임상적 경험에 대한 지식 등을 통합하여 만든 저자의 개인적 상담이론 모형이다. 좀더 자세히 설명하면, 반응분석은 다음과 같이 '절충통합적 상담이론 모형, 과학적 상담이론 모형, 개인적 상담이론 모형, 반응과 분석'의 네 가지 특징을 가지고 있다.

1) 절충통합적 상담이론 모형

반응분석은 기존의 주요 상담이론의 내용들을 절충 및 통합하여 만든 절충통합적 상담이론 모형이다. 예를 들면, 반응분석은 정신분석, 행동상담, 인간중심상담, 인지상담, 실존상담, 신경언어프르그래밍, 그리고 가족상담, 지역사회상담, 초월영성상담 등의 기존의 주요 상담이론들을 절충 및 통합하여 만든 절충통합적 상담이론 모형이다. 따라서 반응분석에는 기존의 주요 상담이론의 내용들이 포함되어 있다.

참고로, 여기서 절충이란 '기존의 주요 상담이론의 내용 또는 그 내용 중에 일부를 그대로 가지고 와서 하나로 모아 놓았다는 의미'로 사용하였다. 그리고 통합이란 '반응분석이라는 새로운 이론적 틀을 먼저 만들어 놓고, 이렇게 만든 이론적 틀인 반응분석에 적합하다고 여겨지는 기존의 주요 상담이론의 내용을 가지고 와서 적절하게 변형시켜 합쳐 놓았다는 의미'로 사용하였다. 그리고 절충통합이란 '절충과 통합이 공존하는 형태라는 의미'로 사용하였다.

2) 과학적 상담이론 모형

반응분석은 상담 관련 과학적 연구결과들을 절충 및 통합하여 만든 과학적 상담이론 모형이다. 예를 들면, 반응분석은 상담효과 연구, 상담효과요인 연구, 상담효과 공통요인 연구, 상담효과 특수요인 연구 등과 같은 상담 관련 과학적 연구결과들을 절충 및 통합하여 만든 과학적 상담이론 모형이다. 또한 반응분석은 생리심리, 지각 및 인지심리, 학습심리, 성격심리, 발달심리, 사회심리, 그리고 상담심리, 임상심리, 교육심리, 건강심리, 기술정신병리 등의 심리학 관련 연구결과들을 절충 및 통합하여 만든 과학적 상담이론 모형이다. 또한 반응분석은 상담실무 경험, 즉 임상적으로 유용성이 검증된 내용들을 절충 및 통합하여 만든 실용적 상담이론 모형이다. 따라서 반응분석에는 상담 관련 과학적 연구결과, 심리학 관련 과학적 연구결과, 그리고 상담실무에서 유용성이 검증된 내용들이 포함되어 있다.

3) 개인적 상담이론 모형

반응분석은 저자의 상담 관련 경험들을 통합하여 만든 개인적 상담이론 모형이다. 저자가 처음 상담자 역할을 한 것은 1989년 대학 학생생활연구소에서 실시하는 집단상담의 지도자, 즉 집단상담자였다. 그 이후, 대학 상담기관의 상담조교, 민간 상담기관의 상담원, 시도청소년종합상담실의 선임상담원 및 실무책임자, 시군구청소년상담실의 실장, 대학 상담 관련 학과의 강사, 그리고 대학 상담전담교수, 대학원 상담교수 등' 30년 이상의 상담 및 교육경험들이 있다. 그러면서 개인상담, 집단상담, 상담학 개론 등의 저술, 그리고 상담에 대한 다양한 연구경험이 있다. 또한 집단상담 수련감독 전문상담사, 가족상담 1급 전문상담사, 1급 청소년상담사, NLP 트레이너 등과 관련된 자격취득 및 수련경험이 있다.

이상의 상담 관련 경험들 속에서 상담실무자나 상담교육자 역할 수행에 요구되는 준거체계, 즉 개인적 상담이론 모형을 구성하고, 이를 검증하면서 수정보완해 왔는데, 그 결과의 산물이 바로 반응분석이다. 따라서 반응분석에는 저자의 상담 관련 경험, 그리고 주관적 탐구의 결과들이 포함되어 있다.

4) 반응과 분석

저자의 개인적 상담이론 모형의 명칭을 '반응분석'이라고 명명한 이유는 상담의 특징을 나타내는 가장 적합한 용어가 '반응분석'이라고 판단하였기 때문이다. 구조적으로 '반응분석'은 '반응과 분석이 결합된 형태'의 용어라고 할 수 있는데, 먼저 '반응'이란 용어를 굳이 사용한 이유는 '상담의 중심에 반응이라는 용어가 있기 때문'이다. 예를 들면, 상담에서 다루는 구체적인 상담문제는 특정 사건에서의 '내담자의 역기능적인 반응(내현반응, 외현반응)'이다. 또는 '역기능적인 반응양식'이다. 또는 역기능적인 반응이나 반응양식과 관련된 '역기능적인 성격'이다. 또는 역기능적인 반응, 반응양식, 성격과 관련된 '역기능적인 가족구조나 기능, 역기능적인 지역사회 구조나 기능'이다. 이 모든 상담문제의 중심에 '반응'이 있다.

또한 상담에서 지향하는 구체적인 상담목표는 '내담자의 역기능적인 반응의 감소, 그리고 기능적인 반응의 증가'이다. 또는 '내담자의 역기능적인 반응양식의 감소, 그리고 기능적인 반응양식의 증가'이다. 또는 '역기능적인 반응의 유발, 유지, 악화와 관련된 역기능적인 성격의 재구성, 그리고 기능적인 반응의 유발, 유지, 강화와 관련된 기능적인 성격의 재구성'이다. 또는 '역기능적인 반응의 유발, 유지, 악화와 관련된 역기능적인 가족기능의 감소,

그리고 기능적인 반응의 유발, 유지, 강화와 관련된 기능적인 가족기능의 증가'이다. 이 모든 상담목표의 중심에도 '반응'이 있다.

또한 상담에서의 구체적인 상담전략은 '반응과 관련된 외부 사건에 개입하는 것, 또는 반응에 대한 자기관리에 개입하는 것, 또는 반응양식의 학습이나 재학습에 개입하는 것, 또는 반응과 관련된 성격 재구성에 개입하는 것, 또는 반응과 관련된 가족구조나 기능, 지역사회 구조나 기능에 개입하는 것'이다. 이 모든 상담전략의 중심에도 '반응'이 있다.

한편, '반응'이라는 용어와 함께 '분석'이란 용어를 사용한 이유는 '기존의 상담이론을 명명하는 전통에 맞추기 위해서'이다. 예를 들어, '정신분석, 교류분석, 현존재 분석, 응용행동 분석 등'과 같이 상담이론을 명명할 때 '분석'이라는 용어를 사용하는 일부 전통에 맞춤으로써 반응분석도 상담이론의 면모를 갖추기 위해서이다.

다른 한편, '분석'의 사전적 의미는 '복잡한 현상이나 대상 또는 개념을, 그것을 구성하는 단순한 요소로 분해하는 일(국립국어원, 2019)'이다. 따라서 분석은 복잡한 현상이나 대상 또는 개념을 작은 요소로 분해해서 자세히 이해하는 작업이라고 할 수 있다. 그런데 정신분석, 교류분석, 현존재 분석, 응용행동분석 등에서 분석이란 용어가 단순한 이해작업 이상을 의미하는 것처럼 반응분석에서의 '분석'도 '단순한 이해작업 이상을 의미'한다. 즉, 반응분석에서 분석이란 '반응에 대한 탐구와 이해'뿐만 아니라, '반응 관련 경험에 대한 정화나 일치, 대안반응에 대한 탐구와 설정, 대안반응 연습과 수행능력 형성, 대안반응 실행 등'과 같이 단순한 이해작업 이상의 '반응 자기관리, 반응 양식 학습과 재학습, 성격 재구성, 더 나아가 환경 기능화'를 포괄하는 의미로 사용하였다.

또 다른 한편, 반응분석(反應分析 Response Analysis)이란 용어는 물리나 화학, 사회과학, 통계 등에서도 사용되고 있기 때문에 이들과 구분하기 위해 종종 반응행동분석(反應行動分析 Response Behavior Analysis)이라는 용어도 혼용하여 사용하고 있다. 이 경우 반응분석은 반응행동분석과 같은 의미이다.

14. 반응분석 모형

여기서는 반응분석 모형(Model of Response Analysis)에 대해 설명하였다. 즉, '반응분석과 상담 개념 정의, 반응분석의 상담문제, 반응분석의 상담문제 원인, 반응분석의 상담개입'으로 구분하여 반응분석 모형을 설명하였다.

1) 반응분석과 상담 개념 정의

상담이란 무엇인가? 역사적으로 많은 상담이론에서 상담이 무엇인지에 대한 개념 정의를 해 왔다. 기존의 상담에 대한 개념 정의들을 토대로 반응분석에서는 상담을 다음과 같이 개념 정의한다.

상담이란 공인된 교육과 자격취득 과정을 통해 능력과 자격을 갖춘 상담자가 정신장애나 생활문제나 성장과제를 가진 내담자에게 지지적이고 교육적인 대인 상호작용을 통해 반응이나 반응양식, 그리고 성격의 바람직한 변화를 조력하고, 이를 통해 정신장애의 치료나 생활문제의 해결, 그리고 성장과제의 성취를 조력하는 전문적 과정이다.

상기된 반응분석에서의 상담 개념 정의에 대한 설명을 '상담주체, 상담자

조건, 상담대상, 상담목표, 상담개입 방향, 상담방법, 전문분야'로 구분하여
추가적으로 설명하면 다음과 같다.

(1) 상담주체

반응분석에서 상담주체는 상담자와 내담자 모두이다. 먼저, '상담자는 전
문적인 상담 서비스를 제공하는 주체'이다. 즉, 내담자의 협력을 받으면서
전문적인 상담 서비스를 제공하는 주체는 상담자이다. 바꿔 말하면 상담자
는 내담자를 대신하여 내담자의 문제를 해결하는 주체가 아니다. 상담자는
전문적인 상담 서비스를 통해 내담자의 문제해결을 조력하는 주체이다.

그리고 '내담자는 문제에 직면하고 있는 주체이고, 이 문제를 해결할 주체'
이다. 즉, 상담자의 전문적인 상담 서비스를 제공받으면서 자신이 직면하고
있는 문제를 해결해 나가는 주체는 내담자이다. 전문적인 상담 서비스를 제
공하는 주체인 상담자, 그리고 문제에 직면해 있고 이를 해결해 나가는 주체
인 내담자는 서로 협력이 필요하다. 이런 측면에서 상담자와 내담자의 협력
관계는 상담효과의 필수적인 요소이다.

(2) 상담자 조건

반응분석에서 상담자는 공인된 교육과 자격취득 과정을 통해 능력과 자
격을 갖춘 사람이다. 따라서 상담자가 되려면 다음과 같은 조건을 갖추고 있
어야 한다. 즉, '공인된 상담자 양성 교육과정을 이수하기', 그리고 이를 통해
상담자 역할 수행 능력을 갖추고 있어야 한다. 또한 '공인된 상담자격증 취
득 관련 수련과정 이수하기, 상담자격증 시험에 응시하여 합격하기, 상담자
격증 취득하기' 등을 통해 사회적으로 인정받는 상담자 자격을 갖추고 있어
야 한다.

(3) 상담대상

반응분석에서 상담의 대상은 정신장애나 생활문제나 성장과제를 가진 자

이다. 그리고 이들 중에서 직접 또는 간접적으로 상담실에 내방하여 상담을 요청하는 자이다. 여기서 상담요청은 내담자가 직접 요청할 수도 있고, 내담자의 관련인이나 관련 기관이나 관련 단체에서 요청 및 의뢰할 수도 있다.

(4) 상담목표

반응분석에서 상담의 결과로서 산출하고자 하는 '상담목표는 내담자의 반응, 반응양식, 성격의 바람직한 변화'이다. 즉, 정신장애와 관련된 증상반응이나 증상반응 양식이 없어지거나 감소하는 것이다. 또는 증상반응이나 증상반응 양식과 관련된 정신병적 성격이나 신경증적 성격을 건강한 성격이나 성숙한 성격으로 재구성하는 것이다. 그리고 이를 통해 정신장애 부적응 지표들을 낮추고 적응 지표들을 높이는 것이다.

또는 당면 생활문제와 관련된 역기능적인 반응이나 반응양식이 없어지거나 감소하고 대신 대안반응이나 대안반응 양식이 형성되거나 증가하는 것이다. 또는 역기능적인 반응이나 반응양식과 관련된 미성숙한 성격을 성숙한 성격으로 재구성하는 것이다. 이를 통해 생활문제와 관련된 욕구좌절이나 역기능 지표들을 낮추고, 대신 생활문제와 관련된 욕구충족이나 순기능 지표들을 높이는 것이다.

또는 당면 성장과제와 관련된 대안반응이나 대안반응 양식을 형성하거나 증가시키는 것이다. 또는 대안반응이나 대안반응 양식과 관련된 성숙한 성격을 재구성하는 것이다. 그리고 이를 통해 신체적 심리적 사회적 영성적 성장과제의 성취나 성장 지표들을 높이는 것이다.

한편, 반응분석의 과정목표는 '감정정화와 일치, 이해, 대안설정, 행동 형성'이다. 즉, 상담과정에서 내담자가 '자기노출과 감정정화 경험, 자기개방과 일치 경험, 자기탐색과 자기이해 경험, 대안탐색과 대안설정, 대안반응 연습과 대안반응 능력 형성, 대안반응 실천과 습관 형성'을 하는 것이다.

⑸ 상담개입 방향

반응분석에서 지향하는 상담개입 방향 또는 궁극적 상담목표는 정신장애를 가진 자들을 대상으로 정신장애를 치료하고 이를 통해 적응을 조력하는 것이다. 또는 생활문제를 가진 자들을 대상으로 생활문제를 해결하고 이를 통해 생활적응과 성장을 조력하는 것이다. 또는 성장과제를 가진 자들을 대상으로 성장과제를 성취하고 이를 통해 신체적 정신적 사회적 영성적 성장을 조력하는 것이다.

한편, 상담개입 방향과 관련해서 상담은 일차적으로 외부환경의 변화를 지향하기보다는 개인의 변화, 특히 개인 반응의 바람직한 변화를 지향하는 활동이다. 반응분석에서 외부환경의 변화는 개인 반응을 변화시키는 전략으로 선택하거나 개인 반응이 변화한 이후의 이차적 목표로 선택된다. 그리고 이차적인 외부환경의 주요 내용은 가족체계와 지역사회 체계이다.

⑹ 상담방법

반응분석의 주된 상담방법은 '상담관계 형성' 그리고 형성된 상담관계 속에서의 '지지전략과 학습전략, 그리고 조력'이다. 먼저, 상담은 지지적이고 교육적인 대인 상호작용, 즉 상담관계 속에서 이루어진다. 일반적으로 상담자는 '상담구조화와 라포 형성을 통해 지지적이고 교육적인 상담관계 환경을 조성'한다. 그리고 조성된 상담관계 환경 속에서 내담자의 반응이나 반응양식이나 성격의 변화를 조력해 나간다.

그리고 상담자는 내담자의 바람직한 변화를 조력하기 위해 '지지전략과 학습전략을 사용'한다. 여기서 지지(支持)란 '넘어지지 않게 받쳐준다'는 의미이다. 지지전략(支持戰略)이란 일차적으로 내담자가 스스로 자기반응이나 반응양식이나 성격을 바람직한 방향으로 변화시켜 나갈 수 있도록 상담자가 정서적 지지를 제공하는 방법들을 의미한다. 그런데 내담자는 자기변화를 스스로 해 나갈 수 없는 상태일 수 있다. 이 경우 지지전략이란 정서적 지지 이상의 적극적인 인지적 행동적 사회적 경제적 물리적 지지 등을 상담자가 일시적으로 제공하는 방법들을 의미한다. 예를 들면, 내담자가 스스로 자기반응이나 반응양식이나 성격을 바람직한 방향으로 변화시켜 나갈 수 있을 때까지 상담자가 일시적으로 필요한 정보를 제공해 주거나, 필요한 현상의 원인을 설명해 주거나, 필요한 해결방안을 제시해 주거나, 필요한 행동을 대신 수행해 주거나, 필요한 복지서비스를 연계시켜 주는 등의 적극적이고 지지적인 도움을 제공하는 방법들을 의미한다.

또 학습(學習)이란 '연습이나 경험의 결과로 일어나는 행동의 지속적인 변화'를 의미한다(서울대학교 교육연구소, 1995). 학습전략(學習戰略)이란 과학적인 학습원리나 방법을 활용하여 내담자의 반응이나 반응양식이나 성격의 변화을 조력하는 방법들을 의미한다. 학습전략도 역시 일차적으로 내담자가 스스로 학습원리나 방법을 활용하여 자기반응이나 반응양식이나 성격을 변화시켜 나갈 수 있도록 돕는 방법들이다. 그러나 내담자는 스스로 할 수 없을 수 있고, 할 수 있더라도 제대로 할 수 없는 상태일 수 있다. 이 경우 학습전략이란 상담자가 적극적으로 과학적인 학습원리나 방법들을 사용하여 내담자의 반응이나 반응양식이나 성격을 바람직한 방향으로 변화시켜 나가는 방법들을 의미한다. 예를 들면, 고전적 조건화, 조작적 조건화, 사회학습, 인지학습 원리나 방법들을 사용하여 내담자의 문제행동을 없애거나 감소시키고 대안행동을 형성하거나 증가시켜 나가는 방법들을 의미한다. 또는 감정정화법, 필요충분조건과 촉진적 태도, 분석과 해석, 의사결정과 계획, 행동수행 연습, 실행 촉진 등의 원리나 방법들을 사용하여 내담자의 감정정화와 일치, 이해, 대안 설정, 행동 형성을 해 나가는 방법들을 의미한다.

그리고 이 과정에서 상담자는 전문적인 상담서비스를 제공하는 주력자이자 내담자의 반응이나 반응양식이나 성격의 변화, 또는 감정정화와 일치, 이해, 대안 설정, 행동 형성을 돕는 조력자 역할을 수행한다. 그리고 내담자는 상담자의 전문적인 조력을 받으면서 자신의 반응이나 반응양식이나 성격의 변화, 또는 감정정화와 일치, 이해, 대안 설정, 행동 형성을 스스로 해 나가는 주력자 역할을 수행한다.

(7) 전문 분야

상담은 '전문 분야'이다. 즉, 상담은 정신장애나 생활문제나 성장과제를 가진 내담자들에게 심리치료나 문제해결이나 성장과제의 성취를 조력하는 전문 분야이다. 그리고 상담은 상담학, 정신의학, 심리상담학, 교육상담학 등의 학문적 토대를 가지고 있고, 정규 학제와 교육과정, 전문가 단체, 국가나 전문가 단체에서 운영하는 자격제도와 윤리규정을 갖춘 전문 분야이다.

이상의 내용을 요약하면 〈표 3-1〉과 같다.

〈표 3-1〉 반응분석과 상담 개념 정의 구성 요소

구분	상담 개념 정의 포함 내용
상담주체	상담자는 상담 서비스 제공의 주체, 내담자는 심리치료나 문제해결이나 성장과제 성취의 주체
상담자	공인된 교육과 자격취득 과정 이수, 상담자 역할 수행능력 형성, 자격증 취득
상담대상	① 정신장애, 생활문제, 성장과제를 가진 자, 그리고 ② 본인이 요청한 자, 또는 관련인이나 관련 기관이나 단체에서 요청 및 의뢰한 자
상담목표	① 정신장애와 관련된 증상반응이나 반응양식의 소거나 감소, 관련된 성격의 재구성, 또는 생활문제와 관련된 역기능적 반응이나 반응양식의 소거나 감소, 대안반응이나 대안반응 양식 형성이나 증가, 관련된 성격 재구성, 또는 성장과제와 관련된 대안반응이나 대안반응 양식 형성이나 증가, 관련된 성격 재구성, 그리고 ② 과정목표인 감정정화와 일치, 이해, 대안 설정, 행동 형성
상담방향	① 정신장애 치료, 이를 통한 적응 조력, 또는 ② 생활문제 해결, 이를 통한 생활적응과 성장 조력, 또는 ③ 성장과제 성취, 이를 통한 신체적 심리적 사회적 영성적 성장 조력
상담방법	상담관계 형성, 그리고 형성된 상담관계 속에서의 지지전략과 학습전략, 그리고 조력
분야 구분	상담학, 정규 학제와 교육과정, 전문가 단체, 자격제도, 윤리규정을 갖춘 심리치료나 문제해결이나 성장과제의 성취를 조력하는 전문 분야

2) 반응분석의 상담문제

상담사례 개념화는 상담이론을 개념화 준거로 사용하여 상담문제, 상담문제 원인, 상담개입에 대한 개념단어나 가설문장을 구성하는 작업이다. 여기서는 개념화 준거로서의 반응분석 상담이론 모형을 설명하고자 하며, 이를 위해 반응분석의 내용을 개념화 준거에 맞게 '상담문제 이론, 상담문제 원인 이론, 상담개입 이론'으로 재구성하여 설명하고자 한다.

이 절에서는 먼저 반응분석의 상담문제에 대해 설명하였다. 즉, 상담사례 개념화의 하위 내용으로서 '상담문제에 대한 개념단어나 가설문장을 구성할 때 개념화 준거로 사용하는 반응분석의 상담문제'에 대해 설명하였다. 상담문제 개념화와 관련하여 반응분석에서는 '호소문제, 이면문제, 진단문제, 합의한 상담문제'의 네 가지를 상담문제로 다룬다.

(1) 호소문제

반응분석에서는 호소문제(呼訴問題)를 상담문제로 다룬다. 그리고 상담사례 개념화의 하위 내용으로서 상담문제에 대한 개념단어나 가설문장을 구성할 때 반응분석을 준거로 사용하여 호소문제에 대한 개념단어나 가설문장을 구성하여 진술한다. 여기서 호소문제란 '내담자가 상담장면에서 호소한 문제들', 그리고 이 문제들 중에서 '내담자가 상담에서 우선적으로 다루어 달라고 호소한 문제'를 의미한다. 또한 '관련인이나 관련 기관이나 관련 단체에서 내담자를 의뢰할 때 그들이 의뢰하는 내담자의 문제라고 호소한 문제들', 그리고 그들이 호소한 문제들 중에서 '상담에서 우선적으로 다루어 달라고 호소한 문제'를 의미한다.

예를 들어, 내담자가 구두언어로 호소한 문제들, 또는 상담신청서의 상담 받고 싶은 문제를 표시하거나 직접 쓰도록 한 난에 표시되어 있거나 쓰여 있는 문제들을 호소문제라고 한다. 그리고 부모가 자녀의 상담을 의뢰할 경우, 부모가 자녀의 문제라고 구두언어로 호소한 문제들, 또는 부모가 호소한 문제들 중에서 우선적으로 다루어 달라고 호소한 문제를 호소문제라고 한다. 또 보호관찰소에서 비행청소년 상담을 의뢰할 경우, 보호관찰관이 의뢰하는 청소년의 문제라고 구두언어로 호소한 문제들, 또는 보호관찰관이 호소한 문제들 중에서 우선적으로 다루어 달라고 호소한 문제를 호소문제라고 한다. 한편, 내담자들은 보통 하나가 아닌 여러 개의 문제들을 호소하기 때문에 호소문제는 대체로 여러 개이다.

상담문제를 개념화할 때, 그 하위요소로서 호소문제에 대한 개념단어나 가설문장을 구성하여 진술하는 것은 기초적인 요소이다. 호소문제가 명확하지 않으면 이어지는 개념화 내용의 명확성도 낮아질 수 있기 때문에 호소문제에 대한 개념단어나 가설문장을 명확하게 구성하여 진술하는 것은 매우 중요하다.

(2) 이면문제

반응분석에서는 이면문제(裏面問題, inner problem)를 다룬다. 그리고 상담사례 개념화의 하위 내용으로서 상담문제에 대한 개념단어나 가설문장을 구성할 때 반응분석을 준거로 사용하여 이면문제에 대한 개념단어나 가설문장을 구성하여 진술한다. 여기서 이면문제란 '내담자가 호소하지 않았지만 상담자의 관점에서 내담자의 이면에 있다고 판단한 문제들', 그리고 '내담자의 이면에 있다고 판단한 문제들 중에서 상담에서 우선적으로 다룰 필요가 있다고 판단한 문제'를 의미한다. 그리고 상담자의 관점이란 일차적으로 상담사례를 담당한 담당상담자의 관점을 의미하지만, 추가적으로 본 상담 이전의 접수면접자의 관점, 그리고 슈퍼비전을 받고 있을 경우에는 슈퍼바이저의 관점도 상담자의 관점에 포함된다.

예를 들면, 내담자들은 자신이 가진 문제들 중에서 어떤 문제는 호소하지 않는다. 그리고 어떤 문제는 적극적으로 숨기거나 은폐하기도 한다. 또 어떤 문제는 호소를 했더라도 정작 상담에서 다루는 것을 원하지 않는다. 또 어떤 문제는 의식하지 못하는 무의식적 문제라서 의식적 수준에서는 자신의 문제를 인식하지 못하거나 문제를 부인하기도 한다. 또 어떤 문제는 관련인이 문제라고 인식하여 호소하지만 정작 내담자 자신은 문제라고 인식하거나 호소하지 않는다. 내담자가 호소하지 않거나 숨기거나 원하지 않거나 의식하지 못하지만 상담자가 볼 때 문제라고 판단되는 것들, 그리고 이들 중에서 우선적인 개입이 필요하다고 판단되는 문제를 이면문제라고 한다.

반응분석에서 상담자는 내담자가 호소하지 않거나 숨기거나 원하지 않거나 의식하지 못하는 이면문제들이 있는지를 의문하고, 이 의문의 답을 얻기 위해 객관적 정보를 수집하며, 이 수집된 정보를 토대로 이면문제를 판단한다. 그리고 반응분석에서는 이면문제를 '외부환경 문제, 외현이나 내현반응 문제, 반응양식 문제, 성격문제, 발달문제, 초월영성 문제, 가족문제, 지역사회 문제'의 8개 유형으로 구분하여 개념화한다.

한편, 이러한 이면문제 판단은 보통 정보수집과 평가, 진단, 사례개념화 등의 과정을 통해 이루어지는데, 이면문제를 판단할 때는 내담자의 '역기능 정도, 위험 정도, 대처능력 정도, 지지체계 정도, 우선개입 필요 정도 등'이 고려된다. 이면문제도 두 개 이상인 경우가 대부분인데, 이면문제가 두 개 이상일 경우에는 상담자가 어떤 이면문제를 먼저 다룰 것인지에 대한 판단, 즉 우선순위 결정이 요구된다.

(3) 진단문제

반응분석에서는 진단문제를 다룬다. 그리고 상담사례 개념화의 하위 내용으로서 상담문제에 대한 개념단어나 가설문장을 구성할 때 반응분석을 준거로 사용하여 진단문제에 대한 개념단어나 가설문장을 구성하여 진술한다. 여기서 진단문제란 DSM이나 ICD와 같은 표준화된 정신장애 진단체계를 사용하여 진단한 정신장애를 의미한다. 종종 임상 중심의 상담기관에서는 상담자에게 진단을 요구한다. 그리고 임상 중심이 아닌 일반 상담기관에서는 상담자에게 비공식적인 진단을 요구한다. 즉, 일반 상담기관에도 정신장애를 가진 사람들이 내방하는데, 이런 경우에는 표준화된 진단체계를 이용하여 비공식적 진단을 요구한다. 참고로, 여기서 비공식적 진단이란 '의사가 아닌 상담자가 필요에 의해 진단을 내리지만, 의사가 아니라서 공식적이거나 공개적으로 진단을 내리지 않고 비공식적거나 비공개적으로 내리는 진단'을 의미한다.

DSM-5(American Psychiatric Association, 2015)에 의하면 진단문제는 다음의 정신장애들 중에서 하나 이상에 포함될 수 있다.

01 신경발달장애(Neurodevelopmental Disorders)

02 조현병 스펙트럼 및 기타 정신병적 장애(Schizophrenia Spectrum and Other Psychotic Disorders)

03 양극성 및 관련 장애(Bipolar and Related Disorders)

04 우울장애(Depressive Disorders)

05 불안장애(Anxiety Disorders)

06 강박 및 관련 장애(Obsessive-Compulsive and Related Disorders)

07 외상 및 스트레스 관련 장애(Trauma-and Stressor-Related Disorders)

08 해리장애(Dissociative Disorders)

09 신체증상 및 관련 장애(Somatic Symptom and Related Disorders)

10 급식 및 섭식장애(Feeding and Eating Disorders)

11 배설장애(Elimination Disorders)

12 수면각성장애(Sleep-Wake Disorders)

13 성기능 부전(Sexual Dysfunctions)

14 성별 불쾌감(Gender Dysphoria)

15 파괴적 충동조절 및 품행 장애(Disruptive, Impulse-Control, and Conduct Disorders)

16 물질 관련 및 중독 장애(Substance-Related and Addictive Disorders)

17 신경인지장애(Neurocognitive Disorders)

18 성격장애(Personality Disorders)

19 변태성욕장애(Paraphilic Disorders)

20 기타 정신장애(Other Mental Disorders)

21 약물치료로 유발된 운동장애 및 약물치료의 기타 부작용(Medication-induced movement disorders and other adverse effects of medication)

22 임상적 주의의 초점이 될 수 있는 기타 상태(Other conditions that may be a focus of clinical attention)

가령, 진단문제는 '우울장애'로 개념화될 수도 있고, '불안장애'로 개념화될 수도 있다. 우울장애로 개념화되더라도 구체적으로 '파괴적 기분조절부전장애'로 개념화될 수도 있고, '주요 우울장애나 지속성 우울장애, 월경전 불쾌감장애'로 개념화될 수도 있다. 또는 더 구체적으로 동반 증상을 명시하여 '불안증 동반 우울장애, 혼재성 양상 동반 우울장애, 멜랑콜리아 양상 동반 우울장애, 비전형적 양상 동반 우울장애, 기분과 일치하는 정신병적 양상 동반 우울장애, 기분과 일치하지 않는 정신병적 양상 동반 우울장애, 긴장증 동반 우울장애, 주산기 발병 동반 우울장애, 계절성 동반 우울장애 등'과 같이 개념화될 수도 있다. 일반적으로 진단문제는 표준화된 DSM이나 ICD 진단체계를 준거로 사용하여 개념화된다. 이 때문에 진단문제가 개념화되면, 이 개념화된 진단문제는 대부분 주된 상담문제 또는 우선 상담문제로 다루어진다.

(4) 합의된 상담문제

마지막으로 반응분석에서는 합의한 상담문제를 다룬다. 그리고 상담사례 개념화의 하위 내용으로서 상담문제에 대한 개념단어나 가설문장을 구성할 때 반응분석을 준거로 사용하여 합의한 상담문제에 대한 개념단어나 가설문장을 구성하여 진술한다. 여기서 합의한 상담문제란 상담자와 내담자가 함께 서로 협의하여 상담에서 다루기로 합의한 상담문제를 의미한다.

상담은 내담자를 조력하는 과정이기 때문에 상담문제를 선정할 때 내담자의 요구를 우선적으로 고려한다. 즉, 내담자의 호소문제, 또는 내담자의 호소문제 중에서 먼저 다루기를 원하는 호소문제가 우선적인 상담문제로 선정된다. 그러나 내담자가 호소하지 않거나 숨기거나 원하지 않거나 의식하지 못하는 문제들 중에서 상담자가 파악한 중요한 이면문제가 있을 경우, 또는 표준화된 진단체계에 의해 진단된 정신장애 문제가 있을 경우, 상담자는 이런 이면문제나 진단문제를 내담자에게 알린 후, 이들 중에서 상담문제를 선정하도록 권유하거나 설득하는 경향이 있다. 그런데 이런 설득이 실패할 경우, 종종 내담자와 합의 없이 '상담자가 일방적으로 이면문제나 진단문제를 상담문제로 선정'할 수도 있다.

3) 반응분석의 상담문제 원인

이 절에서는 반응분석의 상담문제 원인에 대해 설명하였다. 즉, 상담사례 개념화의 하위 내용으로서 '상담문제 원인에 대한 개념단어나 가설문장을 구성할 때 개념화 준거로 사용하는 반응분석의 상담문제 원인'에 대해 설명하였다.

한편, 반응분석에서는 '상담문제가 단일원인이 아닌 다중원인에 의해 일어난다'고 가정한다. 즉, 반응분석에서는, '① 문제상황, 스트레스 사건, 조건화 사건 등을 포함한 사건, ② 외현행동, 내현반응, 반응양식, 성격, 신체반응 등을 포함한 반응, ③ 생애발달과 초월영성 발달을 포함한 발달, ④ 가족체계와 지역사회 체계를 포함한 체계'의 네 가지 원인의 상호작용에 의해서 상담문제, 즉 정신장애나 생활문제나 성장과제가 발생이나 소멸, 유발이나 억제, 유지 또는 강화나 약화된다고 가정한다. 그리고 이런 가정을 토대로, 반응분석에서는 상담문제의 원인을 크게 '사건 원인, 반응 원인, 발달 원인, 체계 원인'의 네 가지로 구분한다.

(1) 사건 원인

상담문제의 원인은 크게 '사건, 반응, 발달, 체계'의 네 가지로 구분할 수 있는데, 이 중에 첫 번째 원인은 '사건'이다. 즉, 상담문제의 원인 중 하나는 사건(또는 조건이나 자극)이다. 이와 관련해서 반응분석에서는 다음과 같은 가정을 가지고 있다. 즉, '상담문제에는 역기능적인 반응(또는 행동)이 포함되어 있다. 그리고 이 역기능적인 반응은 관련된 구체적인 사건 속에서 발생한다'라는 가정을 가지고 있다. 다시 말하면, 정신장애의 증상반응(또는 증상행동), 당면 생활문제의 문제반응(또는 문제행동), 당면 성장과제의 대안반응(또는 대안행동)과 같은 역기능적인 반응이나 기능적인 대안반응은 관련된 구체적인 사건 속에서 일어난다.

예를 들어, 불안문제에는 '불안반응이 포함'되어 있고, 이 불안반응은 '구체적인 불안반응 관련 사건 속에서 일어난다'. 우울문제에는 '우울반응이 포함'되어 있고, 이 우울반응은 '구체적인 우울반응 관련 사건 속에서 일어난다'. 폭력문제에는 '폭력반응이 포함'되어 있고, 이 폭력반응은 '구체적인 폭력반응 관련 사건 속에서 일어난다'. 가출문제에는 '가출반응이 포함'되어 있고, 이 가출반응은 '구체적인 가출반응 관련 사건 속에서 일어난다'. 이렇게 역기능적인 반응과 역기능적인 반응이 일어나는 구체적인 사건이 연결되어 있다는 측면에서 관련 사건은 역기능적인 반응의 원인 중에 하나라고 할 수 있다.

반응분석에서는 역기능적인 반응의 원인이 되는 사건을 세 가지의 유형으로 구분한다. 즉, '문제상황 관련 사건, 스트레스 반응 유발 사건, 조건화 학습 관련 사건'의 세 가지이다.

① 문제상황 관련 사건

상담문제의 원인 중에 하나는 사건이고, 이 사건의 하위요소 중에 하나는 '문제상황과 관련된 사건'이다. 여기서 문제상황이란 '역기능적인 문제행동과 역기능적인 결과가 일어나는 구체적인 사건'이다. 즉, '특정 사건 속에서 특정 문제행동이 일어나고, 이후 특정 문제행동과 관련된 특정 역기능적인 결과사건이 일어나는 일련의 상황'을 의미한다.

상담문제의 원인으로서 문제상황과 관련된 사건은 명료화와 상관이 있다. 예를 들어, 고통스럽거나 불만족스러운데 그 원인을 모를 때, 자신이 경험하는 고통이나 불만족을 탐색하다 보면, 자신을 고통이나 불만족스럽게 하던 것의 실체가 명료화되면서 이유를 알 수 있게 된다. 그 명료화된 실체 중에 하나가 바로 원인으로서의 문제상황과 관련된 사건이다. 고통이나 불만을 불러일으키던 문제상황과 관련된 구체적인 사건이 명료화되면 내담자는 보통 '나를 고통이나 불만족스럽게 만들었던 실체가 바로 특정 사건과 그 속에서의 역기능적인 지각표상이나 기억회상이나 활성화된 부정적 감정이나 사고나 욕구나 선택이나 표현이나 행동이었구나' 하고 자각하는 경향이 있다.

한편, 반응분석에서는 문제상황을 다섯 가지로 구분한다. 즉, '최근의 문제상황, 과거의 문제상황, 발달 초기의 문제상황, 미래의 문제상황, 지금여기의 문제상황'의 다섯 가지이다. 일반적으로 '최근의 문제상황, 미래의 문제상황, 지금여기의 문제상황'은 상담문제 유지 요인(또는 유지원인)으로 구분하고, '과거의 문제상황, 발달초기의 문제상황'은 상담문제 발생 요인(또는 발생원인)으로 구분하는 경향이 있다.

❑ 최근의 문제상황 관련 사건

최근의 문제상황이란 내담자가 상담실에 찾아와서 호소하는 문제와 관련된 것으로, 호소문제와 관련하여 '최근에 문제행동과 역기능이 일어났던 구체적인 사건'을 의미한다. 또는 호소문제와 관련하여, 최근에 '고통을 경험'하거나 '문제가 있다는 인식'이 일어나거나 그래서 '변화가 필요하다는 인식'이 일어나거나 '상담을 받아야겠다는 인식'이 일어난 것과 관련된 구체적인 사건을 의미한다. 명료화되지 않는 최근의 문제상황은 상담문제를 유지하는 원인이 될 수 있다. 또한 이차적으로 최근의 문제상황에 대한 자기관리의 부족, 즉 인식과 대처의 부족도 상담문제를 유지하는 원인이 될 수 있다.

❑ 과거의 문제상황 관련 사건

과거의 문제상황이란 '문제행동과 역기능이 일어난 최초의 사건부터 최근의 문제상황 이전까지의 과거 시점에서 일어난 문제상황들'을 의미한다. 일반적으로 과거의 문제상황은 문제행동의 발생 또는 학습과 상관이 있다. 예를 들어, 내담자가 발표불안문제를 호소한다면, 과거의 문제상황이란 '최초로 발표불안 반응과 그로 인해 역기능적인 결과가 일어났던 구체적인 사건'부터 시작하여 '최근의 문제상황 이전의 발표불안 반응과 그로 인해 역기능적인 결과가 일어났던 구체적인 사건'까지의 일련의 과거 시점에서 일어났던 문제상황들을 의미한다. 명료화되지 않는 과거의 문제상황은 상담문제를 발생, 유지, 악화시키는 원인이 될 수 있다. 또한 이차적으로 과거의 문제상황에 대한 자기관리의 부족, 즉 인식과 대처의 부족도 상담문제를 발생, 유지, 악화시키는 원인이 될 수 있다.

❑ 발달 초기의 문제상황 관련 사건

발달 초기의 문제상황이란 '임신부터 6세까지의 발달 초기 시점에 일어난 발달과 관련된 문제상황들'을 의미한다. 일반적으로 발달 초기의 문제상황은 발달의 결정적 시기, 그리고 성격과 상관있다. 여기서 발달의 결정적 시기란 인간의 신체발달이나 심리발달이 결정되는 매우 중요한 시기인 임신부터 6세까지의 기간을 의미한다. 예를 들면, 신체기관 발달, 뇌신경 발달, 지각과 인지발달, 애착발달, 언어발달, 자아나 성격발달, 사회성 발달 등은 임신부터 6세까지의 결정적 시기에 가장 활발하게 이루어지고, 이 기간이 지나면 발달이 느려지거나 잘 일어나지 않게 된다. 따라서 이 시기의 발달을 촉진하는 조건이나 저해하는 조건들은 이 시기의 발달에 영향을 미치고, 이 시기의 발달은 결국 전생애 발달, 또는 전생애 반응이나 반응양식이나 성격에 결정적 영향을 미치게 된다.

반응분석에서 '발달 초기의 문제상황'이란 '임신부터 6세 사이의 결정적 시기 동안 발달에 필요한 조건들이 과잉 결핍이나 과잉 충족되어 발달이상을 일으키는 것과 관련된 구체적인 사건'을 의미한다. 예를 들면, 애착은 6주에서 18개월 사이의 결정적 시기 동안에 형성되는데, 이 시기에 주 양육자의 이혼, 별거, 질병, 직장 등의 사유, 또는 미성숙, 지식 부족, 능력 부족, 실천 부족 등의 사유로 애착이 형성되는 데 필요한 조건들이 과잉 결핍되거나 과잉 충족되면, 불안정 애착이 형성된다. 그리고 이 시기가 지나면 애착발달은 잘 일어나지 않게 되고, 결국 6주에서 18개월 사의의 결정적 시기 동안에 일어난 애착발달이 전생애 인간관계 애착반응에 결정적 영향을 미치게 된다. 이것은 상담문제를 발생, 유지, 악화시키는 원인이 될 수 있다. 애착발달 외에도 이 시기의 뇌신경 발달, 지각과 인지발달, 언어발달, 자아나 성격발달, 사회성 발달과 관련된 초기 사건들은 전생애 반응, 반응양식, 성격에 결정적 영향을 미치게 되고, 이는 상담문제를 발생, 유지, 악화시키는 원인이 될 수 있다.

❑ 미래의 문제상황 관련 사건

미래의 문제상황도 최근의 문제상황처럼 내담자가 상담실에 찾아와서 호소하는 문제와 관련된 것으로 '아직 일어나지는 않았지만, 문제행동과 역기능이 일어날 수 있는 임박한 미래의 사건'을 의미한다. 또는 호소문제와 관련하여, 임박한 미래의 시기에 '고통을 경험할 것이라고 예견'하거나 '문제가 발생할 것이라고 예견'하거나 그래서 '변화가 필요하게 될 것이라고 예견'해서, 지금 시점에서 '상담을 받아야겠다는 인식'이 일어난 것과 관련된 임박한 미래에 발생 가능한 구체적인 사건을 의미한다. 미래의 문제상황과 관련된 전형적인 문제는 예기불안 문제이다. 명료화되지 않는 미래의 문제상황은 상담문제를 발생, 유지, 악화시키는 원인이 될 수 있다. 또한 이차적으로 미래의 문제상황에 대한 자기관리의 부족, 즉 인식과 대처의 부족도 상담문제를 발생, 유지, 악화시키는 원인이 될 수 있다.

❑ 지금여기의 문제상황 관련 사건

일반적으로 지금여기의 문제상황은 현상학이나 실존주의 관점과 상관있다. 즉, 현상학이나 실존주의 관점에서는 상담에서 다룰 수 있는 문제상황은 과거의 문제상황이나 미래의 문제상황이 아니라 지금여기 상담장면에서 활성화되어 나타나는 실존하는 문제상황이다. 지금여기의 문제상황이란 '상담의 시작부터 지금까지의 상담장면, 또는 지금여기 상담자와 내담자의 대인관계 상호작용 장면에서 문제행동과 역기능이 일어나는 구체적인 사건'을 의미한다. 명료화되지 않는 지금여기의 문제상황은 상담문제를 유지나 악화시키는 원인이 될 수 있다. 또한 이차적으로 지금여기의 문제상황에 대한 자기관리의 부족, 즉 인식과 대처의 부족도 상담문제를 유지나 악화시키는 원인이 될 수 있다.

② 스트레스 반응 유발 사건

상담문제의 원인 중에 하나는 사건이고, 이 사건의 하위요소 중에 하나는 '스트레스 반응 유발 사건'이다. 스트레스 반응이란 '신체적 심리적으로 힘들어하는 반응'이다. 그리고 스트레스 반응 유발 사건이란 '신체적 심리적으로 힘들어하는 반응을 불러일으키는 사건'을 의미한다. 상담과 관련하여 '정신장애나 문제행동 소인을 가진 내담자에게 특정 스트레스 유발 사건은 정신장애나 문제행동을 유발하는 기능'을 한다. 즉, 특정 스트레스 유발 사건은 특정 정신장애나 문제행동을 유발하는 원인이다. 이러한 정신장애나 문제행동을 유발하는 스트레스 유발 사건은 크게 '극한 사건, 생활변화 사건, 잔일거리 사건'으로 구분할 수 있다.

❏ 극한 사건

극한 사건이란 '심각한 전쟁 피해, 지진 피해, 화재 피해, 교통사고 피해, 폭력이나 테러 피해 등과 같이 심각한 생명의 위협을 느끼게 하는 극한의 사건'을 의미한다. 인간은 이런 극한 사건을 경험하면, 신체적 심리적 사회적 안전이 파괴되는 것을 경험하게 되는데, 이는 심각한 부적응 문제를 유발할 수 있다. 특히 정신장애나 문제행동 소인을 가진 경우, 극한 사건은 정신장애나 생활문제를 발생, 유지, 악화시키는 결정적 원인이 될 수 있다. 예를 들어, 심각한 폭력 피해 사건은 외상후 스트레스 장애의 소인을 가진 내담자들에게 외상후 스트레스 장애를 유발하는 사건이 될 수 있다.

□ 생활변화 사건

생활변화 사건이란 '가족의 죽음, 이혼, 별거, 질병, 이사, 취업, 승진 등과 같이 일상생활의 변화를 일으켜 신체적 심리적 사회적인 항상성을 파괴하는 사건'이다. 생활변화 사건은 항상성을 파괴하여 스트레스 반응을 유발하는데, 정신장애나 문제행동 소인을 가진 내담자들에게 생활변화 사건은 정신장애나 생활문제를 발생, 유지, 악화시키는 원인이 될 수 있다. 예를 들어, 사랑하는 가족이 죽는 생활변화 사건은 우울증 소인을 가진 내담자들에게 우울증을 유발하는 사건이 될 수 있다. 또 대다수의 사람에게 승진은 삶의 활력을 주는 사건이지만 사회불안 문제를 가진 내담자에게 승진은 소화불량이나 불면, 직장 부적응 문제를 유발하는 원인이 될 수 있다.

□ 잔일거리 사건

잔일거리 사건이란 '일상에서 늘 경험하는 힘든 일의 누적과 관련된 사건'이다. 일반적으로 잔일거리 사건은 다음과 같은 특징이 있다. 즉, 잔일거리 사건은 일상생활에서 피할 수 없이 늘 직면해야 하는 일이다. 그리고 늘 힘들게 하는 잔일거리가 주어진다. 그리고 이 잔일거리를 처리하는 과정에서 늘 힘든 것을 참고 견디어 내야 한다. 그리고 힘든 것은 몸과 마음에 계속 쌓여서 누적되어 간다. 그리고 이런 누적이 지속되면 더 이상 참고 견딜 수 없는 임계점에 이른다. 그리고 임계점에 이른 시점에서 발생한 작은 잔일거리 사건은 신체적 심리적 사회적 문제를 유발하는 사건이 된다.

가령, 지속되는 가난, 질병, 일상 소음, 수면 부족, 신체적 고통이나 피로, 힘든 장거리 출퇴근, 가족 갈등, 직장 인간관계 갈등 등은 스트레스 반응을 유발하는 잔일거리 사건들이다. 이런 잔일거리 사건은 지속적인 스트레스 반응을 유발한다. 특히 정신장애나 문제행동 소인을 가진 내담자들에게 잔일거리 사건은 정신장애나 생활문제를 발생, 유지, 악화시키는 원인이 될 수 있다.

예를 들어, 폭력행동 소인을 가진 어떤 내담자는 지속되는 경제적 어려움 속에서 매일 밤늦게까지 일을 해야 했고, 일을 하는 동안 늘 트집을 잡고 괴롭히는 직장상사에게 화를 참아야 했으며, 이로 인해 누적된 피로나 갈등을 경험하고 있었다. 그러던 어느 날 스트레스가 누적되어 임계점에 이른 시점에서 상사가 "이 일을 끝내지 못하면 집에 갈 생각을 하지 마!"라는 말을 했고, 이 소리를 들은 내담자는 더 이상 화를 참지 못하고 직장상사를 폭행했다. 이 일로 직장에서 해고되어 다시 실업자가 되었다. 이 경우 잔일거리 사건은 폭력행동의 원인 중에 하나이다.

❏ 조건화 학습 관련 사건

상담문제의 원인 중 하나는 사건이고, 이 사건의 하위요소 중 하나는 '조건화 학습 관련 사건'이다. 일반적으로 과거에 사건과 반응 간의 조건화 학습이 형성되면, 사건과 반응이 결합되어 '조건화된 사건이 일어나면 이와 결합된 조건화된 반응도 일어나게 된다.' 따라서 조건화 학습 관련 사건이란 '조건화된 역기능적인 반응을 유발하는 조건화된 사건'을 의미한다.

조건화 학습은 고전적 조건화와 조작적 조건화로 구분할 수 있다. 먼저, 고전적 조건화는 선행사건과 불수의적 반응 간의 결합이 이루어지는 학습 현상인데, 여기서 선행사건은 선행 유발사건과 선행 억제사건으로 구분할 수 있고, 불수의적 반응은 기능적인 불수의적 반응과 역기능적인 불수의적 반응으로 구분할 수 있다.

그리고 조작적 조건화는 수의적 반응과 후속사건 간의 결합이 이루어지는 학습 현상인데, 여기서 수의적 반응은 기능적인 수의적 반응과 역기능적인 수의적 반응으로 구분할 수 있고, 후속사건은 후속 강화사건과 후속 약화사건으로 구분할 수 있다. 여기서 후속 강화사건은 보통 보상사건을 의미하고, 후속 약화사건은 보통 처벌사건을 의미한다.

일단 과거의 학습사건에 의해 고전적 조건화나 조작적 조건화가 일어났다면, 조건화된 사건은 이와 결합된 역기능적 반응을 유발하는 원인이 될 수 있다. 가령, 과거의 학습사건에 의해 선행사건과 역기능적인 불수의적 반응 간의 고전적 조건화 학습이 일어났을 경우, 이 선행사건은 조건화된 역기능적인 불수의적 반응을 유발하거나 억제하는 원인이 될 수 있다. 예를 들면, 거미 공포증은 과거에 거미에게 물리는 사건과 불수의적인 공포반응 간의 결합, 즉 고전적 조건화 학습에 의해 형성된다. 일단 거미와 공포반응 간의 조건화 학습이 일어나면, 거미가 나타나는 사건은 공포반응을 유발하는 원인이 된다.

또 과거의 학습사건에 의해 역기능적인 수의적 반응과 후속사건 간의 조작적 조건화 학습이 일어났을 경우, 이 후속사건은 조건화된 역기능적인 수의적 반응을 강화(보상)하거나 약화(처벌)하는 원인이 될 수 있다. 예를 들면, 수의적인 떼쓰기 행동은 과거에 떼쓰기 행동을 해서 원하는 보상을 받았던 후속사건 간의 결합, 즉 조작적 조건화 학습에 의해 형성된다. 일단 떼쓰기와 보상사건 간의 조건화 학습이 일어나면, 잠재적 보상사건은 떼쓰기 행동을 강화하는 원인이 된다.

한편, 조건화 학습 관련 사건이 역기능적인 반응의 원인이 될 수 있지만, 이차적으로 조건화 학습 관련 사건에 대한 자기관리의 부족, 즉 인식과 대처의 부족은 정신장애나 생활문제, 성장과제를 발생, 유지, 악화시키는 원인이 될 수 있다.

다른 한편, 사건이란 '역기능적인 반응의 전후로 일어난 일련의 현상'을 의미한다. 상담과정에서 사건에 대한 탐구와 이해가 깊어지면, 역기능적인 반응의 전후로 일어난 일련의 현상들 속에서 그 반응의 유발이나 억제, 강화나 약화와 상관관계나 인과관계를 가진 조건이나 자극들을 발견할 수 있다. 이 경우에는 사건이라는 표현보다는 '반응유발조건이나 유발자극' 또는 '반응억제조건이나 억제자극', 그리고 '반응강화조건이나 강화자극' 또는 '반응약화조건이나 약화자극' 등의 표현을 더 많이 사용하는 경향이 있다. 반응분석에서는 사건이란 용어를 조건이나 자극을 포함한 의미로 사용하였다.

(2) 반응 원인

상담문제의 원인은 크게 '사건, 반응, 발달, 체계'로 구분할 수 있는데, 이중에 두 번째 원인은 반응, 즉 역기능적인 반응이다. 그리고 상담문제 원인이 되는 역기능적인 반응은 다시 '① 외현행동, ② 내현반응, ③ 반응양식, ④ 성격, ⑤ 신체'의 다섯 가지로 세분하여 설명할 수 있다(고기홍, 2019).

한편, 반응분석은 '상담문제 속에는 상담문제와 관련된 역기능적인 반응들이 존재한다'라는 가정을 가지고 있다. 가령, 정신장애는 이를 발생, 유지, 악화시키는 정신병이나 신경증과 관련된 반응들이 존재한다. 당면한 생활문제는 이를 발생, 유지, 악화시키는 문제행동과 관련된 반응들이 존재한다. 당면한 성장과제는 이를 발생, 유지시키는 대안행동과 관련된 반응들이 존재한다. 좀 더 구체적으로 불안장애를 예로 들면, 불안장애는 관련된 불안 외현행동들이 존재한다. 그리고 불안행동의 심층에는 관련된 불안 내현반응들이 존재한다. 또한 불안과 관련된 외현행동이나 내현반응의 심층에는 불안반응 양식이나 불안성격, 그리고 불안과 관련된 신경생리적 반응들이 존재한다. 이와 같이 '상담문제 속에는 상담문제의 발생, 유지, 악화와 관련된 역기능적인 외현행동, 내현반응, 반응양식, 성격, 신경생리적 반응들이 존재한다'는 측면에서 이런 역기능적인 반응들은 상담문제의 원인이라고 할 수 있다.

① 외현행동

상담문제를 발생, 유지, 악화시키는 원인 중에 하나는 역기능적인 반응이다. 그리고 역기능적인 반응의 첫 번째 하위요인은 역기능적인 외현행동이다. 반응분석에서는 '상담문제 속에는 상담문제와 관련된 역기능적인 외현행동들이 존재한다'라는 가정이 있다. 여기서 외현행동이란 '비언어 행동, 언어표현 행동, 수행행동 등과 같이 외적으로 관찰이나 측정 가능한 행동'을 의미한다. 즉, ① 형태, 색상, 동작, 소리, 감촉, 냄새, 그리고 이런 반응들의 강도, 빈도, 지속시간, 위치 등의 비언어 행동, ② 음성 단어나 문장 등의 언어

표현 행동, ③ 밥 먹기, 학교가기, TV보기, 공부하기, 책읽기, 운동하기, 잠자기 등과 같이 목적을 가지고 반복이나 지속하는 수행행동 등을 외현행동이라 한다.

일반적으로 외현행동들 중에 상담문제의 원인이 되는 역기능적인 외현행동은 '상황에 부적합한 과잉이나 과소 외현행동'이다. 이러한 역기능적인 외현행동은 생활문제나 성장과제를 발생, 유지, 악화시킬 수 있다. 또한 이차적으로, 상황에 부적합한 과잉이나 과소 외현행동에 대한 자기관리의 부족, 즉 인식과 대처의 부족은 역기능적인 생활문제나 성장과제를 발생, 유지, 악화시키는 원인이 될 수 있다.

먼저, 상황에 부적합한 과잉 외현행동은 생활문제나 성장과제의 원인이 될 수 있다. 예를 들면, 과잉 불안과 회피행동(불안), 과잉 억제행동(불일치), 과잉 식사행동(과식), 과잉 수면행동(과수면), 과잉 공격행동(폭력), 과잉 음주나 흡연, 과잉 거짓말, 그리고 과잉 반복행동(같은 동작 반복행동, 같은 자세 지속행동, 같은 단어나 문장 반복행동) 등은 상황에 부적합한 역기능적인 과잉 외현행동들이다.

이런 역기능적인 과잉 외현행동들은 생활문제나 성장과제를 발생, 유지, 악화시키는 원인이 될 수 있다. 가령, 과식행동은 건강을 악화시키는 원인이 될 수 있다. 그리고 과수면 행동은 지각이나 결석, 그로 인한 학업저하나 교사와의 갈등 등 학교생활 부적응의 원인이 될 수 있다. 그리고 과잉 공격행동, 즉 폭력행동은 자신의 분노를 해소하고 상대를 통제하는 일차적 수단이 될 수 있지만 상대에게 신체적 정신적 외상을 갖게 하고, 공포와 적개심을 유발해 수동공격적인 복수를 불러일으킨다. 결국 관계를 더 악화시키는 원인이 될 수 있다. 그리고 과잉 음주나 흡연은 신체적 정신적 건강문제, 가족 갈등이나 이웃 간의 갈등을 불러일으키는 원인이 될 수 있다. 그리고 낯선 사람이나 대인관계 상황, 또는 수업 중 발표상황에 대한 과잉 불안과 회피행동은 학교생활 부적응과 성적 저하의 원인이 될 수 있다. 그리고 과잉 거짓말 행동은 상대에게 불신감을 불러일으켜 친구관계를 더 발전시켜 나가는

데 장애요인이 될 수 있다.

상황에 부적합한 과잉 외현행동뿐만 아니라 과소 외현행동도 생활문제나 성장과제의 원인이 될 수 있다. 가령, 상황에 부적합한 과소 식사행동(거식), 과소 수면행동(불면, 늦게 잠자기), 과소 자기주장(비주장), 과소 표현행동(함구), 과소 주의행동(주의력결핍), 과소 청결행동(불결), 과소 자녀돌봄행동(방임) 등은 역기능적인 과소 외현행동들인데, 이런 과소 외현행동들도 생활문제나 성장과제를 발생, 유지, 악화시키는 원인이 될 수 있다.

가령, 과소 식사행동 또는 식사거부행동은 건강을 악화시키는 원인이 될 수 있다. 그리고 과소 수면행동 또는 불면이나 늦게 잠자기 행동은 건강을 악화하거나 일상생활의 활기를 떨어뜨리는 원인이 될 수 있다. 그리고 과소 주장행동 또는 비주장 행동은 억제나 억압으로 인한 감정문제를 유발하거나 착취당하는 대인관계를 유지하는 원인이 될 수 있다. 과소 표현행동 또는 함구행동은 학교생활과 대인관계 부적응, 학업부진 등을 발생, 유지, 악화시키는 결정적 원인이 될 수 있다. 그리고 과소 주의행동 또는 주의력결핍행동은 물건 잃어버리기, 물건 넘어뜨리기, 일상의 활동 기억 못 하기, 대화할 때 경청 안 하기, 숙제 안 하기, 일이나 역할을 완수하지 않기, 학교생활 부적응이나 학업부진 등의 문제를 발생, 유지, 악화시키는 원인이 될 수 있다. 그리고 과소 청결행동 또는 불결행동은 신체적 정신적 건강문제나 대인관계 문제를 발생, 유지, 악화시키는 원인이 될 수 있다. 그리고 어린 자녀에 대한 부모의 과소 돌봄행동 또는 방임행동은 자녀의 신체적 심리적 사회적 발달을 저해하고 장기적인 부적응 문제를 발생, 유지, 악화시키는 원인이 될 수 있다.

② 내현반응

상담문제를 발생, 유지, 악화시키는 원인 중에 하나는 역기능적인 반응인데, 이 역기능적인 반응의 두 번째 하위요인은 역기능적인 내현반응이다. 반응분석에서 내현반응이란 '지각, 기억, 감정, 사고, 욕구'의 다섯 가지 내적인 심리반응(자아기능을 포함할 경우, '인식, 조절'도 포함됨)을 의미한다. 이러한 내현반응들 중에 역기능적인 내현반응은 정신장애나 생활문제나 성장과제를 발생, 유지, 악화시키는 원인이 될 수 있다. 또한 이차적으로, 이런 역기능적인 내현반응에 대한 자기관리의 부족, 즉 인식과 대처의 부족은 역기능적인 정신장애나 생활문제나 성장과제를 발생, 유지, 악화시키는 원인이 될 수 있다.

반응분석에서는 '상담문제 속에는 상담문제와 관련된 역기능적인 내현반응들이 존재한다'라는 가정이 있다. 이런 가정을 토대로, 정신장애나 생활문제나 성장과제의 주된 원인을 내현반응에서 찾고, 이를 변화시켜 나가려 한다. 내현반응에 대한 이해는 매우 중요하기 때문에 여기서는 내현반응을 '지각, 기억, 감정, 사고, 욕구'로 나누고, 이를 중심으로 좀 더 자세히 설명하였다.

❏ 지각

상담문제를 발생, 유지, 악화시키는 역기능적인 내현반응의 첫 번째 하위요인은 지각(知覺, perception)이다. 여기서 지각이란 오감을 통해 뇌신경에 이르는 감각정보의 상향처리 과정(bottom up processing), 그리고 유전인자 발현과 선행 학습경험에 의해 만들어진 지각틀(perception frame), 도식(schema), 기억(memory), 언어(language), 상상(imagination), 사고 등을 통해 감각정보를 조직하고 해석하는 하향처리 과정(top down processing), 그리고 이를 정신적인 상(心象 image)으로 표상(representation)하는 과정을 의미한다. 이러한 정보의 상향처리나 하향처리, 그리고 표상 과정에서의 이상은 정신장애나 생활문제나 성장과제를 발생, 유지, 악화시키는 원인이 될 수 있다. 또한 이차적으로, 이런 역기능적인 지각과정에 대한 자기관리의 부족, 즉 인식과 대처의 부족은 정신장애나 생활문제나 성장과제를 발생, 유지, 악화시키는 원인이 될 수 있다.

일반적으로 역기능적인 내현반응에는 지각의 이상이 내재되어 있다. 지각의 이상은 구체적으로 감각기관이나 뇌신경 구조나 기능의 이상, 선택적 주의의 이상, 지각틀의 이상, 표상의 이상 등으로 세분할 수 있는데, 이런 이상들은 정신장애나 생활문제나 성장과제를 발생, 유지, 악화시키는 원인이 될 수 있다.

이 중에 선택적 주의의 이상과 관련하여 불수의적 주의나 수의적 주의의 이상은 '주의 집중의 어려움(주의분산, 주의산만), 특정 대상에 대한 과잉주의나 과소주의, 또는 선택적 주의가 이루어지지 않아서 들어오는 정보의 홍수와 이로 인해 압도당하는 경험, 특정 대상에서 다른 대상으로 주의를 전환하는 어려움 등'의 주의와 관련된 기능장애를 발생, 유지, 악화시킬 수 있다. 임상장면에서 주의와 관련된 기능장애는 거의 모든 정신장애에서 관찰되는데, 특히 강박장애, 외상후 스트레스 장애, 공포증, 우울장애, 양극성 장애, 약물중독, 조현병이나 급성 정신증 등에서 자주 관찰된다.

그리고 지각틀의 이상, 특히 지각틀로 사용되는 도식이나 기억이나 언어체계의 이상은 정보의 하향처리 과정의 이상과 그로 인한 왜곡된 지각표상(또는 기억표상, 상상표상)을 유발하고, 이 왜곡된 지각표상에 반응하는 역기능적인 반응들을 발생, 유지, 악화시킬 수 있다. 임상장면에서 지각틀 이상은 거의 모든 정신장애에서 관찰된다.

그리고 표상의 이상은 표상에 대한 반응의 이상을 불러일으킨다. 예를 들어, 우울표상은 이에 반응하는 우울반응을 불러일으킨다. 좀 더 구체적으로 말하면, 우울한 형태나 색상이나 움직임, 우울한 소리, 우울한 촉감, 우울한 냄새, 우울한 맛 등으로 구성된 우울표상은 이에 반응하는 우울기억, 우울감정, 우울사고, 우울욕구, 우울인식, 우울조절, 우울언어, 우울행동 등의 우울반응들을 불러일으킨다. 마찬가지로 불안표상은 이에 반응하는 불안반응을 불러일으키고, 폭력표상은 이에 반응하는 폭력반응을 불러일으킨다. 임상장면에서 표상의 이상은 거의 모든 정신장애에서 관찰된다.

한편, 정신장애의 경우, 지각의 이상은 '감각과민, 감각둔화, 착각, 환각등'으로 나타날 수 있는데, 이는 정신장애를 발생, 유지, 악화시키는 원인이 될 수 있다. 먼저, 지각 이상과 관련된 감각과민은 정신장애의 원인이 될 수 있다. 여기서 감각과민이란 감각역치(閾値 threshold)에 이상이 발생하여 비정상적으로 감각역치가 낮아져 아주 작은 자극에도 매우 과민하게 반응하는 상태를 말한다.

감각과민은 감각에 따라 '시각과민, 청각과민, 촉각과민, 후각과민, 미각과민'으로 구분할 수 있다. 먼저, 시각과민은 아주 작은 시각자극에도 매우 강한 시지각 경험을 하게 되고, 이로 인해 역기능이 발생할 수 있다. 가령, 시각과민이 있는 내담자는 사무실에 있는 일반 전등이나 컴퓨터 화면이 너무 밝게 느껴져 고통을 받을 수 있다. 또 수면 중에 아주 작은 불빛도 신경에 거슬려서 잠을 이루지 못할 수 있다. 또 운전 중에 다른 자동차들의 라이트 불빛이 너무 강해 운전에 큰 어려움을 겪을 수 있다.

시각과민뿐만 아니라 청각과민, 촉각과민, 후각과민, 미각과민도 마찬가지이다. 각각의 역치가 낮아지면, 아주 작은 감각자극도 매우 강한 감각지각 경험을 일으킬 수 있고, 이로 인해 역기능이 발생할 수 있다. 가령, 청각과민이 있는 내담자는 시계의 초침 소리, 그리고 50미터 밖에 있는 도로에서 들리는 차 소리가 너무 커서 잠을 이루지 못할 수 있다. 또 촉각과민이 있는 내담자는 아주 작은 신체자극에도 큰 신체통증을 경험할 수도 있고, 약간 낮은 온도에도 심한 한기를 경험할 수도 있다. 또 후각과민이 있는 내담자는 주변의 사람들에게서 나는 체취나 향수 때문에 힘들어할 수도 있고, 담장 너머 이웃집에서 20분 전에 피운 담배 냄새나 바람에 실려 오는 2km 밖에 있는 축사의 거름냄새 때문에 고통받을 수도 있다. 또 미각과민이 있는 내담자는 생수에서 나는 특유한 비린내 때문에 어려움을 겪을 수도 있고, 양치질 이후에도 남아 있는 생선의 비린 맛과 느끼함 때문에 힘들어할 수도 있다. 감각과민은 외상후 스트레스 장애, 공포증, 건강염려, 약물중독, 조현병이나 급성정신증, 히스테리 등에서 자주 관찰된다.

둘째, 지각 이상과 관련된 감각둔화도 정신장애의 원인이 될 수 있다. 감각둔화란 감각역치에 이상이 발생하여 비정상적으로 감각역치가 높아져 강한 자극도 둔감하게 반응하는 상태를 말한다. 감각둔화도 시각둔화, 청각둔화, 촉각둔화, 후각둔화, 미각둔화로 구분할 수 있다. 일반적으로 감각둔화 상태에 있는 내담자들은 강한 감각자극에도 크게 반응하지 않는데, 이는 부적응의 원인이 될 수 있다. 감각둔화는 우울, 섬망, 조현병의 음성 증상에서 흔히 관찰된다.

셋째, 지각 이상과 관련된 착각도 정신장애의 원인이 될 수 있다. 착각이란 실재 대상을 실재와 다르게 지각하는 심리적 현상인데, 정신장애의 원인이 되는 착각은 보통 역기능적 착각을 일으키는 지각틀(도식, 기억, 언어, 상상 포함), 그리고 이 지각틀에 의해 과잉 삭제나 왜곡이나 일반화하는 정보처리 과정, 그리고 그 결과 만들어진 삭제나 왜곡이나 일반화된 역기능적 표상 때문에 발생한다. 역기능적 착각에는 오지각(誤知覺) 또는 오표상(誤表象), 그리고 상담이나 생활 장면에서 나타나는 전이, 자기표상이나 대상표상, 그리고 정신장애에서 나타나는 병리적 투사와 변상지각, 기시감, 미시감, 이상 연합이나 분리지각, 이상 시간지각 등이 포함된다. 보통 역기능적인 착각은 정신장애나 생활문제에서 매우 흔히 관찰된다. 예를 들면, 해리장애, 불안, 우울, 양극성, 거식, 조현, 인격장애를 포함한 거의 모든 정신장애나 생활문제에서 역기능적인 착각이 관찰된다.

넷째, 지각 이상과 관련된 환각(幻覺, Hallucination)도 정신장애의 원인이 될 수 있다. 환각이란 실재 대상은 존재하지 않는 상태에서 정신적으로 만들어진 대상을 지각하는 심리적 현상이다. 환각은 감각에 따라 환시, 환청, 환촉, 환취, 환미, 기타 운동 환각 등으로 구분할 수 있다. 먼저 환시(幻視 visual hallucination)는 시각적인 환각을 경험하는 것이다. 예를 들면, 실재하지 않는 빛이나 무늬, 사람, 동물, 물건, 일련의 사건 등을 보는 경험을 한다. 환청(幻聽, auditory hallucination)은 청각적인 환각을 경험하는 것이다. 예를 들면, 실재하지 않는 단순 잡음, 욕, 지시, 또는 대화 가능한 대상의 말소리 등을 듣는 경험을 한다. 환촉(幻觸, haptic hallucination)은 촉각적인 환각을 경험하는 것이다. 예를 들면, 실재하지 않는 벌레가 피부를 기어 다니는 느낌, 예리한 것에 찔리는 느낌, 성적인 접촉을 하는 느낌, 무감각 등을 경험한다. 환취(幻臭, olfactory hallucination)는 후각적인 환각을 경험하는 것이다. 예를 들면, 실재하지 않는 자신이나 주변에서 나는 대변이나 소변 냄새, 썩는 냄새, 소독 냄새, 농약 냄새, 정액 냄새 등을 맡는 경험을 한다. 환미(幻味, gustatory hallucination)는 미각적인 환각을 경험하는 것이다. 예를 들면, 실재가 아님에도 '음식 맛의 변질을 느낌, 음식에 탄 독국물의 맛을 느낌' 등을 경함한다. 기타 운동 환각(kinesthetic or psychometer hallucination)은 신체나 근육의 움직임과 관련된 환각을 경험하는 것이다. 예를 들면, 절단되어 존재하지 않는 신체 부위에 고통을 느낌, 실재가 아님에도 타인이 자신을 조정하는 것을 느낌, 몸이 자기의지와 상관없이 움직이는 것을 느낌, 어느 순간 이상한 짓을 하고 있는 자신을 발견함 등을 경험한다. 환각은 뇌신경 구조 이상이나 기능 장애, 조현병, 급성 정신증, 망상장애, 약물장애 등에서 흔히 관찰된다.

❏ 기억

상담문제를 발생, 유지, 악화시키는 역기능적인 내현반응의 두 번째 하위요인은 기억(記憶 memory)이다. 여기서 기억이란 경험정보의 입력(registration), 저장(storage), 인출(retrieval) 과정을 의미한다. 이러한 기억과정의 이상, 즉 경험정보의 입력, 저장, 인출 과정의 이상은 내현반응의 이상을 불러일으키고, 이는 정신장애나 생활문제나 성장과제를 발생, 유지, 악화시키는 원인이 될 수 있다.

경험정보의 입력과정의 이상은 뇌신경 구조나 기능의 이상, 그리고 지각과정의 이상에 의해 발생할 수 있다. 특히 지각과정의 이상, 즉 감각에서 뇌신경에 이르는 신경정보의 상향처리 과정, 그리고 지각틀을 사용하여 신경정보를 조직화하고 해석하는 하향처리 과정, 그리고 정신적 상으로 표상하는 과정의 이상은 기억에서 입력과정의 이상을 유발할 수 있다. 이는 내현반응의 이상을 불러일으키고, 결국 정신장애나 생활문제나 성장과제를 발생, 유지, 악화시키는 원인이 될 수 있다. 또한 감각기억(sensory memory), 단기

기억(short term memory), 장기기억(long term memory) 등으로 이어지는 저장과정의 이상, 그리고 저장 이후에 저장된 기억의 인출, 즉 회상과정의 이상은 내현반응의 이상을 불러일으키고, 이는 결국 정신장애나 생활문제나 성장과제를 발생, 유지, 악화시키는 원인이 될 수 있다. 그리고 이차적으로, 이런 역기능적인 기억과정에 대한 자기관리의 부족, 즉 인식과 대처의 부족은 역기능적인 정신장애나 생활문제나 성장과제를 발생, 유지, 악화시키는 원인이 될 수 있다.

　일반적으로 상담문제에서 기억은 역기능적인 지각틀로 사용된다. 예를 들어, 과거에 대형견에게 물려 죽음의 공포를 경험하였던 내담자는 이 대형견에 물려 죽음의 공포를 경험한 사건을 학습해서 장기기억에 저장해 둔다. 그리고 어느 날 작은 소형견을 만나게 되면 정보의 상향처리과정을 통해 소형견에 대한 감각정보들이 내부로 들어온다. 하지만 정보의 하향처리과정을 통해 대형견에 물려 죽음의 공포를 경험했던 기억이 활성화되고, 이 기억을 지각틀로 사용하여 내부로 들어 온 소형견에 대한 감각정보들을 조직화하고 해석해 나간다. 그런데 이 과정에서 정보의 삭제나 누락, 왜곡이나 변형, 일반화나 과장이 일어나고, 그 결과 내담자가 정신내적으로 표상한 것은 소형견이 아닌 어마어마하게 무서운 소형견이 된다. 그리고 이렇게 표상된 무서운 소형견에 반응해서 공포반응을 경험하게 된다. 하지만 사실 소형견은 오히려 내담자를 보고 두려워서 피하려 하고 있었을 수 있다. 소형견은 매우 작고 말랐으며 내담자와 눈을 마주치는 것조차 피하려고 몸을 낮추면서 꼬리를 내리고 구석으로 슬금슬금 걸어가고 있었을 수 있다. 그러나 이런 객관적 사실들을 내담자는 보지 못할 수 있다. 왜냐하면, 감각기관을 통해 이런 사실과 관련된 정보들을 관찰하고 이를 입력하는 상향처리 과정이 활성화되기보다는 대형견에 물려 죽음의 공포를 경험한 사건에 대한 기억을 지각틀로 사용하여 객관적 정보를 삭제나 누락, 왜곡이나 변형, 일반화나 과장하는 하향처리 과정이 활성화되기 때문이다. 이 경우 기억은 개 공포증의 원인이 된다.

한편, 정신장애의 경우, 기억의 이상은 '기억항진, 기억착오, 기억상실 등'으로 나타날 수 있는데, 이는 정신장애를 발생, 유지, 악화시키는 원인이 될 수 있다.

첫째, 기억항진은 정신장애의 원인이 될 수 있다. 기억항진이란 기억과정이 과잉 활성화되는 현상이다. 즉, 정보의 입력과정에서 선택적 주의와 부호화가 잘 일어나지 않고 과잉 주의와 부호화가 일어난다. 또한 정보의 저장과정에서 누락이나 왜곡이나 일반화 그리고 망각이 잘 일어나지 않고, 또 반복이나 연습 없이도 감각기억이나 단기기억이나 장기기억이 과잉 저장된다. 또한 정보의 인출과정에서 누락, 왜곡, 일반화가 잘 일어나지 않고 과잉 회상이 이루어지면서 지나치게 상세하게 과거의 사건과 경험을 재경험하게 된다. 이 경우 과거의 부정적인 사건과 경험이 부정적 회상과 관련된 기억항진으로 인해 반복적으로 고통을 재경험할 수 있다. 일반적으로 기억항진은 생명의 위협을 느끼는 극한사건과 같은 특정 조건에서 일어난다. 하지만 매우 희귀하지만 소수의 사람들은 삶의 광범위한 영역에서 기억항진이 일어날 수 있다. 정신장애와 관련하여 기억항진은 뇌신경 이상, 외상후 스트레스 장애, 편집증 등에서 관찰할 수 있다.

둘째, 기억착오(記憶錯誤 paramnesia) 또는 오기억(誤記憶 false memory)도 정신장애의 원인이 될 수 있다. 여기서 기억착오란 기억과정에서 나타나는 착각 현상이다. 즉, 사실과는 다르게 과거에 없었던 사건과 경험을 마치 있었던 사건과 경험처럼 기억하는 현상을 말한다. 기억착오에는 단순기억착오, 작화증, 암시기억, 은폐기억 등이 포함된다.

단순기억착오는 정상적으로 일어나는 단순한 착오로 인한 오기억이다. 일반적으로 기억과정에 내재된 특성 때문에 기억에서 일어나는 착오는 매우 정상적 반응이다. 가령, 과거의 기억을 회상할 때 과거의 사건과 경험을 있는 그대로 회상하는 것이 아니다. 우리가 회상하는 내용은 과거 사건과 경험을 입력한 내용이고, 이를 다시 감각기억과 단기기억과 장기기억을 거쳐 저

장한 내용이며, 이후 어떤 시점에서 저장된 내용을 인출하려고 했을 때 정신
적으로 떠오르는 사건과 경험, 즉 표상된 기억의 내용이다. 이런 일련의 과
정에서 삭제, 왜곡, 일반화가 지속적으로 일어나며, 이 때문에 실제 일어났
던 내용과 다르게 기억하는 단순기억착오가 발생한다. 이런 단순기억착오는
정신장애나 상담문제나 성장과제의 원인이 될 수 있다.

작화증(作話症 confabulation)은 사실과 다르게 기억을 만들어 내는 증상이
다. 이는 기억장애와 의식장애가 병행될 때 나타나는 증상이다. 작화증을 앓
는 내담자는 자신이 직접 경험한 것이든 아니면 타인에게 듣거나 책이나 영
화에서 보고 간접적으로 경험한 것이든 상관없이 자신이 가진 기억의 재료
들을 사용해서, 마치 자신이 경험한 것처럼 기억 내용을 만들면서 이야기한
다. 이런 작화증은 정신장애나 생활문제의 원인이 될 수 있다.

은폐기억(隱蔽記憶 screen memory)은 프로이트가 정신분석에서 사용한 용
어인데, 이는 무의식에 존재하지만 의식화되지 않는 '인생 전반에 걸쳐 큰 영
향을 미치는 어린 시절의 사건과 경험에 대한 기억'을 의미한다. 이런 은폐
기억은 의식화되지 않거나 의식화되더라도 전위되어 기억의 내용이 바뀌게
된다. 이 때문에 은폐기억도 착오기억에 포함시킬 수 있다. 은폐기억의 내용
중에 하나는 의식화되지 않은 어릴 적 정신적 외상과 관련된 사건과 경험에
대한 기억, 즉 은폐된 외상기억이다. 은폐된 외상기억은 주로 정신적 충격,
그리고 용납할 수 없는 성이나 공격욕구와 관련되어 있다. 예를 들면, 이유
(離乳) 관련 경험, 대소변 훈련 관련 경험, 거세위협 관련 경험, 아버지에 대
한 경쟁심이나 적개심 관련 경험, 또는 어린아이로서는 이해할 수 없었던 부
모의 성관계를 목격했던 경험, 즉 원초적 장면(primal scene) 등이다. 프로이
트는 이런 은폐기억은 나중에 신경증의 원인이 될 수 있다고 보았다.

셋째, 기억상실(記憶喪失 amnesia)도 정신장애의 원인이 될 수 있다. 여기
서 기억상실은 기억을 잃게 되는 것을 의미한다. 일반적으로 기억상실의 시
간이 일시적이거나 그 범위가 국부적으로 나타날 때는 '기억감퇴 또는 건망
증'이라 한다. 반면, 기억상실의 시간이 장기적이거나 그 범위가 국부적이지

않고 전반적으로 나타날 때 이를 '기억상실'이라고 한다. 기억상실은 주로 기질적인 뇌신경 구조의 이상이나 기능의 장애로 인해 발생한다. 일부 정신적 외상사건에 의해 입력이나 저장이나 인출 등의 기억과정의 장애에 의해서도 발생한다. 기억상실은 치매, 중독, 조현병, 우울, 양극성, 히스테리, 그리고 해리, 둔주, 학습장애 등의 원인이 될 수 있다.

□ 감정

상담문제를 발생, 유지, 악화시키는 역기능적인 내현반응의 세 번째 하위 요인은 감정(感情 emotion)이다. 한자로 '感情'이란 '마음의 상태를 느낌' 또는 '느껴진 마음의 상태'라는 의미가 있다. 반응분석에서 감정이란 '경험적 인식'이다. 즉, '자신이 경험하고 있는 내용을 경험하는 동시에 인식하는 심리작용'이다. 예를 들어, 만약 '따뜻한 감정이라면, 이 따뜻함을 경험하면서 동시에 자신의 경험이 따뜻함이라고 인식하는 것'이다. 만약, '슬픈 감정이라면, 이 슬픔을 경험하면서 동시에 자신의 경험이 슬픔이라고 인식하는 것'이다. 만약 '화난 감정이라면, 이 화를 경험하면서 동시에 자신의 경험이 화라고 인식하는 것'이다. 만약, '열등감이라면, 이 열등감을 경험하면서 동시에 자신의 경험이 열등감이라고 인식하는 것'이다.

감정반응의 이상은 정신장애 문제를 발생시킬 수 있다. 예를 들어, 불안장애, 우울장애, 양극성 장애 등은 상황에 부적합한 과잉 감정반응이 원인일 수 있다. 반면, 조현병의 음성증상, 조현성 성격장애, 반사회성 성격장애 등은 상황에 부적합한 과소 감정반응이 원인일 수 있다. 그리고 당면한 생활문제나 성장과제도 감정반응의 이상으로 발생, 유지, 악화될 수 있다. 예를 들어, '짜증, 분노, 역겨움, 슬픔, 상실감, 절망감, 외로움, 그리움, 실망감, 비참함, 놀람, 걱정, 당황, 난처함, 괴로움, 꺼림직함, 섬뜩함, 죄책감, 수치심, 부끄러움, 위축됨, 열등감, 불행감, 불만족감, 혼란스러움 등'이 상황에 부적합한 과잉이나 과소 감정 형태로 발생하면, 이는 생활문제나 성장과제를 발생, 유지, 악화시키는 원인이 될 수 있다.

　그리고 감정은 '인식기능, 신호기능, 동기기능'의 세 가지 기능이 있는데, 이러한 기능들에 이상이 생기면 정신장애나 생활문제나 성장과제를 발생, 유지, 악화시키는 원인이 될 수 있다.

　감정의 첫째 기능은 인식기능이다. 앞에서 다룬 감정에 대한 개념 정의에 담겨 있는 것처럼 감정은 그 자체가 인식기능의 하나이다. 즉, 주어진 조건에서 자신의 신체적 심리적 경험에 대한 인식이 바로 감정이다. 예를 들어, '불안감정(不安感情, anxiety)'이란 '현재 신체적 심리적으로 안전하지 않고 위험하다고 느끼는 경험에 대한 인식, 즉 알아차림'이다. 좀 더 구체적으로 말하자면, 불안감정이란 '심장이 빨리 뛰는 경험, 근육이 수축되는 경험, 몸이 떨리는 경험, 호흡이 빨라지는 경험, 속이 조이는 경험 등과 같은 신체적 반응에 대한 인식, 즉 알아차림'이다. 그리고 '임박한 위험을 느끼는 경험, 안전하지 않다고 느끼는 경험, 자신은 약하다고 느끼는 경험 등과 같은 심리적 경험에 대한 인식, 즉 알아차림'이다. 그리고 이 모두를 포괄해서 '현재 신체적 심리적으로 안전하지 않고 위험이 증가되어 있다고 느끼는 경험에 대한 인식, 즉 알아차림'이다.

　감정의 인식기능 때문에 감정은 자기이해나 타인이해, 그리고 의사소통의 기초가 된다. 즉, 감정에는 자신과 타인의 현재 경험이 담겨 있기 때문에 감정을 이해하면 자신이나 타인의 현재 경험을 알 수 있고, 이 때문에 감정은 자기이해나 타인이해, 그리고 의사소통의 기초가 된다. 만약, 감정의 인식기능이 저하되면 자기관리나 대인관계에 역기능이 발생할 수 있고, 이는 상담문제를 발생, 유지, 악화시키는 원인이 될 수 있다.

　한편, 감정은 복합적(複合的)이고 층(層)을 가지고 있다. 먼저 복합적이라는 말은 '어떤 하나의 감정을 자세히 들여다보면 하나가 아닌 여러 가지 감정을 모아서 합쳐놓은 상태이다'라는 의미이다. 앞에서 언급한 불안(不安, anxiety)을 예로 들면, 불안은 '심장이 빨리 뛰어서 두근거림, 근육이 긴장됨, 몸이 떨림, 호흡이 빨라져서 숨이 가쁨, 속이 답답함' 그리고 '임박한 위험에 대한 위기감, 자신은 약하다고 인식되는 취약감, 이런 상황들이 벌어진 것에 대한 불편감 등'의 세부적인 감정들을 포함하고 있다. 이 세부적인 감정들을 모두 포괄해서 '불안하다'라고 인식한 것이 바로 '불안감정'이다. 따라서 불안감정 자체가 내적인 경험들을 복합적으로 담고 있기 때문에 불안감정을 인식하면 내적인 경험들을 이해하는 데 도움이 된다.

그리고 층(層)이란 '복합적인 감정들이 층을 이루고 있다'는 의미이다. 즉, 감정은 시간적으로 먼저 발생한 일차감정의 층과 나중에 발생한 이차감정의 층이 있고, 공간적으로 겉으로 드러난 표층감정의 층과 겉으로 드러나지 않은 심층이나 이면감정의 층이 있으며, 인식 측면에서 알아차린 의식적 감정의 층과 알아차리지 못한 무의식적 감정의 층 등이 있다는 의미이다. 따라서 감정은 층으로 구분된 경험들을 담고 있고, 이 때문에 감정을 인식하면 일차 경험, 심층 경험, 무의식적 경험 등과 같은 보다 깊은 경험의 층들을 이해하는 데 도움이 된다.

감정의 복합성과 층의 특성이 반영된 개념이 일차감정과 이차감정, 또는 표층감정(또는 표면감정)과 심층감정(또는 이면감정)이다. 먼저 일차감정이란 시간적으로 우선 발생한 감정이고, 지연되지 않은 즉각적 감정이며, 이차적인 사고과정 이전의 일차적인 신체감각적 경험과 관련된 감정이다. 반면, 이차감정은 시간적으로 우선이 아닌 차선에 발생한 감정이고, 즉각적이지 않고 지연되어 나타난 감정이며, 일차적인 신체감각적 경험이 아닌 이차적인 사고과정을 통한 판단이 관여되어 나타난 감정이다. 그리고 표층감정(또는 표면감정)이란 언어로 표현되어서 겉으로 드러난 감정이고, 인식 측면에서 사적으로 인식되고 공적으로 공개된 감정이다. 반면, 심층감정(또는 이면감정)이란 언어로 표현되지 않은 마음의 심층에 있는 감정이고, 인식 측면에서 사적으로 인식되지 않았거나 공적으로 공개되지 않은 감정이다. 예를 들어, '화난 감정'은 대체로 이차적이고 표면적인 감정이다. 화난 감정의 일차감정이나 심층감정은 '미움'이나 '불쾌함'일 수 있고, 더 나아가 미움이나 불쾌함의 일차감정이나 심층감정은 '찔림 또는 빈정 상함'이나 '가슴 답답함 또는 억울함'이나 '힘이 빠짐 또는 좌절감'이나 '충격받음 또는 상처받음'일 수 있다.

이상에서 설명한 감정의 인식기능의 이상은 정신장애나 생활문제나 성장과제를 발생, 유지, 악화시키는 원인이 될 수 있다.

감정의 둘째 기능은 신호(信號 signal)기능이다. 일반적으로 감정은 불수의적 반응이다. 즉, 감정은 주어진 특정 조건에서 의지와 관계없이 자연스럽게 발생하고, 발생한 이후에 의지로 없애거나 조절하기 어려운 불수의적 반응이다. 이렇게 의지로 없애거나 조절하기 어렵기 때문에 감정은 내적 경험 상태를 있는 그대로 잘 드러낸다. 그리고 이 때문에 감정은 무의식에서 의식에 있는 자아에게 있는 그대로의 내적 경험 상태를 알리는 신호기능을 하게 된다. 이런 신호기능을 토대로 자아는 주어진 특정 조건에서 생존과 적응과 성장에 도움되는 반응들을 해 나갈 수 있게 된다.

이와 관련해서, 감정은 가치판단에 따라 긍정감정과 부정감정으로 구분할 수 있는데, 일반적으로 긍정감정은 긍정적 경험 상태에 있음을 자아에게 알리는 신호기능을 한다. 또한 이 긍정적 경험 상태를 불러일으키는 행동을 더 많이 하라는 것을 알리는 신호기능을 한다. 그리고 앞으로도 지금처럼 긍정적 경험 상태를 불러일으키는 행동을 하면 긍정감정을 불러일으킬 것임을 알리는 신호기능을 한다. 반면, 부정감정은 부정적 경험 상태에 있음을 자아에게 알리는 신호기능을 한다. 또한 이 부정적 반응상태를 불러일으키는 행동을 하지 말라는 것을 알리는 신호기능을 한다. 그리고 앞으로도 지금처럼 부정적 경험 상태를 불러일으키는 행동을 하면 고통스러운 부정감정을 불러일으킬 것임을 알리는 신호기능을 한다.

좀 더 구체적인 예를 들면, 불안(不安, anxiety)은 '안전하지 않고 위험이 임박했음을 경험하는 상태임'을 자아에게 알리는 신호기능을 한다. 이를 통해 위험을 빨리 인식하고, 도망가거나 싸우거나 도움을 요청하는 등의 대처를 빨리 하라고 알리는 신호기능을 한다. 그리고 신호를 알아차리지 않으면 고통스러운 불안을 계속 불러일으킬 것이고, 앞으로도 지금처럼 위험이 임박했음을 경험하면 불안을 불러일으켜 신호를 보낼 것이라는 점을 알리는 신호기능을 한다.

이상에서 설명한 감정의 신호기능의 이상은 정신장애나 생활문제나 성장과제를 발생, 유지, 악화시키는 원인이 될 수 있다. 특히 자아가 감정신호에 접촉할 수 없거나 접촉이 부족할 때 정신장애나 생활문제나 성장과제를 발생, 유지, 악화시킬 수 있다.

감정의 셋째 기능은 동기부여(動機附與 motivatiom)기능이다. 앞에서 설명한 것처럼 감정은 어떤 내적 경험 상태에 있는지를 자아에게 알리고, 더 나아가 어떤 반응행동을 해야 하는지를 자아에게 알리는 신호기능을 하는데, 자아는 이 신호기능을 토대로 생존이나 적응이나 성장에 필요한 행동들을 해 나간다. 그리고 이 과정에서 감정은 관련된 행동을 하도록 이끄는 동기부여기능을 한다.

예를 들어, 배고픈 느낌이 들면, 배고픔을 피하려는 동기, 그리고 음식을 먹으려는 동기가 활성화된다. 또 추운 느낌이 들면, 추위를 피하려는 동기, 그리고 몸을 따뜻하게 하여 자신을 보호하려는 동기가 활성화된다. 또 친구가 그리운 감정을 느끼면, 그리움을 달래기 위해 친구를 회상하거나 전화하려는 동기가 활성화된다. 또 불안(不安, anxiety)을 느끼면, 위험으로부터 벗어나 자신을 보호하려는 동기가 활성화된다. 이런 감정의 동기부여기능은 자아가 생존이나 적응이나 성장을 해 나갈 수 있도록 돕는다.

이상에서 설명한 감정의 동기부여기능의 이상은 정신장애나 생활문제나 성장과제를 발생, 유지, 악화시키는 원인이 될 수 있다. 그리고 이차적으로 이런 감정에 대한 자기관리의 부족, 즉 인식과 대처의 부족은 역기능적인 정신장애나 생활문제나 성장과제를 발생, 유지, 악화시키는 원인이 될 수 있다.

❑ 사고

상담문제를 발생, 유지, 악화시키는 역기능적인 내현반응의 네 번째 하위요인은 사고(思考, thought)이다. 여기서 사고는 추리과정과 상상과정을 포함하고 있다. 즉, 사고는 의문하고 탐구하여 판단을 내리는 추리과정, 그리고 상상표상을 통해 심상을 만들어 가는 상상과정으로 구성되어 있다. 상담문제는 사고과정의 이상, 즉 추리과정의 이상이나 상상과정의 이상에 의해 발생, 유지, 악화될 수 있다.

먼저, 추리(推理 inference)란 의문하고 탐구하여 판단을 내리는 과정이다. 의문하고 탐구하여 판단을 내리는 주된 추리 내용은 개념, 존재, 구조, 상관, 인과, 가치, 예측, 방법, 적용 등이 있다. 예를 들어, 특정 대상이나 현상의 개념(분별, 분류 및 명명)에 대해 의문하고, 이 의문의 답을 탐구하여, 이 의문의 답인 특정 대상이나 현상의 명칭을 판단한다. 또 특정 대상이나 현상의 존재에 대해 의문하고, 이 의문의 답을 탐구하여, 이 의문의 답인 특정 대상이나 현상의 존재를 판단한다. 또 특정 대상이나 현상의 구조에 대해 의문하고, 이 의문의 답을 탐구하여, 이 의문의 답인 특정 대상이나 현상의 구조를 판단한다. 또 특정 대상이나 현상들 간의 관계에 대해 의문하고, 이 의문의 답을 탐구하여, 이 의문의 답인 특정 대상이나 현상들 간의 상관을 판단한다. 또 특정 대상이나 현상들 간의 인과에 대해 의문하고, 이 의문의 답을 탐구하여, 이 의문의 답인 특정 대상이나 현상들 간의 인과를 판단한다. 또 특정 대상이나 현상의 가치에 대해 의문하고, 이 의문의 답을 탐구하여, 이 의문의 답인 특정 대상이나 현상의 가치를 판단한다. 또 특정 대상이나 현상의 미래, 또는 특정 대상이나 현상을 조작하였을 때의 미래에 대해 의문하고, 이 의문의 답을 탐구하여, 이 의문의 답인 특정 대상이나 현상의 미래를 판단한다. 또 특정 대상이나 현상과 관련된 원리나 방법에 대해 의문하고, 이 의문의 답을 탐구하여, 이 의문의 답인 특정 대상이나 현상과 관련된 원리나 방법을 판단한다. 또 특정 대상이나 현상, 원리나 방법을 특정 조건에 적용하는 것에 대해 의문하고, 이 의문의 답을 탐구하여, 이 의문의 답인 특정 조건에 적용하는 것을 판단한다.

일반적으로 기능적 추리과정은 명명, 구조, 상관, 인과, 가치, 예측, 방법, 적용 등에 대해 의문하고, 이 의문의 답을 탐구하여, 이 의문의 답을 판단할 때 현실성, 논리성, 실용성을 기반으로 한다. 반면 역기능적 추리과정은 현실성, 논리성, 실용성이 없거나 부족하다. 즉, 추리과정에서 현실성이나 논리성이나 실용성이 없거나 부족하면 역기능이 발생할 수 있고, 이는 정신장애나 생활문제나 성장과제를 발생, 유지, 악화시키는 원인이 될 수 있다. 그리고 이차적으로, 이런 추리과정에 대한 자기관리의 부족, 즉 인식과 대처의 부족은 정신장애나 생활문제나 성장과제를 발생, 유지, 악화시키는 원인이 될 수 있다.

추리과정의 이상을 잘 설명하는 상담이론이 인지상담이론이다. 인지상담이론에서는 특정 정신장애나 생활문제는 이를 유발하는 비현실적이고 비논리적이며 비실용적인 사고과정 때문이라고 본다. 예를 들어, 우울장애는 우울을 유발하는 비현실적이고 비논리적이며 비실용적인 사고과정, 즉 비합리적 사고가 포함되어 있다고 본다. 그리고 비합리적 사고의 원인은 과거의 선행사건과 경험에 의해 학습된 비합리적 사고양식, 즉 비합리적 신념이 활성화되어 비합리적인 사고를 유발하였기 때문이라고 본다.

둘째, 상상(想像 imagination)이란 상상표상을 통해 심상을 만들어 가는 과정이다. 상상은 기본적으로 경계 밖으로 나가는 것이다. 즉, 현실의 경계 밖으로 나가 현실 너머에 있는 것을 생각해 내는 행위이고, 논리의 경계 밖으로 나가 논리 너머에 있는 것을 생각해 내는 행위이며, 실용의 경계 밖으로 나가 실용 너머에 있는 것을 생각해 내는 행위이다. 보통 상상은 주어진 정보가 없는 지점에서 시작된다. 즉, 주어진 현실정보의 부족이나 논리정보의 부족이나 실용정보의 부족으로 인해 생겨난 빈공간에서 상상은 시작된다. 빈공간을 상상으로 채워 넣고, 이를 통해 기존의 현실과 논리와 실용을 더 완성시켜 나간다. 또한 주어진 정보의 부족으로 인해 생겨난 빈공간을 상상을 통해 새롭게 채워 넣고, 이를 통해 새로운 현실과 논리와 실용을 창조해 나간다.

이런 상상과정에 이상이 생기면 현실인식과 대처반응, 논리사고와 대처반응, 실용사고와 대처반응에 장애를 불러일으키고, 이는 정신장애나 생활문제나 성장과제를 발생, 유지, 악화시키는 원인이 될 수 있다. 특히 현실성, 논리성, 실용성이라는 토대가 소실된 과잉 상상은 심한 경우 신경증적이고 정신병적인 착각이나 환각이나 망상을 발생, 유지, 악화시킬 수 있다. 그리고 이차적으로, 이런 역기능적인 상상과정에 대한 자기관리의 부족, 즉 인식과 대처의 부족은 정신장애나 생활문제나 성장과제를 발생, 유지, 악화시키는 원인이 될 수 있다.

한편, 정신장애에서 사고장애는 흔히 관찰된다. 즉, 정신장애에는 '비현실적이고 비논리적이며 비실용적인 사고과정'이 포함되어 있으며, 이런 사고과정이 정신장애를 발생, 유지, 악화시키는 원인이 될 수 있다. 일반적으로 정신장애에서 사고장애는 다양한 형태로 나타날 수 있다. 예를 들면, 우울장애에서 나타나는 것처럼 사고의 속도가 지나치게 느려질 수도 있고, 양극성 장애에서 나타나는 것처럼 사고의 속도가 지나치게 빨라질 수도 있다. 또 강박장애에서 나타나는 것처럼 특정 사고가 과잉 반복되거나 과잉 침습당할 수 있다. 그리고 조현병에서 나타나는 것처럼 정상 범주를 벗어난 와해된 사고가 나타날 수도 있다. 예를 들어, '타인의 생각이 내 안으로 밀려들어 오면 시간은 빠져나간다. 나의 생각을 다른 사람이 빼앗아 갔는데 공기를 통해 전기가 만들어지고 있기 때문이다. 다른 사람이 내 생각을 모두 알아내서 다른 물질들과 섞어 버린다. 나의 생각이 공개되고 퍼져나간다. 정신병원에서 정신병을 만들어 내고 있는데 그 걸 숨기려고 하다 보니 국가에서 보건소를 만들었다. 나는 신의 아들이다.' 등과 같이 다른 사람들 입장에서는 이해할 수 없는 와해된 사고가 나타날 수 있다.

그리고 병리적 사고장애의 증상 중에 하나는 망상(妄想 delusion)이다. 즉, 망상은 내담자의 사고장애, 특히 상상과정의 장애로 인해 발생하는 정신병리적 증상이다. 일반적으로 망상은 다음과 같은 특징이 있다. 첫째, 망상은 사고의 내용이 과잉 비현실적이고 비논리적이며 비실용적이다. 둘째, 망상은 이야기 형태로 되어 있고, 그 이야기는 나름 논리적 구조를 가지고 있다. 즉, 망상이 있는 내담자들은 자신의 현실 속의 이야기 내용을 재료로 사용하여 병리적 상상과정을 통해 나름대로 그럴듯한 논리적 구조를 가진 망상을 만들어 낸다(delusional work). 셋째, 망상이 있는 내담자들은 망상 내용이 사실이라고 확신한다. 즉, 내담자는 망상 내용을 확신하기 때문에 망상 내용의 진위를 의심하거나 검증하지 않으며, 다른 사람이 설득하려고 시도해도 결코 설득당하지 않는다. 넷째, 망상으로 인해 신체, 심리, 관계, 직무 등에서 부적응 문제가 발생한다.

망상의 종류는 매우 다양한데, 주된 유형으로는 피해망상, 관계망상, 과대망상, 색정망상 등이 있다. 첫째 유형은 피해망상(delusion of persecution)이다. 예를 들면, '타인이 자신을 미워해서 죽이려고 한다. 누군가가 자신을 죽이려고 음식에 독을 탄다. 국정원으로부터 감시를 당하고 있다. 옆집에서 전파를 통해 나를 괴롭히고 있다. 내가 없을 때마다 도둑이 들어서 물건을 훔쳐간다.' 등과 같은 자신의 피해를 확신하는 것과 관련된 망상이다.

둘째 유형은 관계망상(delusion of reference)이다. 예를 들면, '사람들이 내 말을 하면서 욕을 하고 있다. 유명 가수가 그 노래를 만들어서 나에게 사랑을 고백하고 있다. 이 사람이 이사를 온 것은 나를 가까이에서 감시하기 위해서이다.' 등과 같이 주변에 나와 관련 없는 현상을 나와 관련 있다고 확신하는 것과 관련된 망상이다.

셋째 유형은 과대망상(delusion of grandeur)이다. 예를 들면, '나는 매우 특별하고 우월한 존재이다. 내가 태어난 이유는 지배자가 되기 위해서이다. 나는 이제 곧 대단한 사람이 될 것이다. 나는 신이 선택한 사람이다. 내가 하는 모든 것은 옳다.' 등과 같이 자신의 과대함을 확신하는 것과 관련된 망상이다.

넷째 유형은 색정망상(erotic delusion)이다. 예를 들면, '유명 연예인이 나를 좋아하고 있다. 그녀가 나를 싫어한다고 하지만 실제로는 사랑하고 있고 날 유혹하고 있다. 유명 축구선수가 나를 배신하고 다른 여자와 결혼하려 한다.' 등과 같이 특정 이성 상대가 자신을 사랑한다고 확신하는 것과 관련된 망상이다.

기타 신체결함이나 질병과 관련된 신체망상, 애인이나 배우자의 외도와 관련된 질투망상 등이 있다. 이 외에도 다양한 유형의 망상들이 있는데, 이런 다양한 유형이 존재하는 이유는 내담자의 망상적 사고장애 상태와 내담자에게 주어진 현실이 서로 만나 다양한 형태의 망상을 만들어 내기 때문이다. 이러한 망상은 망상장애, 그리고 조현병, 우울, 성격장애, 물질중독 등에서 자주 관찰된다.

❏ 욕구

상담문제를 발생, 유지, 악화시키는 역기능적인 내현반응의 다섯 번째 하위요인은 욕구(欲求 desire)이다. 여기서 욕구란 '원하는 것을 구하는 마음'이다. 욕구와 비슷한 개념으로는 '결핍(缺乏), 필요(必要), 요구(要求), 욕망(欲望), 갈망(渴望), 소망(所望), 동기(動機)' 등이 있는데, 이 개념들은 서로 논리적으로 연결되어 있다. 즉, 어떤 '결핍'이 있으면, 이 '결핍을 채우려는 필요나 요구'가 발생하고, 이 필요나 요구를 충족시키기 위해 '필요나 요구를 구하는 마음'이 생겨나는데, 이를 '욕구'라고 한다. 이 욕구는 '욕망(欲望), 갈망(渴望), 소망(所望) 등과 같은 뜻'으로 사용된다. 그리고 욕구는 '필요나 요구를 충족시키기 위한 반응행동'을 불러일으키는데, 이 때문에 '욕구는 반응행동을 불러일으키는 동기 기능'을 한다. 이상의 과정을 뒤집어 보면, '반응행동은 동기가 유발한 것'이고, '동기는 욕구가 유발한 것'이며, 욕구는 '필요나 요구가 유발한 것'이고, 필요나 요구는 '결핍이 유발한 것'이라고 할 수 있다.

반응행동은 그 반응행동의 결과를 낳게 되는데, 만약 그 반응행동의 결과가 긍정적이면, 결핍 그리고 필요나 요구는 충족되고, 욕구나 동기는 성취되거나 만족되며, 이로 인해 정신적으로 성취감이나 만족감을 경험하게 된다. 그리고 이 과정은 학습된다. 즉, 특정 조건에서 특정 반응행동을 하면 원하는 결과, 그리고 성취감이나 만족감을 얻게 된다는 것을 학습한다.

반면, 반응행동의 결과가 부정적이면, 결핍 그리고 필요나 요구는 충족되지 않고, 욕구나 동기도 성취되거나 만족되지 않으며, 이로 인해 정신적으로 좌절감이나 불만족을 경험하게 된다. 많은 내담자는 이런 좌절감이나 불만족을 경험하는 사람들이다. 또한 이 과정에서 학습이 잘 일어나지 않는 사람들이다. 즉, 특정 조건에서 특정 반응행동을 하면 원하는 결과를 얻지 못한다는 것, 그로 인해 원하는 성취감이나 만족감을 얻지 못할 뿐만 아니라 좌절감이나 불만족을 경험하게 된다는 것을 학습하지 못하는 사람들이다. 그리고 학습이 일어나지 않기 때문에 좌절감이나 불만족을 불러일으키는 역기능적인 반응행동을 반복하게 되고, 이런 역기능적인 반응행동의 반복을 불러일으키는 역기능적인 동기, 욕구, 필요, 결핍들도 유지되는 사람들이다.

상담문제를 발생, 유지, 악화시키는 역기능적인 욕구란 상황에 부적합한 과잉 또는 과소 욕구이다. 가령, 결핍과 필요가 없음에도 불구하고 과잉 결핍과 필요를 인식하거나, 이 과잉 결핍과 필요 인식을 토대로 과잉 욕구가 발생하거나, 이 과잉 욕구를 토대로 과잉 동기가 발생하거나, 이 과잉 동기를 토대로 과잉 행동이 발생하거나, 그 결과 원하던 일(결핍이나 필요 충족, 욕구나 동기 만족 등)이 발생하지 않을 뿐만 아니라, 신체나 심리나 인간관계나 직무 등에서 원하지 않던 역기능까지 추가로 발생하거나, 이로 인해 정신적으로 좌절감이나 불만족을 경험할 수 있는데, 이 과정에서 상황에 부적합한 과잉 욕구는 정신장애나 생활문제나 성장과제를 발생, 유지, 악화시키는 원인이 될 수 있다.

반대로, 상황에 부적합한 과소 욕구가 원인이 될 수도 있다. 가령, 결핍과 필요가 있음에도 불구하고 과소 결핍과 필요를 인식하거나, 이 과소 결핍과 필요 인식을 토대로 과소 욕구가 발생하거나, 이 과소 욕구를 토대로 과소 동기가 발생하거나, 이 과소 동기를 토대로 과소 행동이 발생하거나, 그 결과 원하던 일이 발생하지 않을 뿐만 아니라, 원하지 않던 역기능까지 추가로 발생하거나, 이로 인해 정신적으로 좌절감이나 불만족을 경험할 수 있는데, 이 과정에서 상황에 부적합한 과소 욕구는 정신장애나 생활문제나 성장과제를 발생, 유지, 악화시키는 원인이 될 수 있다.

한편, 정신분석에서는 정신병이나 신경증과 관련된 증상행동의 원인으로 무의식적 동기를 강조해 왔다. 정신분석에서는 내담자의 신경증이나 정신병적 증상행동이 외부로 나타났다면, 그 원인은 신경증이나 정신병적 증상행동을 불러일으키는 무의식적 동기가 존재하기 때문이라고 가정한다. 특히 내담자가 의식적으로 부인을 하더라도 무의식 속에는 신경증이나 정신병적 증상행동을 불러일으키는 역기능적인 무의식적 동기, 예를 들면 용납할 수 없는 그리고 자아의 통제 밖에서 맹목적으로 충족시키려는 성욕구나 공격욕구 등이 존재한다고 본다.

또 다른 한편, 매슬로는 그의 욕구위계설에서 생활문제는 욕구위계의 이상으로 발생, 유지, 악화될 수 있다고 보았다. 즉, 인간의 행동 이면에서 생리, 안전, 애정과 소속, 자기존중, 자기실현과 관련된 다양한 욕구가 존재하고, 이 욕구들은 위계가 있는데, 이 욕구위계에 이상이 발생하면 생활문제가 발생, 유지, 악화될 수 있다고 보았다. 구체적으로 설명하면, 생리적 욕구, 안전의 욕구, 애정과 소속의 욕구, 자기존중의 욕구, 자기실현의 욕구는 위계가 있어서, 생리적 욕구가 충족되어야 안전의 욕구가 활성화되고, 이 안전의 욕구가 충족되어야 애정과 소속의 욕구가 활성화되며, 이 애정과 소속의 욕구가 충족되어야 자기존중의 욕구가 활성화되고, 이 자기존중의 욕구가 충족되어야 자기실현의 욕구가 활성화된다는 것이다. 또한 추가적으로 생리, 안전, 애정과 소속, 자기존중과 관련된 욕구는 결손이나 결핍을 채우려는 결핍욕구인 반면, 자기실현과 관련된 욕구는 타고난 성장 잠재력을 실현하려는 성장욕구라고 구분하고, 이 또한 결핍욕구가 충족되어야 성장욕구가 활성화된다고 보았다. 그런데 이런 욕구위계를 고려하지 않을 때, 즉 하위욕구가 충족되지 않은 상태에서 상위욕구들을 충족시키려 할 때, 그리고 그 충족시키려는 시도가 상황 부적합한 과잉이나 과소 시도일 때 생활문제가 발생, 유지, 악화될 수 있다고 보았다.

이 외에서 빅토르 프랑클은 상담문제의 이면에는 '의지의 자유, 그리고 의미 욕구에 이상'이 있다고 보았다. 즉, 의지의 자유나 의미 욕구가 상황에 부적합하고 과잉이나 과소 욕구일 때 정신장애나 생활문제나 성장과제가 발생, 유지, 악화된다고 보았다. 예를 들어, 우울장애는 전반적으로 의지가 지나치게 감소되고 의미 욕구가 지나치게 좌절된 상태이다. 반면, 양극성 장애의 조증은 의지가 지나치게 증가하고 주관적 가치나 의미가 지나치게 확장된 상태이다.

또 하워드 클라인벨은 상담문제의 이면에는 '성장욕구의 이상'이 있다고 보았다. 즉, 상담문제의 이면에는 이를 불러일으키는 역기능적인 문제행동이 있고, 이 역기능적인 문제행동의 이면에는 역기능적인 문제행동 동기가 있으며, 이 역기능적인 문제행동 동기 이면에는 역기능적인 욕구 그리고 욕구좌절 경험이 있고, 이 역기능적인 욕구와 욕구좌절 경험 이면에는 결핍과 필요인식 그리고 좌절 경험이 있으며, 이 결핍과 필요인식과 좌절 경험 이면에는 성장동기가 있다고 보았다. 즉, 타고난 잠재력을 실현하여 성장 및 발전하려는 성장동기 또는 나름대로 잘해 보려는 성장동기가 있다고 보았다. 하워드 클라인벨은 상담문제와 역기능적인 문제행동, 그리고 역기능적인 동기, 욕구, 결핍이나 필요인식 그리고 좌절 경험들은 이 성장욕구를 성취하려는 과정에서 발생한 원하지 않는 결과라고 보았다.

③ 반응양식

상담문제를 발생, 유지, 악화시키는 원인 중에 하나는 역기능적인 반응인데, 이 역기능적인 반응의 세 번째 하위요인은 역기능적인 반응양식(反應樣式, Response Pattern), 그리고 역기능적인 반응양식과 관련된 역기능적인 반응이다. 일반적으로 특정 사건에서 특정 반응이 반복이나 지속될 때, 이 특정 반응이 반복이나 지속되는 현상을 불러일으키는 내적 요인이 있다고 가정하고, 이 가정된 내적 요인을 지칭하기 위해 만들어 낸 개념이 바로 반응양식(또는 반응틀, Response Frame)이다. 따라서 특정 반응양식이란 특정 반응을 반복이나 지속하게 하는 내적 요인이다.

반응양식은 유전과 학습의 상호작용에 의해 형성된다. 즉, 반응양식은 유전인자의 발현과정, 그리고 그 유전인자가 발현되는 과정에서 환경과의 상호작용을 하게 되고, 이 상호작용 과정에서 특정 사건과 반응을 경험하게 된다. 그리고 이 특정 사건과 반응 경험이 반복되면, 학습을 통해 '특정 사건이 일어나면 특정 반응도 같이 일어나는 자동반응 과정인 반응양식'이 만들어진다. 일단, 자동반응 과정인 반응양식이 만들어지면, 평소에는 잠재가능성의 형태로 내재되어 있다가 특정 사건이 일어나면 이 반응양식이 활성화되면서 자동적으로 특정 반응도 일어나게 된다.

그런데 반응양식의 대부분은 기능적이다. 하지만 일부 반응양식은 역기능적이다. 상담문제의 원인이 되는 것은 반응양식들 중에 역기능적인 반응양식이다. 즉, 정신장애와 관련된 증상행동의 원인이 되는 것은 자동화된 정신병적이거나 신경증적인 증상반응양식이다. 또 생활문제와 관련된 문제행동의 원인이 되는 것은 자동화된 역기능적인 문제행동 양식이다. 이러한 역기능적인 반응양식은 정신장애나 생활문제를 발생, 유지, 악화시키는 원인이 될 수 있다. 또한 이차적으로, 역기능적인 반응양식에 대한 자기관리의 부족, 즉 인식과 대처의 부족은 정신장애나 생활문제나 성장과제를 발생, 유지, 악화시키는 원인이 될 수 있다.

한편, 역기능적인 반응양식은 학습된 것인데, 이런 학습은 다음과 같은 조건에서 더 잘 이루어진다.

첫째, 유전적 소인 또는 생존과 상관이 있을 때 역기능적인 반응양식이 더 잘 형성되고, 이후 형성된 반응양식이 더 잘 활성화되며, 더 많은 부적응을 유발할 수 있다. 예를 들어, 불안장애의 경우 '어둠, 높은 곳, 심해, 맹독 동물과 관련된 역기능적인 불안반응 양식'은 더 잘 형성되고, 이후 형성된 반응양식이 더 잘 활성화되며, 더 많은 부적응을 유발할 수 있다.

둘째, 발달 초기의 결정적 시기에는 역기능적인 반응양식이 더 잘 형성되고, 이후 형성된 반응양식이 더 잘 활성화되며, 더 많은 부적응을 유발할 수 있다. 더구나 이는 평생 지속될 수도 있고, 아무리 짧아도 뇌신경 망의 가지치기가 활발히 이루어지는 청소년기까지는 지속될 가능성이 높다. 이와 관련하여 정신분석이론의 전이, 정신역동이론의 아동기 감정양식, 대상관계이론의 자기표상이나 타인표상 양식, 개인분석이론의 생활양식 등은 발달 초기의 결정적 시기에 형성된 역기능적 반응양식을 설명하는 개념들이다.

셋째, 외상사건이 발생하여 정신적 외상을 경험할 때, 역기능적인 반응양식은 더 잘 형성되고, 이후 형성된 반응양식이 더 잘 활성화되며, 더 많은 부적응을 유발할 수 있다. 예를 들어, 외상후 스트레스 장애의 경우, 외상 상황에서 '외상사건 관련 과잉 회피행동 양식'은 더 잘 형성되고, 이후 형성된 반응양식이 더 잘 활성화되며, 더 많은 부적응을 유발할 수 있다.

넷째, 매우 강한 신체적 고통이나 부정적 정서를 경험할 때, 또는 반대로 매우 강한 신체적 쾌락이나 긍정적 정서를 경험할 때 역기능적인 반응양식은 더 잘 형성되고, 이후 형성된 반응양식이 더 잘 활성화되며, 더 많은 부적응을 유발할 수 있다. 예를 들어, 충격적인 외상사건 이후의 외상후 스트레스 장애, 약물이나 도박과 관련된 쾌락 경험 이후의 중독문제 등에서 이런 현상이 자주 발생한다.

다섯째, 특정한 역기능적 행동을 오랫동안 반복 및 지속할 때, 역기능적인 행동양식은 더 잘 형성된다. 예를 들어, 한 연구에서는 66일 동안 특정 행동을 반복이나 지속하면 행동양식, 즉 습관이 형성된다고 보고하였는데, 이런 행동양식의 형성을 결정하는 가장 중요한 요인은 바로 '특정 행동의 반복이나 지속'이었다(Lally, van Jaarsveld, Potts, Wardle, 2010).

반응양식을 이해하려면, 추가적으로 다음과 같은 반응양식의 특성에 대한 이해가 필요하다. 즉, '자동화 기제, 사건과 결합, 핵심 반응양식'에 대한 이해가 필요하다.

첫째, 반응양식은 '자동화 기제'이다. 여기서 자동화란 자아의 수의적인 인식과 조절 과정 없이 반응이 불수의적이고 자동적으로 이루어진다는 의미이다. 정신분석 용어로 설명하면 반응이 무의식적으로 이루어지는 상태가 된 것을 의미한다. 보통 반응양식이 형성되면, 자아는 의지를 동원해서 자신의 반응을 인식하고 조절하지 않아도 된다. 왜냐하면 자동화되어 자아의 수의적 과정 없이도 불수의적으로 또는 무의식적으로 반응이 일어나기 때문이다.

반응양식은 자동화 정도에 따라 '고정반응 양식, 조건화 반응양식, 반응습관, 반응경향'으로 구분할 수 있는데, 이 중에 고정반응 양식(또는 고정행동 양식)은 유전인자 발현과 관련된 양식이다. 이 때문에 고정반응 양식은 유발사건(또는 조건, 자극)이 발생하면 거의 항상 고정반응이 활성화되면서 나타난다. 그리고 조건화 반응양식은 조건화 학습에 의해 형성된 양식이다. 이 때문에 조건화된 사건이 발생하면 조건화된 반응이 활성화되면서 안정적으로 나타난다. 그리고 반응습관은 실생활 속에서 반복이나 지속을 통해서 형성된 것이다. 이 때문에 반응습관은 실생활 속에서 유발사건이 발생하면 비교적 안정적으로 나타난다. 그런데 반응경향은 특정 반응의 발생 확률이 중간 이상일 경우에 사용하는 용어이다. 반응경향은 유발사건이 발생해도 수반된 특정 반응이 일어날 확률이 중간 이상에 지나지 않는다. 바꿔 말하면 우연보다 발생 확률이 다소 높은 정도여서, 종종 유발사건이 발생해도 반응은 나타나지 않을 수도 있다.

반응양식의 자동화 정도는 상담개입에 영향을 미친다. 예를 들면, 고정반응 양식은 생물학적인 기반을 가지고 있기 때문에 변화시키기 어렵다. 고정반응 양식은 심리적 방법으로는 한계가 있고 수술이나 약물과 같은 의학적인 방법으로 변화를 시도할 수 있다. 조건화 반응양식이나 반응습관은 고정반응 양식보다는 쉽지만 대체로 변화시키기 어렵다. 이를 변화시키려면 조건화 재학습이나 습관 재형성 과정을 거쳐야 한다. 반응경향은 상대적으로 변화시키기 쉽다. 자기관리 행동을 강화하거나 간단한 학습과정을 통해 반응경향을 변화시킬 수 있다.

둘째, 반응양식은 사건과 결합되어 발생한다. 예를 들어, 조건화 이론에 의하면, 역기능적인 반응은 선행사건이나 후속사건과 결합된다. 그리고 이 선행사건은 역기능적 반응을 유발하는 선행사건과 억제하는 선행사건으로 구분할 수 있고, 후속사건은 역기능적 반응을 보상하거나 강화하는 후속사건과 처벌하거나 약화하는 후속사건으로 구분할 수 있다. 그리고 선행사건이나 후속사건과 결합되는 역기능적 반응도 수의적 반응과 불수의적 반응으로 구분할 수 있다.

역기능적 반응양식의 실제는 이러한 다양한 유형의 사건과 반응의 조합에 의해 결정된다. 이 때문에 역기능적 반응양식의 실제 형태는 '사건반응 양식'이다. 좀 더 구체적으로 말하면, 역기능적인 반응양식의 실제 형태는 '유발이나 억제하는 선행사건과 불수의적 반응이 결합한 '사건반응 양식'이거나, 수의적 반응과 강화(보상)나 약화(처벌)하는 후속사건이 결합한 '반응사건 양식'이 된다.

셋째, 반응양식은 역기능적인 반응과 관련된 핵심 반응양식을 다룬다. 상담에서 다루는 반응양식은 여러 가지 유형으로 구분할 수 있다. 예를 들어, 반응양식은 상담문제와 관련된 역기능적인 반응양식도 있고, 관련 없는 역기능적인 반응양식도 있다. 또한 관련이 있더라도 실제 상담개입의 초점이 되는 반응양식도 있고, 상담개입의 초점이 되지 않는 반응양식도 있다. 상담에서 다루는 반응양식은 상담문제와 관련되면서 동시에 상담개입의 초점이 되는 역기능적인 반응양식이다. 이를 '핵심 반응양식'이라 한다. 일반적으로 상담에서 반응양식을 찾는다는 말은 역기능적인 핵심 반응양식을 찾는다는 의미이다.

그런데 역기능적인 핵심 반응양식을 찾으려면, 먼저 문제상황에서 내담자의 반응들을 찾아내야 한다. 그리고 이렇게 찾아낸 문제상황에서의 반응들 중에서 역기능적인 반응들을 찾아내야 하고, 또한 이렇게 찾아낸 역기능적인 반응들 중에서 반복이나 지속, 또는 재연되는 반응들을 찾아내야 하며, 또한 이렇게 찾아낸 반복이나 지속, 또는 재연되는 반응들 중에서 통제 가능하고 상담개입의 초점이 되는 핵심 반응들을 찾아내야 한다. 이와 관련해서, 기존 상담이론들에는 핵심 반응양식을 찾는 데 도움이 되는 개념들이 제시되어 있다. 예를 들면, 정신분석상담의 '전이 반응양식, 방어기제 양식', 정신분석 계열인 정신역동이론의 '아동기 감정양식, 핵심감정 양식', 대상관계 이론의 '자기표상과 타인표상 양식', 개인분석 이론의 '생활양식', 행동상담의 '조건화 행동양식, 고전적 조건화, 조작적 조건화', 인지상담이론의 '신념이나 도식, 비합리적 신념' 등이다.

④ 성격

상담문제를 발생, 유지, 악화시키는 원인 중에 하나는 역기능적인 반응인데, 이 역기능적인 반응의 네 번째 하위요인은 역기능적인 성격(性格 personality), 그리고 이 역기능적인 성격과 관련된 역기능적인 반응이나 반응양식이다. 일반적으로 특정 반응이 특정 사건뿐만 아니라 일상생활의 전반에서 반복되거나 지속적으로 발생될 때, 또한 그 특정 반응이 현재뿐만 아니라 과거에도 반복되거나 지속되어 왔고, 미래에도 반복되거나 지속될 것이라고 예측될 때, 이런 일반화된 반응을 반복하거나 지속하게 하는 내적인 성질이 있다고 가정하고, 이 내적인 성질을 지칭하기 위해 만들어 낸 개념이 성격이다.

성격이란 '일반화된 반응행동을 불러일으키는 유전 및 학습된 개인 고유의 굳어진 성질'을 의미한다(고기홍, 2017). 성격은 발달 초기 결정적 발달시기에 유전인자의 발현, 그리고 수정과 태아발달, 출생, 뇌신경 발달, 애착발달, 자아발달, 언어발달, 사회성 발달 등과 관련된 발달사건과 경험에 의해 형성된다. 그리고 형성된 성격은 변화하지 않고 거의 평생 지속된다. 물론 결정적 발달시기 이후에도 성격이 변화될 가능성은 존재한다. 가령, 아동기 이후의 중요한 발달사건과 경험, 교육이나 학습사건, 외상사건, 신체적 손상이나 기능장애 등이 있으면 성격은 변화할 가능성이 있다.

성격과 비슷한 개념은 '특질, 기질, 형질' 등이 있다. 이 중에 특질(特質, trait)은 일종의 성격의 하위요소로서 특수 조건에서 나타나는 특수 반응을 불러일으키는 특수 성질을 의미한다. 그리고 기질(氣質, temperament)은 생물학적 기반을 가진 타고난 성질을 의미하며, 형질(形質)은 유전형질(遺傳形質, genetic character)의 준말로 유전인자의 발현으로 나타나는 성질을 의미한다. 이러한 성격, 그리고 특질이나 기질이나 형질은 정신장애나 생활문제나 성장과제를 발생, 유지, 악화시키는 원인 중에 하나이다. 그리고 이차적으로 성격, 그리고 특질, 기질, 형질에 대한 자기관리의 부족, 즉 인식과 대처의 부족은 정신장애나 생활문제나 성장과제를 발생, 유지, 악화시키는 원인이 될 수 있다.

성격을 상담문제의 원인으로 추정할 때 가장 많이 사용하는 대중적인 방식은 '상담문제의 원인으로 성격을 추정하는 것'이다. 예를 들어, 정신병 문제가 있으면 정신병적 성격이 원인으로 추정되고, 신경증 문제가 있으면 신경증적 성격이 원인으로 추정된다. 좀 더 구체적으로 내담자가 불안문제를 호소하면, 내담자의 불안문제 속에는 이를 유발하는 불안반응이 포함되어 있고, 이 불안반응의 이면에는 불안반응을 불러일으킨 신경증적인 불안성격이 있다고 추정된다. 바꿔 말하면, 신경증적인 불안성격이 있고, 이 불안성격이 불안반응을 일으키며, 이 불안반응이 불안문제를 불러일으켰다고 추정된다. 우울문제도 마찬가지다. 내담자가 우울문제를 호소하면, 내담자의 우울문제 속에는 이를 유발하는 우울반응이 포함되어 있고, 이 우울반응의 이면에는 우울반응을 불러일으킨 신경증적인 우울성격이 있다고 추정된다. 바꿔 말하면, 신경증적인 우울성격이 있고, 이 우울성격이 우울반응을 일으키며, 이 우울반응이 우울문제를 불러일으켰다고 추정된다. 이런 대중적인 방식은 생활문제에도 그대로 적용된다. 내담자가 의존행동 문제가 있으면, 이 의존행동 문제의 원인으로 의존성이 추정된다. 폭력행동 문제가 있으면, 이 폭력행동 문제의 원인으로 폭력성이 추정된다. 자살시도 문제가 있으면, 이 자살시도 문제의 원인으로 자살시도 성향이 추정된다.

스트레스 취약성 이론도 이런 대중적인 방식을 응용한 이론이다. 이 이론에서 정신장애는 정신장애 취약성과 스트레스 사건의 함수라고 생각한다. 가령, 불안장애는 내담자가 가지고 있는 불안장애 취약성과 이 취약성을 촉발하는 스트레스 사건이 만났을 때 유발된다고 본다. 이 경우, 불안장애의 원인은 불안장애 취약성이라고 추정된다. 자살문제도 마찬가지이다. 자살문제는 내담자가 가지고 있는 자살 취약성과 이 취약성을 촉발하는 스트레스 사건이 만났을 때 유발된다고 본다. 이 경우도 자살문제의 원인은 자살 취약성이라고 추정된다. 폭력문제, 가출문제, 대인관계 문제 등도 모두 마찬가지이다. 스트레스 취약성 이론에서는 취약성, 즉 '문제에 취약한 성질'이 문제를 일으키는 원인이라고 추정된다.

그런데 이 대중적인 방식은 과잉 일반화 위험을 지니고 있다. 이 일반화 문제를 해결하기 위해서 일부 상담자들은 과학적 연구에 기초한 성격적 원인을 찾으려고 노력해 왔다. 그런 노력의 결과 중 하나는 요인분석을 통해 밝혀낸 성격 5요인 이론이다. 일부 상담자들은 이 성격 5요인 이론을 토대로 상담문제의 원인을 추정한다.

성격 5요인 이론에서는 성격을 '외향성(또는 내향성), 신경성(또는 안정성), 우호성이나 친화성(또는 적대성), 성실성(또는 불성실성), 개방성(또는 폐쇄성)'으로 구분한다. 그리고 성격 5요인은 각각 순기능과 역기능을 가지고 있는데, 이 중에 역기능은 취약성으로 작용하여 상담문제를 발생, 유지, 악화시키는 원인이 될 수 있다고 본다. 예를 들어, 외향성은 정신건강에 유리한 순기능들도 있지만, 동시에 정신건강에 불리한 역기능들도 있다. 가령, 외향성의 순기능 중에 하나는 '타고난 에너지와 높은 활동성, 그리고 이로 인해 신체적 정신적 사회적으로 활기차고 폭넓은 생활을 해 나갈 수 있다'는 점이다. 반면 이와 관련된 역기능은 '타고난 높은 에너지와 활동성향 때문에 신체활동이나 정신활동이나 사회활동을 제약하는 상황에 대한 내성이 지나치게 약하다'는 점이다. 또한 외향성의 순기능 중에 하나는 '타고난 높은 인간관계 추구 성향, 그리고 이로 인해 폭넓은 인간관계를 해 나갈 수 있다'는 점이다. 반면, 이와 관련된 역기능은 '타고난 높은 인간관계 추구 성향 때문에 인간관계가 차단되는 고립된 상황에 대한 내성이 지나치게 약하다'는 점이다. 또한 외향성의 순기능 중에 하나는 '타고난 자극보상 추구 성향, 그리고 이로 인해 물질적 정신적 사회적 성취를 이룩해 나갈 수 있다'는 점이다. 반면, 이와 관련된 역기능은 '타고난 자극보상 추구 성향 때문에 현실 위험을 간과하여 자주 위험에 노출된다'는 점이다. 이런 외향성의 역기능들은 취약성으로 작용하여 상담문제를 발생, 유지, 악화시키는 원인이 될 수 있다. 이는 외향성 외의 신경성, 우호성, 성실성, 개방성들도 마찬가지이다.

그리고 임상적 장면에서는 상담문제의 원인으로 이상 성격을 오랫동안 탐구해 왔다. 그 결과 중 하나는 DSM-5의 성격장애이다. DSM-5에는 '편집성, 분열성, 분열형, 반사회성, 경계선, 연극성, 자기애성, 회피성, 강박성, 의존성'의 10개의 성격장애가 기술되어 있는데, 이 10개의 성격장애는 상담문제를 발생, 유지, 악화시키는 원인이 될 수 있다. 예를 들어, 편집성 성격장애는 광범위한 대인관계 갈등 문제의 원인이 될 수 있다. 반사회성 성격장애는 사기, 착취, 폭력 등을 포함한 사회적 일탈이나 범죄행동과 관련된 문제의 원인이 될 수 있다. 경계선 인격장애는 반복된 자살시도나 자해문제, 불안정한 대인관계 문제, 불안정한 감정문제, 문란한 성관계, 물질남용, 과소비 문제 등의 원인이 될 수 있다. 이는 다른 성격장애들도 마찬가지이다. 특정 성격장애는 특정 상담문제의 원인이 될 수 있다.

한편, 정신분석에서는 상담문제의 원인 중에 하나가 성격 이상이라고 보았다. 그리고 성격 이상의 원인 중에 하나는 자아기능의 약화라고 보았다. 즉, 자아의 인식과 조절기능의 약화는 성격 이상을 유발하고, 성격 이상은 상담문제를 유발한다고 보았다. 이 때문에 정신분석에서는 자아기능을 강화하여 성격을 재구성하고, 이를 통해 상담문제를 해결해 나가고자 하였다. 프로이트는 이를 '원욕이 있던 곳에 자아가 있게 하라'라는 문장으로 설명하였다.

반응분석에서도 자아기능의 약화가 상담문제의 가장 중요한 원인이고, 자아기능을 강화하는 것이 상담문제를 해결하는 가장 중요한 개입이라고 본다. 그런데 반응분석에서 자아(自我, ego)란 '반응의 주체'를 의미한다. 예를 들면, 신체반응과 관련해서 '근육, 호흡, 소화, 순환, 신경 등의 신체반응을 하는 주체'가 자아이고, 심리반응들 중에 지각반응과 관련해서 '지각표상을 하는 주체'가 자아이며, 기억반응과 관련해서 '기억표상을 하는 주체'가 자아이고, 감정반응과 관련해서 '감정을 느끼는 주체'가 자아이며, 사고반응과 관련해서 '추리하고 상상하는 주체'가 자아이고, 욕구반응과 관련해서 '결핍, 필요나 요구, 욕구, 동기 등을 느끼는 주체'가 자아이다. 그리고 행동반응과 관련해서 '말하고, 행동하는 주체'가 자아이고, 대인관계 반응과 관련해서

'사람들과 대인 상호작용을 하는 주체'가 자아이다. 이 모든 '반응들의 주체'
가 바로 자아이다.

　그리고 자아의 기능은 보통 '인식기능과 조절기능'의 두 가지로 요약할 수
있다. 먼저, 인식기능이란 자아의 알아차림 기능이다. 즉, 외부에서 일어나
는 현상(시간과 공간, 그리고 사건)에 대한 알아차림 기능, 그리고 그런 외부
현상들 속에서의 자기반응(신체, 지각, 기억, 감정, 사고, 욕구, 인식, 조절, 말, 행
동, 역할 등)에 대한 알아차림 기능이다. 그리고 조절기능이란 자아의 의지,
선택, 결정, 계획, 다짐 등을 포함하는 자기관리 또는 자기조절 또는 자기통
제 기능이다. 즉, 자아가 의지를 사용하여 자신의 반응을 선택하고 결정하
고 계획하고 다짐하는 등의 과정을 통해 반응을 하거나 하지 않는 기능이다.
좀 더 세부적으로 살펴보면, 만약 자아가 지각을 조절한다면 자아의 지각조
절기능이란 외부 현상이나 자기반응에 대한 지각을 행할 수도 있고 행하지
않을 수도 있고, 행하더라도 A지각을 행할 수도 있고 B지각을 행할 수도 있
는 등의 자신의 지각반응을 조절할 수 있는 기능이다. 또한 기억과 관련하여
정보를 입력하거나 저장하거나 인출할 수도 있고 안 할 수도 있고, 입력이나
저장이나 인출을 행하더라도 A를 행할 수도 있고 B를 행할 수도 있는 등의
자신의 기억반응을 조절할 수 있는 기능이다. 또한 감정, 사고, 욕구, 인식,
조절, 말, 행동, 역할 등을 행할 수도 있고 행하지 않을 수도 있고, 행하더라
도 A를 행할 수도 있고 B를 행할 수도 있는 등의 자신의 반응을 조절할 수 있
는 기능이다.

　자아의 인식기능과 조절기능의 장애는 거의 모든 정신장애나 생활문제나
성장과제의 핵심 원인이 된다. 예를 들면, 내담자가 사건 통제하의 역기능적
인 반응을 지속하고 있을 경우, 역기능적인 반응을 하는 원인은 자아의 약화
된 인식과 조절기능 때문이다. 즉, 자아가 특정 사건과 특정 역기능적인 반
응과의 관계에 대한 인식이 부족하기 때문이다. 그리고 특정 사건의 부정적
영향을 받고 있는 행동을 멈추는 자기반응 조절이 부족하기 때문이고, 또한
특정 사건을 없애거나 특정 사건을 기능적으로 변화시킬 수 있는 대처행동

을 찾아서 실천하는 자기반응 조절이 부족하기 때문이다.

또 내담자가 자기관리 통제하의 역기능적인 외현행동이나 내현반응(지각, 기억, 감정, 사고, 욕구 등)을 지속하고 있을 경우, 이런 역기능적인 외현행동이나 내현반응을 하는 원인도 자아의 약화된 인식과 조절기능 때문이다. 즉, 자신의 외현행동이나 내현반응이 상황에 부적합한 과잉이나 과소 행동이라는 인식이 부족하기 때문이고, 또한 외현행동이나 내현반응의 결과로 신체, 심리, 관계, 직무 등에서 역기능이 나타나는 현상에 대한 인식이 부족하기 때문이다. 그리고 역기능적인 외현행동이나 내현반응을 멈추는 자기반응 조절이 부족하기 때문이고, 또한 대안행동을 찾아서 실천하는 자기반응 조절이 부족하기 때문이다. 이처럼 자아의 인식기능과 조절기능의 장애는 거의 모든 정신장애나 생활문제나 성장과제의 원인이 될 수 있다.

다른 한편, 자아와 관련하여 자아상(自我像 ego image) 역시 상담문제의 원인이 될 수 있다. 여기서 자아상이란 자아가 동일시하는 자아표상, 즉 자아 이미지이다. 좀 더 구체적으로 말하면, 자아가 자아라고 인식하는 지각표상, 기억표상, 상상표상, 그리고 자아가 자아라고 느끼는 감정, 자아가 자아라고 인식하는 판단(자아개념, 자아 정체성, 자존감), 자아가 자아라고 인식하는 외적 형태, 말과 행동, 자아가 자아라고 인식하는 사회적 역할 등을 모두 포함하여 자아상이라고 한다. 이런 자아상의 이상은 정신장애나 생활문제나 성장과제의 원인이 될 수 있다.

예를 들어, 우울의 중심에는 '무가치한 자아상' 또는 '열등한 자아상'이 있다. 또한 불안의 중심에는 위험에 노출된 '약한 자아상'이 있다. 또한 일탈행동이나 범죄행동은 종종 사회적 낙인이나 '일탈 관련 자아상'과 상관이 있다. 또한 해리성 정체성 장애, 즉 다중인격의 중심에는 '자아상의 결여나 혼란'이 있다. 그 자아상의 결여나 혼란의 자리에 여러 개의 인격이 형성된 것이 바로 해리성 정체성 장애이다. 경계선 성격장애의 심층에는 '버림받는 아이 자아상'이 있다. 이 때문에 경계선 성격장애를 가진 내담자들은 버림받지 않기 위해 필사적인 노력들을 해 나간다.

또 다른 한편, 임상장면에서 흔히 관찰되는 의식장애는 자아의 인식기능에 이상이 생겨 나타나는 장애이다. 자아의 인식기능의 이상은 의식장애의 원인이 될 수 있다. 의식장애는 다양하게 분류할 수 있는데, 자아의 인식기능 상태에 따라 '의식 없는 상태, 전체적으로 의식이 감소한 상태, 부분적으로 의식이 감소한 상태'의 세 가지로 구분할 수 있다. 첫째, 의식 없는 상태에는 자아의 인식하는 기능이 소실된 '혼수(昏睡 coma)', 단회성의 혼수 상태인 '실신(失神 syncope)', 수초의 짧은 혼수 상태인 '결신(缺神 absence)' 등이 포함된다. 둘째, 전체적으로 의식이 감소한 상태에는 자아의 인식 내용이 정리되지 않고 뒤섞여 있는 깨끗하지 않고 탁한 상태인 '혼탁(clouding of consciousness)', 의식혼탁 상태에서 시간, 장소, 사람 인식이 감소된 상태인 '지남력(指南力 orientation) 장애', 의식혼탁 상태에서 착각, 환각, 흥분, 불안 등이 나타나는 '섬망(譫妄 delirium)', 경미한 의식혼탁 상태에서 사고기능이 저하된 '아멘치아(amentia)', 경미한 의식혼탁 상태에서의 꿈꾸는 상태 또는 환시 상태인 '몽환(夢幻 oneiroid state)' 등이 포함된다. 셋째, 부분적으로 의식이 감소한 상태에는 자아의 인식 범위가 좁아진 '의식협착(狹窄)', 의식협착 상태에서 피암시성이 높아져 최면 암시에 따라 반응이 일어나는 '트랜스(trance state)' 등이 포함된다. 이상과 같은 자아의 인식기능의 이상으로 생겨난 의식장애는 정신장애를 발생, 유지, 악화시키는 원인이 될 수 있다.

⑤ 신체반응

상담문제를 발생, 유지, 악화시키는 원인 중에 하나는 역기능적인 반응인데, 이 역기능적인 반응의 다섯 번째 하위요인은 신체(身體 body), 그리고 신체와 관련된 역기능적인 반응이나 반응양식이다. 일반적으로 신체란 '정신과 대비되는 것으로 인간 생물체의 육체적 구조나 기능'을 의미한다. 그런데 여기서의 신체란 정신장애나 생활문제나 성장과제의 발생, 유지, 악화와 관련된 '① 뇌신경을 포함한 신체구조와 기능', 그리고 '② 유전과 유전인자'라는 의미로 제한하여 사용하였다.

첫째, 신체구조와 기능은 상담문제를 발생, 유지, 악화시키는 원인이 될 수 있다. 특히 뇌신경 구조의 손상이나 기능의 이상은 정신장애나 생활문제나 성장과제를 발생, 유지, 악화시키는 근원 중에 하나이다. 또한 이차적으로 뇌신경 구조의 손상이나 기능의 이상에 대한 자기관리의 부족, 즉 인식과 대처의 부족은 역기능적인 정신장애나 생활문제나 성장과제를 발생, 유지, 악화시키는 원인이 될 수 있다.

뇌신경 과학은 최근 가장 빠르게 발전하는 학문 분야 중에 하나인데, 그 중심에 신경정신의학이 있다. 그동안 신경정신의학에서는 생물학적 관점에서 정신장애의 신경생리적 기제들을 밝혀왔다. 역사적으로 보면, 1848년 미국에서 이루어진 '뇌의 전두엽 손상이 성격이나 행동의 변화를 불러일으킨다는 것을 밝혀낸 게이지 사례에 대한 연구'는 신경정신의학에서 뇌를 직접적으로 연구하는 시발점이 된다. 이후 1861년 프랑스의 브로카는 특정 언어장애와 뇌의 특정 부위 이상이 상관있다는 것을 밝혀내었고, 1874년에는 독일의 베르니케가 또 다른 언어장애와 뇌의 특정 부위 이상과 상관있다는 것을 밝혀내었다. 또한 1864년에는 독일의 프리치가 뇌에 전기자극을 주면 특정 신체 부위가 반응한다는 사실, 그리고 왼쪽 뇌는 오른쪽 신체를 관장하고, 오른쪽 뇌는 왼쪽 신체를 관장한다는 사실을 발견하였다. 그리고 1930년대에 미국의 펜필드는 뇌의 전기자극에 따른 신체반응을 연구하여 뇌지도를 만들었다. 그리고 1951년에 펜필드는 측두엽의 특정 부위를 자극하면, 오래된 기억들이 회상된다는 사실을 발견하였다. 이는 뇌와 기억의 관계에 대한 후속 연구들을 촉발하였고, 그 결과 뇌와 기억에 대한 많은 것이 밝혀졌다. 그리고 1980년대 이후 뇌영상 기기의 발달로 뇌에 대한 연구들이 급격히 증가하였다. 그리고 현재는 정밀한 뇌지도뿐만 아니라, 심지어 뇌의 전기활동을 토대로 한 뇌기반 인터페이스를 구축하고, 뇌를 읽거나 조절할 수 있는 수준까지 발전하였다. 또한 1950년대부터 시작된 정신약물학의 발달에 힘입어 정신 과정에 영향을 미치는 약물들이 발견되었고, 이는 약물치료에 광범위하게 활용되고 있다. 또한 뇌의 신경전류나 뇌파, 뇌 신경망, 가소성 연구, 그리고 빛이나 소리파장 등의 감각자극과 뇌반응과의 관계에 대한 연구 등을 토대로 뇌수술, 빛치료, 소리치료 등이 이루어지고 있다.

　이제 신경생리적 연구결과에 대한 지식이 없으면 상담을 제대로 할 수 없다고 할 정도로 상담에서 뇌신경 구조와 기능에 대한 이해가 중요해졌다. 이는 심리사회적 토대 위에서 심리상담만을 고수하는 상담자들에게 큰 도전이 되고 있다. 그러나 이런 현상을 위험으로 간주할 것인지 아니면 기회로 간주할 것인지는 상담자들의 선택이자 과제이다.

　뇌신경뿐만 아니라 뇌신경을 제외한 신체구조의 손상이나 기능의 이상도 정신장애나 생활문제나 성장과제를 발생, 유지, 악화시키는 원인이 될 수 있다. 실제로 일부 정신장애는 신체구조의 손상이나 기능의 이상과 밀접한 상관이 있는 것으로 알려져 있다. 예를 들면, 근골격, 감각, 신경, 내분비, 심혈관, 호흡, 소화, 비뇨, 생식기관 등의 손상이나 기능장애, 또는 신체적 외상, 감염, 독성물질, 고열, 산소 결핍, 영양 결핍, 호르몬 분비 등의 이상은 직간접적으로 정신장애를 발생, 유지, 악화시키는 원인이 될 수 있다. 이런 신체구조 손상이나 기능의 이상은 상담에서 다루는 내용이 아니지만, 상담에서 다루는 문제들의 원인이 될 수 있다는 측면에서 이에 대한 지식, 그리고 이를 다루는 신체의학 분야와의 협력 등이 요구되고 있다.

　둘째, 유전과 유전인자는 정신장애나 생활문제나 성장과제를 발생, 유지, 악화시키는 또 다른 근원이다. 일부 정신장애는 유전 또는 유전인자와 밀접한 상관이 있는 것으로 알려져 있다. 예를 들면, 지적장애, 자폐 스펙트럼 장애, 주의력결핍 및 과잉행동장애, 조현병, 양극성 장애, 주요 우울장애, 성격장애 등은 유전과 높은 상관이 있는 것으로 알려져 있다.

　물론, 이런 정신장애나 관련된 증상뿐만 아니라 상담에서 다루는 모든 역기능적인 반응은 유전인자의 영향을 받는다. 단, 유전인자는 특정 역기능적인 반응의 여부를 결정하는 것이 아니라 반응 가능성에 영향을 미친다. 예를 들면, '거미 공포증'은 유전인자가 결정하는 것이 아니다. 또 '거미에 대한 도피나 회피행동'도 유전인자가 결정하는 것이 아니다. 더구나 'TV에 거미가 나오면 채널을 돌리는 행동'을 유전인자가 결정하지도 않고, '이전에 감나무에 매달려 있던 거미가 지나가던 내담자의 머리 위로 떨어져서 너무 놀랐던 경험이 있는 바로 그 감나무를 피해 50m를 더 돌아서 집으로 온 행동'을 유전인자가 결정하는 것도 아니다. 유전인자가 결정하는 것은 거미 공포증의 발현 가능성이다. 즉, 유전인자가 결정할 수 있는 것은 '환경과의 상호작용 과정에서 거미 공포증 형성 조건이 충족되면 거미 공포증이 형성될 수 있는 토대가 되는 기초적인 신경생리적 구조와 기능의 발현 정도'이다. 이 과정에서도 직접 결정을 하는 것이 아니라 간접적으로 영향을 미치는 수준이다.

예를 들어, 특정 유전인자는 외부 자극에 대한 낮은 식역과 관련된 신체 미세기관의 구조나 기능의 발현에 직접 관여할 수 있는데, 이는 아주 작은 위험자극도 매우 민감하게 알아차리는 반응에 직간접적으로 영향을 미칠 수 있다. 또 특정 유전인자는 높은 반응 민감성과 관련된 신체 미세기관의 구조나 기능의 발현에 직접 관여할 수 있는데, 이는 같은 자극에도 더 강한 생리적 각성반응이나 고통반응이 일어나게 하고, 또 일어난 생리적 각성반응이나 고통반응이 쉽게 진정되지 않고 더 오래 지속되는 반응에 직간접적으로 영향을 미칠 수 있다. 그리고 이런 낮은 식역과 높은 반응 민감성을 가진 내담자가 우연히 거미를 보고 놀란 경험을 하는 사건, 그리고 거미를 무서워하는 공동체 문화 등을 만나면 거미 공포증이 발현될 수 있다. 만약, 이 내담자가 거미가 아니라 뱀이나 개와 관련된 무서운 경험을 했다면 공포증의 내용은 거미 공포증이 아니라 뱀이나 개 공포증이 되었을 수도 있다. 결국, 유전과 유전인자의 발현은 모든 역기능적인 반응에 영향을 미치지만 그 영향은 직접적이기보다는 간접적으로 영향을 미친다고 할 수 있다.

아직 정신장애의 위험을 증가시키는 신경생리나 유전에 대한 연구는 기초적인 수준이다. 즉, 정신장애의 위험을 증가시키는 '신경생리적 기제, 그리고 이런 기제의 형성 과정, 그리고 이런 기제의 형성 과정에서의 유전과 유전인자의 역할, 그리고 관련된 특정 유전인자의 구조나 기능, 발현 과정 등'에 대한 연구는 아직 기초적인 수준이다. 앞으로 이에 대한 연구가 증가하고 관련 사실들이 더 밝혀지면 정신장애 치료는 또 다른 도약을 맞이하게 될 것이다.

(3) 발달원인

상담문제 원인은 크게 '사건, 반응, 발달, 체계'의 네 가지로 구분할 수 있는데, 이 중에 세 번째 원인은 '발달원인'이다. 반응분석에서는 발달원인을 일반 발달원인과 초월영성 발달원인의 두 가지로 구분하였다.

① 일반 발달원인

일반 발달원인이란 정신장애나 생활문제나 성장과제의 원인이 되는 인간 생애주기의 미성취 발달과제, 그리고 이와 관련된 역기능적인 반응, 반응양식, 성격을 의미한다. 일반적으로 인간은 태어나서 죽을 때까지 저마다 전생애 삶을 살아간다. 각 개인들의 전생애 삶에서 공통과정들을 도출하면, 인간의 전생애 삶의 과정, 즉 인간의 생애주기를 도출할 수 있다. 그동안 인간의 생애주기에 대한 연구들이 많이 이루어져 왔는데, 그 결과 다음과 같은 발달 가설들을 발전시켜 왔다. 즉, '인간의 생애주기에는 구분 가능한 발달 국면들이 존재한다.' 그리고 '이 발달 국면들은 발달단계로 구분할 수 있다.' 그리고 '발달단계마다 다음 발달단계로 발달하기 위해 성취해야 하는 발달과제가 있다.' 그리고 '각 발달단계의 발달과제를 성취하면 다음 발달단계로 발달이 이루어진다.' 그리고 '미성취 발달과제는 다음 발달단계로 발달하는 것을 방해하거나 지연시킨다.'

반응분석에서 발달과제(發達課題 developmental task)란 '인간 생애주기의 각 발달단계에서 다음 발달단계로 발달하기 위해 성취가 요구되는 과제'이다. 그리고 미성취 발달과제란 '성취하지 못한 발달과제이다.' 미성취 발달과제는 '이전 발달단계의 미해결 발달과제와 현재 발달단계의 당면 발달과제'로 구분할 수 있다. 첫째, 미해결 발달과제란 '이전 발달단계의 발달과제였지만, 이전 발달단계에서 해결이나 성취하지 못한 발달과제이다.' 이 미해결 발달과제는 이전 발달단계에 고착되게 하거나 현재 발달단계에서 이전 발달단계로 퇴행되게 하거나 현재 발달단계에서 다음 발달단계로 발달하는 것을 방해하거나 지연시킨다. 그리고 당면 발달과제란 '현재 발달단계의 발달과제로서, 아직 성취하지 못한 발달과제이다.' 성취하지 못한 당면 발달과제는 현재 발달단계에서 다음 발달단계로 발달하는 것을 방해하거나 지연시킨다.

이러한 미해결 발달과제와 당면 발달과제, 그리고 이와 관련된 역기능적인 반응, 반응양식, 성격들은 정신장애나 생활문제나 상담문제를 발생, 유지, 악화시키는 원인이 될 수 있다. 또한 이차적으로 미해결 발달과제와 당면 발달과제, 그리고 이와 관련된 역기능적인 반응, 반응양식, 성격들에 대한 자기관리의 부족, 즉 인식과 대처의 부족은 정신장애나 생활문제나 성장과제를 발생, 유지, 악화시키는 원인이 될 수 있다.

한편, 인간 생애주기의 발달단계는 크게 '발달 초기, 발달 초중기, 발달 중기, 발달 중후기, 발달 후기'로 구분할 수 있다. 그리고 이를 더 세분하면, 발달 초기는 '태아기, 영유아기, 학령 전기', 발달 초중기는 '아동기와 청소년기', 발달 중기는 '청년기 또는 성인 초기', 발달 중후기는 '성인중기, 성인후기', 발달 후기는 '노년 초중기, 노년후기'로 구분할 수 있다. 그리고 발달단계에 따른 일반적인 발달과제들은 다음과 같다.

첫째, 태아기의 발달과제는 '수정, 착상, 배아 성장, 태아 성장, 출생 등'이고, 영유아기는 '신체 성장, 뇌신경발달, 지각발달, 애착발달, 인지발달, 자아발달, 언어발달, 이유, 대소변 가리기 등'이며, 학령 전기는 '신체 성장 지속, 인지발달 지속, 초자아나 도덕성 발달, 생활습관 발달(식사, 수면, 청결 등), 성역할 발달, 사회성 발달 등'이고, 아동기는 '신체 성장 지속, 사회성 발달 지속, 초등 학업성취 등'이며, 청소년기는 '신체 성장 지속, 성적 성장, 뇌신경 가지치기, 정체성 발달, 고등사고 발달, 중등 학업성취 등'이고, 청년기 또는 성인 초기는 '고등 학업성취나 직업능력 성취, 군복무, 구직, 취직, 직장생활, 분가, 이성관계 등'이며, 성인 중기는 '결혼, 임신과 출산, 자녀양육, 직업성취, 자기실현 등'이고, 성인 후기는 '신체 노화 초기, 자녀 분가, 직업성취 지속, 자기실현 지속, 노후 준비 등'이며, 노년 초중기는 '신체 노화 지속, 노화

성 질병, 퇴임, 정신기능 노화, 사회지위나 역할 감소, 경제 수입 감소, 여가
생활, 중요인물 사별 등'이고, 노년 후기는 '신체 노화 지속, 노화성 질병 지
속, 정신기능 노화 지속, 경제 수입 감소 지속, 배우자 사별, 자립기능 감소
등'이다. 이를 정리하면, 〈표 3-2〉와 같다.

〈표 3-2〉 인간 생애주기의 발달단계와 발달과제

대분류	소분류	인간 생애주기 발달과제
발달 초기	태아기 (0세 이전)	신체발달: 수정, 착상, 배아 성장, 태아 성장, 기관분화, 출생
	영유아기 (0~2세)	신체발달: 신체 성장, 뇌신경 발달 심리사회: 지각, 애착, 인지, 자아, 언어, 이유, 대소변 가리기
	학령전기 (3~6세)	신체발달: 신체 성장 심리사회: 인지발달 지속, 초자아나 도덕성, 생활습관(식사, 수면, 청결), 성역할, 사회성
발달 초중기	아동기 (7~12세)	신체발달: 신체 성장 지속 심리사회: 사회성 발달 지속, 초등 학업성취
	청소년기 (13~18세)	신체발달: 신체 성장 지속, 성적 성장, 뇌신경 가지치기 심리사회: 정체성, 고등사고, 중등 학업성취
발달 중기	청년기 성인 초기 (19~29세)	심리사회: 고등 학업성취나 직업능력 성취, 군복무, 구직, 취직, 직장생활, 분가, 이성관계
발달 중후기	성인 중기 (30~49세)	심리사회: 결혼, 임신과 출산, 자녀양육, 직업성취, 자기실현
	성인 후기 (50~59세)	신체발달: 신체 노화 초기 심리사회: 자녀 분가, 직업성취 지속, 자기실현 지속, 노후 준비
발달 후기	노년 초중기 (60~79세)	신체발달: 신체 노화 지속, 노화성 질병 심리사회: 퇴임, 정신기능 노화, 사회지위나 역할 감소, 경제 수입 감소, 여가생활, 중요인물 사별
	노년 후기 (80세 이후)	신체발달: 신체 노화 지속, 노화성 질병 지속 심리사회: 정신기능 노화 지속, 경제 수입 감소 지속, 배우자 사별, 자립기능 감소

미성취 발달과제, 그리고 미성취 발달과제에 대한 자기관리의 부족은 정신장애나 생활문제나 성장과제를 발생, 유지, 악화시키는 원인이 될 수 있다. 바꿔 말하면, 발달과제에 대한 지식과 이해의 부족, 발달과제에 대한 대처방안 수립의 부족, 발달과제와 관련된 대안행동 수행능력의 부족이나 대안행동 실천의 부족 등은 정신장애나 생활문제나 성장과제를 발생, 유지, 악화시키는 원인이 될 수 있다.

예를 들어, 31세의 임산부인 한 내담자는 임신우울증, 심한 입덧 문제, 그리고 우울증이나 입덧 문제가 태아에게 미치는 부정적 영향에 대한 걱정 문제로 상담을 받고 있었다. 발달 관점에서 이 내담자가 가진 상담문제의 원인은 '임신과 태교와 출산이라는 당면 발달과제', 그리고 이 '당면 발달과제에 대한 자기관리 부족'이 될 수 있다. 좀 더 구체적으로 말하면, 상담문제의 원인은, 첫째, 당면 발달과제인 '임신과 태교와 출산에 대한 이해(지식)의 부족' 때문일 수 있다. 내담자는 신혼기에 임신이 가능하다는 사실을 전혀 고려하지 않고 있다가 준비되지 않은 임신을 맞이했을 수 있다. 또 임신하면 몸과 마음에 변화가 일어난다는 사실, 그리고 임신하면 당분간 하던 모델 일을 지속하기 어려워질 수 있다는 사실을 전혀 고려하지 않고 있다가 모델 일을 그만두어야 하는 상황에 내몰리게 되었을 수 있다. 그녀는 입덧이 태아를 위한 적신호가 아니라 청신호라는 사실, 그리고 과도한 걱정이 오히려 더 해로울 수 있음도 모르고 있었다.

그리고 상담문제의 원인은 당면 발달과제에 대한 지식의 부족뿐만 아니라 대처방안 수립의 부족 때문일 수 있다. 가령, 임신과 태교와 출산에 대한 계획의 부족, 더 나아가 자녀양육에 대한 계획의 부족, 그리고 입덧 문제, 태아 영향 걱정 문제에 대한 대처방안 수립의 부족이 상담문제의 원인일 수도 있다.

그리고 상담문제의 원인은 대안행동 수행능력의 부족이나 대안행동 실천의 부족 때문일 수 있다. 가령, 태교행동 수행능력의 부족이나 태교행동 실천의 부족, 입덧 문제 대처행동 능력의 부족이나 대처행동 실천의 부족, 태아 영향 걱정 문제 대처행동 수행능력의 부족이나 대처행동 실천의 부족, 우울 대처행동 능력의 부족이나 대처행동 실천의 부족이 상담문제의 원인일 수도 있다. 그녀의 신랑은 태교에 대한 책과 동영상을 구입해서 선물하였지만 그녀는 돈낭비를 한다며 화를 내고 책과 영상을 보지 않았다. 임신우울증과 관련하여 병원진단을 받아보자는 그녀 엄마의 반복된 권유에도 그녀는 선뜻 응하지 않고 있다가 병원 대신 상담실에서 상담을 받아보자는 권유를 받고 수동적으로 상담실을 찾은 상태이다.

또한 상담문제의 원인은 당면 발달과제가 아니라 이전 발달단계의 미해결 발달과제 때문일 수도 있다. 가령, 아동기의 신체적 학대와 유기 경험으로 형성된 유기불안과 관련된 미해결 발달과제가 원인일 수도 있으며, 아니면 더 이전인 영유아기의 불안정 애착과 관련된 미해결 발달과제가 원인일 수도 있다.

다른 한편, 정신장애는 특정 발달시기의 발달 이상과 상관이 있다. 예를 들어, 신경발달장애(神經發達障碍, Neurodevelopmental Disorders)는 청소년기까지의 발달 이상과 관련된 정신장애들이다. 구체적으로 지적장애(Intellectual Disabilities), 의사소통장애(Communication Disorders), 자폐 스펙트럼 장애(Autism Spectrum Disorder), 주의력결핍 과잉행동장애(Attention-Deficit/Hyperactivity Disorder), 특정학습장애(Specific Learning Disorder), 운동장애(Motor Disorders), 기타 신경발달장애(Other Neurodevelopmental Disorders)는 신경발달장애가 이에 해당한다(American Psychiatric Association, 2015). 그리고 이외에도 분리불안장애, 선택적 함구증, 반응성 애착장애, 탈억제성 사회적 유대감장애, 배설장애, 적대적 반항장애, 간헐적 폭발장애, 품행장애 등은 아동기까지의 발달 이상과 관련된 장애들이다.

또한 청소년기에 주로 나타나는 정신장애들도 있다. 예를 들면, 주의력결핍 과잉행동장애의 70%는 아동기에 발생하여 청소년기까지 지속된다(유한익, 김건우, 2008). 그리고 품행장애는 청소년기 발생형이 따로 있다. 또한 우울장애는 청소년기에도 발생하는데, 이 시기에는 특징적으로 가면우울증 양상을 많이 보인다. 또한 조현병의 경우, 조발성 조현병(early onset schizophrenia)은 18세 이전에 발생한다(유한익, 김건우, 2008).

또한 성인기에 주로 나타나는 정신장애들도 있다. 예를 들어, 품행장애가 성인기까지 지속되면 반사회성 성격장애로 진단된다. 그리고 조현병은 보통 성인 초기나 중기인 10대 후반에서 30대 중반 사이에 많이 발생한다(American Psychiatric Association, 2015). 이 외에도 성기능 부전, 성격장애 등은 성인기의 발달 이상과 관련된 장애들이다. 그리고 치매는 주로 노년기의 발달 이상과 관련된 장애이다.

이상의 정신장애 발생 양상을 살펴보면, 어느 발달시기에 정신장애가 발생하였는지와 관계없이 대부분의 정신장애가 태아기의 수정, 착상, 배아 성장, 태아 성장, 기관 분화, 출생, 그리고 영유아기의 뇌신경 발달, 감각지각발달, 애착발달, 인지발달, 자아와 성격발달, 언어발달 등과 관련된 발달사건과 밀접한 상관이 있다. 따라서 이 태아기와 영유아기는 정신장애와 관련된 결정적 시기라고 할 수 있다.

② 초월영성 발달 원인

반응분석에서는 발달 원인을 일반 발달 원인과 초월영성 발달 원인의 두 가지로 구분하였는데, 초월영성 발달 원인이란 생활문제나 성장과제의 원인이 되는 초월영성 성장과제(成長課題 Growth tasks)의 미성취, 그리고 이와 관련된 역기능적인 반응, 반응양식, 성격을 의미한다.

인류는 종교, 종교철학, 정신수련 전통을 가지고 있다. 그리고 각 종교나 종교철학이나 정신수련 전통에서는 초월적 영성적 성장을 추구해 왔다. 그런데 최근 상담과 종교, 종교철학, 정신수련 전통이 만나 새로운 형태의 초월영성 상담 분야가 구축되어 왔다. 예를 들면, 정신수련 전통과 상담이 접목된 '명상상담, 마음챙김상담, 수용전념상담, 자아초월상담, 모리타 상담, 나이칸 상담', 그리고 종교와 상담이 접목된 '기독교상담(또는 목회상담), 불교상담', 그리고 종교철학과 상담이 접목된 '실존상담, 통합상담(Wilber)' 등이

여기에 해당한다.

초월영성상담으로 분류되는 접근들의 특징은 우선 매우 다양하고 이질적이라는 점이다. 즉, 다양한 종교와 종교철학과 정신수련 전통과 상담의 조합으로 빚어진 매우 다양하고 이질적인 상담들을 모두 초월영성으로 분류하였기 때문에 초월영성상담은 특성상 매우 다양하고 이질적이다. 초월영성상담의 두 번째 특징은 개인과 공동체의 영적 발달을 지향한다는 점이다. 즉, 초월영성상담은 개인의 자아 확립이나 자아실현을 넘어선 '개인의 자아초월과 영적 발달'을 지향한다. 그리고 초월영성상담의 일부는 개인의 자아초월조차 넘어선 '개인초월, 신과의 합일, 그리고 공동체의 영적 발달을 지향한다.' 초월영성상담의 세 번째 특징은 방법론 측면에서 '일반 상담원리와 방법'에 추가하여 '정신수련 전통의 영성적 성장원리와 방법', 또는 '종교의 영성적 성장원리와 방법'을 사용한다는 점이다.

한편, 반응분석에서는 발달 관점에서 초월영성 성장과제의 미성취가 상담문제, 즉 생활문제나 성장과제를 발생이나 유지시키는 원인 중 하나라고 본다. 그리고 상담문제, 즉 생활문제나 성장과제의 원인이 되는 초월영성 성장과제를 '자아초월, 개인초월, 그리고 영적 성장'의 세 가지로 구분한다.

첫째, '자아초월의 초월영성 성장과제 미성취'는 상담문제의 원인이 될 수 있다. 여기서 자아(自我, ego)란 앞에서 설명한 바와 같이 '반응의 주체로서 나' 또는 '나라고 동일시하는 인식'이다. 그리고 초월이란 '성장해서 넘어선다'는 의미이다. 따라서 자아초월이란 '자아를 넘어서 성장한 상태'라는 의미를 지니고 있다. 그리고 자아초월 미성취란 '자아를 넘어선 자아초월 상태로 발달하는 성장과제를 성취하지 못한 상태'라는 의미를 지니고 있고, 이 자아초월 미성취는 상담문제의 원인이 될 수 있다. 한편, '자아초월 상태'를 나타내는 여러 가지 개념들이 존재하는데, 예를 들면 '참나 또는 진아 상태, 무아 상태, 각성 상태, 깨달음 상태, 해탈 상태, 열반 상태, 득도 상태, 도통 상태, 생각이 끊긴 상태, 번뇌의 소멸 상태, 순수의식 상태, 관찰자 의식 상태 등'이다.

둘째, '개인초월의 초월영성 성장과제 미성취'도 상담문제의 원인이 될 수 있다. 여기서 '개인'은 '개인성'을 의미한다. 따라서 '개인초월'이란 '개인성을 초월한 영적 성장 상태', 또는 '나와 너, 나와 세상이나 우주, 나와 신 등을 분별하던 상태를 넘어선 초개인적인 영적 성장 상태'를 의미한다. 그리고 개인초월 미성취란 '개인성을 초월한 영적 성장 상태로 발달하는 성장과제를 성취하지 못한 상태'라는 의미를 지니고 있고, 이 개인초월 미성취는 상담문제의 원인이 될 수 있다. 한편, '개인성을 초월한 영적 성장 상태'를 나타내는 또 다른 개념들이 존재하는데, 예를 들면 '초개인적 상태, 자기초월 상태, 우주의식 상태, 신이나 우주와 합일 상태, 본래자리, 성소, 대승, 사랑, 자비, 이타성 등'이다.

셋째, '영적 성장의 초월영성 성장과제 미성취'도 상담문제의 원인이 될 수 있다. 여기서 '영'이란 '영성(靈性)'을 의미하는데, 이는 '인간 내부의 육성(肉性)이나 심성(心性)과 대비되는 영성(靈性)'이다. 즉, '자기 안에 있는 신령스러운 영혼의 상태'이다. 기독교 개념으로 설명하면 '하나님이 자신의 형상대로 인간을 창조하였는데 창조된 인간 내부의 하나님의 형상'이 영성이다. 또는 '내 안에 살아 있는 예수님의 모습'이 영성이고, '성령이 임한 상태에서 내 안에 임한 성령'이 영성이다. 그리고 영적 성장 미성취란 '영성적 성장 상태로 발달하는 성장과제를 성취하지 못한 상태'라는 의미를 지니고 있고, 이 영적 성장 미성취는 상담문제의 원인이 될 수 있다. 한편, 영적 성장 상태를 나타내는 또 다른 용어는 '죄사함 또는 회심, 거듭남, 성령 체험, 신의 뜻대로 살기 등'이다.

초월영성상담에는 상기된 자아초월, 개인초월, 영적 성장과 관련된 많은 하위 성장과제들이 존재한다. 예를 들면, '주의집중, 알아차림, 자각(무아, 참나, 연기 등), 수용, 일치, 실존, 관점 변화, 분리, 연합, 요가, 마음챙김, 호흡, 화두, 기도, 묵상, 찬양 등'이다. 초월영성상담에서 이들은 하위 성장과제들이면서 동시에 실천적인 원리와 방법들이다. 예를 들어, 주의집중에 대한 지식 습득, 주의집중에 대한 수행능력 형성, 주의집중의 실생활 실천과 습관

형성 등은 자아초월, 개인초월, 영적 성장의 하위 성장과제이자 실천적 원리
와 방법이다. 이는 알아차림, 자각, 수용, 일치, 실존, 관점 변화, 분리, 연합,
요가, 마음챙김, 호흡, 화두, 기도, 묵상, 찬양 등도 마찬가지이다.

　다른 한편, 초월영성상담은 일반상담과 절충통합해서 사용하고자 할 때
몇 가지 주의할 점이 있다. 먼저, 과학과 종교 간에는 서로 대립되는 측면이
존재하는데, 그런 대립이 초월영성상담을 해 나가는 과정에서 재연될 수 있
다. 가령, 과학적 상담을 추구하는 상담자들은 양적으로 검증할 수 없는 종
교적 전제조건(또는 가정)은 수용할 수 없다고 생각한다. 반면, 종교 중심의
상담을 하는 상담자들은 객관적으로 검증할 수 없는 경계 밖의 종교적 전제
조건에 대해서 과학이 의문을 제기하고 한정된 양적 방식으로 검증하여 결
론을 내리려는 시도 자체가 잘못되었다고 생각한다. 이런 생각의 차이는 그
동안 과학과 종교의 대립과 갈등으로 이어져 왔다. 그런데 초월영성상담은
과학과 종교가 절충통합되면서 발전하였기 때문에 이 해결하지 못한 대립과
갈등은 초월영성상담을 하는 과정에서 재연될 수 있다.

　또한 초월영성상담에는 '종교와 접목된 오지각'과 '과학과 접목된 오지각'
이 포함되어 있다. 먼저, 종교와 접목된 오지각이란 '신경증적이거나 정신병
적인 착각이나 환각이나 망상이 종교와 접목되어, 착각이나 환각이나 망상
이 아닌 종교적 신비체험으로 잘못 받아들이는 지각왜곡현상'을 말한다. 예
를 들어, 조현병이나 망상장애나 일부 성격장애 등에서 나타나는 환각이나
망상이 종교와 결합되는 경우는 드물지 않게 일어난다. 가령, 신이나 귀신
의 소리와 관련된 환청, 심한 경우 신이나 귀신과 대화하는 환청과 망상, 자
신이 신이라고 주장하면서 주변 사람들을 현혹하는 과대망상, 목사나 전도
사, 또는 스님이 자신을 좋아하고 유혹하고 있다고 믿는 색정망상, 일부 임
사체험과 관련된 환각과 망상, 유체이탈 체험과 관련된 환각과 망상 등과 같
이 환각이나 망상이 종교와 결합되어 나타날 수 있다. 이 경우, 정신장애 현
상을 종교적 현상으로 잘못 해석하는 것을 매우 주의해야 한다.

　그리고 과학과 접목된 오지각이란 '기술병리학에서 발전시킨 착각, 환각,

망상 등의 개념체계를 지각틀로 사용하는 과정에서 실제 존재하는 종교적 체험을 착각이나 환각이나 망상으로 잘못 받아들이는 지각왜곡현상'을 말한다. 예를 들어, '변형의식, 감각 민감성, 상상 경험, 쿤달리니, 번뇌소멸 경험, 분별소멸 경험, 순수의식 경험, 자아분리 경험, 무아 경험, 열반 경험, 직관' 등과 같은 초월영성 성장과정에서 나타나는 경험적 현상들을 착각이나 환각이나 망상으로 잘못 받아들일 수 있다. 착각이나 환각이나 망상이 문제가 되는 경우는 이들이 현실성과 논리성과 실용성을 잃었을 때이다. 현실성과 논리성과 실용성을 가진 착각이나 환각이나 망상은 문제해결이나 창의성의 중요한 요소이다. 종종 과학은 있는 그대로의 현실을 과학적 틀 속에 맞추려는 오류를 범할 수 있는데, 이는 초월영성상담 과정에서도 나타날 수 있기 때문에 주의가 필요하다.

그리고 초월영성상담에는 정신수련 전통과 종교적 배경을 가진 다양한 접근이 포함되어 있는데, 그 다양한 접근 중에 일부 접근이나 일부 상담자들은 윤리적이지 않을 수 있다. 즉, 내담자를 이롭게 하기보다는 해롭게 할 위험을 지닌 접근이거나 상담자들이다. 이런 해로운 접근이나 상담자들은 다음과 같은 점들을 이용하여 내담자들에게 해를 끼칠 수 있다. 즉, '인간의 타고난 지각표상능력, 최면 감수성과 암시반응능력, 트렌스 현상, 종교성이나 의존성, 권위에 복종하는 심리, 군중심리', 또는 '환각 성분이 들어간 약제의 사용', 또는 '착각, 환각, 망상과 관련된 개인의 취약성' 등을 이용하여 내담자에게 해를 끼칠 수 있다. 예를 들어, 내담자가 호소하는 문제마다 그 원인이 귀신들림 때문이라고 진단한 후, 빙의치료나 퇴마치료 처방과 함께, 상상 이상의 상담비를 지불하게 하고, 또 지속적이고 장기적인 방문과 상담을 유도하면서 경제적 물질적 시간적 착취를 하는 경우, 또 퇴마나 축귀의 수단으로 신체적 심리적 학대나 가혹행위를 하는 경우, 성적 착취를 하는 경우, 교묘하게 물건을 강매하는 경우, 통제의 수단으로 저주나 위협을 하는 경우, 정당한 사유 없이 의료적 치료를 중단하게 하는 경우, 환각성 약물을 포함한 검증되지 않은 약물을 만병통치약 등으로 속여 복용하게 하는 경우 등은 내담자에게 심각하게 해로울 수 있다. 이 때문에 이런 접근이나 이런 접근을 하는 상담자들을 경계해야 한다.

(4) 체계원인

상담문제의 원인은 크게 '사건, 반응, 발달, 체계'의 네 가지로 구분할 수 있는데, 이 중에 네 번째 원인은 역기능적인 체계이다. 반응분석에서는 역기능적인 체계를 다시 '가족체계와 지역사회 체계'로 구분한다.

① 가족체계

상담문제를 발생, 유지, 악화시키는 원인 중에 하나는 역기능적인 체계인데, 이 역기능적인 체계의 첫 번째 하위요인은 역기능적인 가족체계이다. 반응분석에서 역기능적인 가족체계는 '가족구조의 변화, 가족기능의 이상, 가족발달 이상'의 세 가지를 의미하며, 이는 상담문제를 발생, 유지, 악화시키는 직접 또는 간접적인 원인이 될 수 있다.

❑ 가족구조 변화

가족구조 변화는 상담문제의 직접 또는 간접적 원인이 될 수 있다. 여기서 가족구조(家族構造 family Structure)란 '가족의 구성요소, 그리고 하위 구성요소 간의 관계나 그 체계'를 의미한다(고기홍, 2005). 그리고 가족구조 변화란 '가족구조의 구성요소, 그리고 구성요소 간의 관계가 없어지거나 추가된 상태'이다. 예를 들어, 구성요소나 관계가 없어진 상태는 '가족구성원의 사망이나 분가, 부부의 별거나 이혼, 한부모, 부모의 사망과 소년소녀가장이나 조부모, 가출이나 입대나 유학 등으로 특정 가족구성원의 오랜 부재 등'이다. 그리고 구성요소나 관계가 추가된 상태는 '부부의 재혼, 배우자의 외도, 혼외 자녀, 자녀의 출산이나 입양, 양자와 양부모 가족 등'이다. 그리고 기타 '가족구성원이 신체적 정신적 환자가 된 경우 등'이 가족구조의 변화에 해당한다.

그런데 가족구조의 변화 자체가 결코 문제가 되는 것은 아니다. 그러나 가족구조의 변화는 가족기능의 저하나 가족생활주기의 발달에 악영향을 미칠 수 있기 때문에 상담문제의 간접적인 원인이 될 수 있다. 예를 들어, 네 명으로 구성된 가족이 있고, 그 가족구성원 중에 한 사람인 35세의 남자가 사망했다면, 이 남자의 사망은 가족구성원 간의 의사소통의 양을 감소시키거나 역기능적인 의사소통의 양을 증가시키는 데 영향을 미칠 수 있다. 그리고 이 남자는 두 자녀의 아버지였고, 한 아내의 남편이었으며, 가족의 안전이나 경제를 담당하는 역할을 했었다면, 이 남자의 사망으로 인해 두 자녀의 아버지 역할, 한 아내의 남편 역할, 가족의 안전이나 경제를 담당하는 역할 등과 같은 역할이 없어지고, 이에 따라 역할 공백이 발생하며, 그에 따른 역기능이 유발될 수 있다. 또한 한 구성원의 사망은 가족 위계질서, 가족경계, 가족규칙 등에서 순기능을 감소시키고 역기능을 증가시킬 수 있다. 그리고 이는 가족생활주기의 발달을 저해하는 요인으로 작용할 수 있다. 물론, 한 남자의 사망이 역기능으로만 이어지는 것은 결코 아니다. 이 남자의 사망 이후에, 더 나은 가족 의사소통, 역할, 위계질서, 가족경계, 가족규칙이 만들어지고, 이를 통해 가족생활주기의 발달이 바람직한 방향으로 나아갈 수도 있다.

❑ 가족기능 이상

가족기능 이상은 상담문제의 직접 또는 간접적 원인이 될 수 있다. 여기서 가족기능(家族機能 family function)이란 '가족이 가족으로서의 기능을 수행하는 정도'를 의미한다. 이는 '가족이 가족으로서 기능을 잘 수행하고 있는지를 설명하기 위해 만든 개념'이다. 즉, 가족구성원들이 서로 어떻게 상호작용하고 있는지, 그리고 한 가족이 더 큰 사회공동체와 서로 어떻게 상호작용하고 있는지를 살펴보고, 이를 토대로 가족이 가족으로서의 기능을 잘 수행하고 있는지, 특히 한 사람의 가족구성원에게 초점을 둘 때, 그가 소속된 가족이 그에게 가족으로서의 기능을 잘 수행하고 있는지를 설명하기 위해 만든 개념이 가족기능이다. 또한 사회공동체에 초점을 둘 때, 사회공동체에 소속된

한 가족이 사회공동체 내에서 가족으로서의 기능을 잘 수행하고 있는지를 설명하기 위해 만든 개념이 가족기능이다. 좀 더 구체적으로 말하면, 가족기능이란 '가족구성원 간의 의사소통 상호작용, 역할 상호작용, 위계질서 상호작용, 경계 상호작용, 규칙 상호작용 등이 어떻게 이루어지고 있는지, 그리고 이런 상호작용들이 바람직하게 이루어지고 있는지, 그리고 이런 상호작용들이 개별 가족구성원의 신체적 정신적 사회적 기능에 어떤 영향을 미치는지, 또한 이런 상호작용들을 하는 가족이 더 큰 사회공동체의 기능에 어떤 영향을 미치는지, 그래서 가족이 가족으로서의 기능을 수행하는 정도가 어떤지를 설명하는 개념'이다.

가족기능은 내담자에게 긍정적 영향을 미치는지 부정적 영향을 미치는지에 따라 순기능과 역기능으로 나눌 수 있는데, 순기능이란 '가족이 그 기능을 잘 수행해서 가족구성원인 내담자에게 긍정적 영향을 미치고 있는 상태'이고, 역기능이란 '가족이 그 기능을 잘 수행하지 못해서 가족구성원인 내담자에게 부정적 영향을 미치고 있는 상태'이다. 가족 역기능은 상담문제를 발생, 유지, 악화시키는 원인 중에 하나라고 할 수 있다. 여기서는 가족 역기능을 '의사소통 역기능, 역할 역기능, 위계 역기능, 경계 역기능, 규칙 역기능'의 다섯 가지로 구분하여 설명하였다(고기홍, 2005).

의사소통   역기능적인 가족 의사소통이란 '내담자에게 부정적 영향을 미치는 가족구성원 간의 의사소통 상호작용'을 의미한다. 일반적으로 역기능적인 가족 의사소통은 다시 '역기능적인 내현반응 상호작용, 그리고 역기능적인 언어 및 비언어적 의사소통'으로 구분할 수 있다.

먼저 역기능적인 내현반응 상호작용에서 '내현반응'이란 '한 가족구성원이 다른 가족구성원을 대할 때 나타나는 내현반응'이다. 구체적으로 '한 가족구성원이 다른 가족구성원을 대할 때 어떤 지각반응을 하고, 어떤 감정반응을 하며, 어떤 사고반응을 하고, 어떤 욕구반응을 하며, 어떤 인식과 조절반응을 하는지'를 지칭하는 개념이다. 그리고 역기능적인 내현반응 상호작용이란 '한 가족구성원과 다른 가족구성원이 서로를 대할 때 나타나는 내현반응 상호작용이 역기능적인 상태'를 지칭하는 개념이다. 이런 역기능적인 내현 반응 상호작용은 일반적으로 역기능적인 의사소통의 토대가 된다.

　그리고 '역기능적인 언어 및 비언어적 의사소통'이란 구체적으로 '언어적 비언어적 의사소통의 단절, 또는 빈도나 지속시간의 부족', 그리고 지나치게 많은 '무관심, 불일치, 불명확성, 부정적 평가나 비난, 너 전달법, 비주장, 역기능적인 구두점 찍기 등의 역기능적 의사소통', 또는 '일치, 관심기울이기, 공감, 나 전달법, 주장 등의 기능적 의사소통 부족'을 의미한다. 한편, 이런 역기능적인 의사소통은 이후에 설명할 '역할 상호작용, 위계 상호작용, 경계 상호작용, 규칙 상호작용' 과정에 부정적 영향을 미치게 된다.

　이상에서 설명한 역기능적인 가족 의사소통은 정신장애나 생활문제나 성장과제를 발생, 유지, 악화시키는 원인이 될 수 있다. 또한 이차적으로 역기능적인 가족 의사소통에 대한 자기관리의 부족, 즉 인식과 대처의 부족은 정신장애나 생활문제나 성장과제를 발생, 유지, 악화시키는 부가적인 원인이 될 수 있다.

　역할　역기능적인 가족역할이란 '내담자에게 부정적 영향을 미치는 가족 구성원 간의 역할 상호작용'을 의미한다. 한자로 '役割'은 '일'이라는 의미를 가진 '役'과 '나누다'라는 의미를 가진 '割'이 결합해서 만들어진 단어이다. 따라서 역할(役割)을 문자 그대로 해석하면 '나누어진 일'이라는 의미이다. 한편, 가족을 형성하고 유지하고 발전시켜 나가려면 그에 따르는 일거리들이 발생하고, 또 그 발생한 일거리를 처리하려면 가족구성원 중에 누군가는 그 일거리를 담당해서 처리해 나가야 한다. 가족역할(家族役割 family roles)이란 '가족을 형성하고 유지하고 발전시키기 위해 요구되는 가족 내 일거리를 누가 담당해서 처리해 나가는가와 관련된 가족구성원들의 행위와 상호작용'을 의미한다. 역기능적 가족역할이란 '내담자에게 부정적 영향을 미치는 가족 내 일거리 담당이나 처리와 관련된 가족구성원들의 역기능적인 행위와 상호작용'을 의미한다.

그리고 '가족 내 일거리'란 구체적으로 '종족보존 관련 일, 생명유지 관련 일, 관계욕구 충족 관련 일, 가사 관련 일, 경제 관련 일, 자녀양육 관련 일, 휴식이나 여가 관련 일, 종교와 관련 일, 그리고 의사소통이나 위계질서나 경계나 규칙 관련 일 등'을 포함한다. 이런 일거리 처리와 관련된 역기능적인 가족역할은 역할공백, 역할회피, 역할혼란 또는 역할일탈, 역할과잉 또는 역할편중 등이 있다.

먼저, 역할공백 역기능이란 '사망, 이혼, 분가 등으로 가족구성원이 없어지고, 이 없어진 가족구성원의 빈자리 때문에 발생하는 역할공백으로 인한 역기능'이다. 그리고 역할회피 역기능이란 '가족구성원 중에 누군가가 기대되는 역할을 하지 않거나 하더라도 제대로 하지 않는 역할회피로 인한 역기능'이다. 예를 들어, 부부로서 해야 할 역할의 회피, 부모로서 해야 할 역할의 회피, 자녀로서 해야 할 역할의 회피, 형제로서 해야 할 역할의 회피 등으로 인해 발생하는 역기능이다. 가령, 자녀양육 문제와 관련해서 중요한 것은 부모 역할의 회피이다. 부모의 역할회피가 발생하면, 자녀양육 과정에서 역기능이 발생할 수 있다. 그리고 역할혼란 또는 역할일탈 역기능이란 '가족구성원이 자기 역할에 대한 혼란, 또는 이 혼란으로 인해서 자신에게 기대되는 역할에서 벗어나 과잉 일탈된 역할을 하고, 이로 인해 발생하는 역기능'이다. 예를 들어, 자녀의 부모화, 부모의 가해자 역할, 자녀의 희생양 역할, 부부싸움을 억제하는 기능을 하는 자녀의 비행과 말썽꾼 역할, 자녀의 패륜아 역할 등이 이에 해당한다. 그리고 역할과잉 또는 역할편중 역기능이란 '가족구성원 중에 누군가가 역할을 너무 많이 맡고 있고, 그 결과로 발생하는 역할과잉과 역기능 또는 역할편중과 역기능'이다. 예를 들어, 남편은 실직 상태인데 운동이나 게임이나 술자리로 시간을 보내지만 가사나 육아와 관련된 일거리는 거의 하지 않는다. 반면, 아내는 아침에 일어나서 가사나 육아와 관련된 일거리를 처리하고, 직장에 출근한 후 하루 종일 일을 하고, 저녁에 퇴근하면 다시 가사나 육아와 관련된 일거리를 전담해서 처리하고 있을 경우,

아내는 역할과잉 또는 역할편중 상태에 있다고 할 수 있다.

이상의 가족 일거리 처리와 관련된 역기능적인 역할공백, 역할회피, 역할혼란 또는 역할일탈, 역할과잉 또는 역할편중 등은 상담문제를 발생, 유지, 악화시키는 원인이 될 수 있다. 또한 이에 대한 인식과 관리의 부족은 상담문제의 이차적인 원인이 될 수 있다.

위계   역기능적 가족위계란 '내담자에게 부정적 영향을 미치는 가족구성원 간의 위계와 관련된 상호작용'을 의미한다. 가족은 '가족구성원을 포함한 다수의 하위체계들'로 구성되어 있는데, 이 하위체계들 간에는 위계가 존재한다. 가령, 부모는 위치 서열상 자녀보다 상위에 있다. 즉, 부모는 의사결정능력과 통제능력이 자녀보다 더 높다. 그리고 이 때문에 의사결정 권한과 통제 권한도 자녀보다 더 많이 가지고 있고, 이런 권한을 사용하여 자녀보다 더 많은 역할을 수행하며, 그 결과에 대해서도 자녀보다 더 많은 책임을 진다. 반면, 자녀는 위치 서열상 부모보다 하위에 있다. 즉, 자녀는 의사결정능력과 통제능력이 부모보다 못하다. 이 때문에 의사결정 권한과 통제 권한을 부모보다 더 적게 가지고 있고, 이에 따라 부모보다 의사결정 역할이나 통제 역할도 더 적게 수행하며, 그 결과에 대해서도 부모보다 더 적은 책임을 진다.

가족위계(家族位階 family hierarchy)란 '가족구성원 또는 하위체계 간의 의사결정 및 통제 능력, 권한, 수행, 책임의 서열'을 의미한다. 따라서 역기능적 가족위계란 '내담자에게 부정적 영향을 미치는 가족구성원 또는 하위체계 간의 바람직하지 않은 의사결정 및 통제 능력, 권한, 수행, 책임의 서열'을 의미한다(고기홍, 2005).

그런데 이런 역기능적 가족위계의 특징은 '무질서'이다. 즉, 가족위계의 무질서란 위계에 따른 능력, 권한, 수행, 책임 간의 질서가 없거나 부족한 상태를 의미한다. 가령, '의사결정 및 통제 능력이 없는 가족구성원이 지나치게 의사결정 및 통제 권한을 많이 갖는 것, 능력은 있지만 지나치게 권한을 갖지 못하는 것, 능력과 권한은 있어도 지나치게 수행하지 않는 것, 능력도 권한도 없이 지나치게 수행하는 것, 능력과 권한이 있고 수행을 하지만 지나치게 책임은 지지 않는 것, 능력도 없고 권한도 없고 수행도 하지 않았는데 지나치게 책임만 지는 것 등'이 가족위계 무질서에 해당한다.

이런 가족위계 무질서는 내담자에게 부정적 영향을 미쳐 상담문제를 발생, 유지, 악화시키는 원인이 될 수 있다. 예를 들면, 가족위계 무질서는 부모의 무능력과 수행회피와 무책임(실직, 약물중독, 미성숙 등), 부모의 권한남용(가정폭력, 아동폭력 등), 부부의 권한 대립과 무책임(부부싸움, 상호 권위 실추시키기, 부부동맹 파괴하기와 삼각관계 등), 자녀의 과잉 권한과 수행회피와 무책임(패륜아, 떼쓰기 등), 자녀의 무능력과 과잉 권한과 과잉 수행과 과잉 책임(소년소녀가장, 부모화 등) 등의 역기능으로 나타날 수 있다. 한편, 가족위계 무질서는 의사소통, 역할, 경계, 규칙과 관련된 상호작용에서도 나타날 수 있고, 이로 인해 상담문제를 발생, 유지, 악화시킬 수 있다.

경계　역기능적 가족경계란 '내담자에게 부정적 영향을 미치는 가족구성원 간의 경계와 관련된 상호작용'을 의미한다. 가족경계(家族境界 family boundary)란 구성원 개인이나 가족 하위체계, 전체 가족, 그리고 가족 상위체계 등과 같은 각 체계의 영역 내에서 외부와 접촉하고 있는 영역의 가장자리 지점을 의미한다. 바꿔 말하면, 영역을 구분짓는 지점을 의미한다. 예를 들어, 가족구성원 경계는 개인의 사적 영역의 가장자리 지점으로 다른 가족구성원의 사적 영역의 가장자리와 접촉하는 지점이다. 즉, 가족구성원 영역을 구분짓는 지점이다. 부부경계는 부부 영역의 가장자리 지점으로 자녀경계 등 다른 하위체계 영역의 가장자리와 접촉하는 지점이다. 즉, 부부의 영역을 구분짓는 지점이다.

일반적으로 가족경계는 가족 내 가족구성원이나 하위체계가 독립과 자율성을 가지면서 서로 교류와 협력을 잘하고 있는지를 판단하는 준거로 사용된다. 여기서 독립과 자율성 정도를 흔히 가족경계의 명확성이라고 하고, 교류와 협력 정도를 흔히 가족경계의 개방성이라 한다. 그리고 이런 독립과 자

율성을 지칭하는 가족경계의 명확성, 그리고 교류와 협력을 지칭하는 가족
경계의 개방성에 문제가 발생하면, 이를 가족경계의 이상으로 인한 문제라
고 한다. 가족경계의 이상으로 인한 문제는 과소 가족경계와 과잉 가족경계
의 두 가지 형태로 구분할 수 있다.

먼저, 과소 가족경계는 가족경계가 분명하지 않아서 가족구성원이나 하위
체계의 독립과 자율성이 침해받는 상태를 의미하는데, 이는 내담자에게 부
정적 영향을 미쳐 상담문제를 발생, 유지, 악화시키는 원인이 될 수 있다. 가
령, '밀착, 융합, 미분화 등'은 과소 가족경계로 인한 역기능적 상태를 나타내
는 개념들이다. 그리고 과잉 가족경계는 가족경계가 지나치게 분명하고 경
직되어서 가족구성원이나 하위체계가 고립되거나 협력이 어려운 상태를 의
미하는데, 이 역시 내담자에게 부정적 영향을 미쳐 상담문제를 발생, 유지,
악화시키는 원인이 될 수 있다. 가령, '폐쇄, 유리, 고립, 단절, 격리, 그리고
개방성 부족, 응집력 부족 등'은 과잉 가족경계로 인한 역기능적 상태를 나타
내는 개념들이다. 이런 상태의 내담자들은 고립이나 단절로 인해 필요한 신
체적 심리적 사회적 경제적 지원을 받지 못할 수 있고, 이로 인해 여러 가지
역기능이 유발될 수 있다.

한편, 경계는 의사소통, 역할, 위계, 규칙에서도 요구된다. 특히 기능적 경
계를 넘어선 역기능적이고 일탈적인 의사소통이나 역할이나 위계나 규칙은
상담문제를 발생, 유지, 악화시키는 원인이 될 수 있다.

규칙   역기능적 가족규칙이란 '내담자에게 부정적 영향을 미치는 가족구
성원 간의 규칙과 관련된 상호작용'을 의미한다. 여기서 규칙(規則 rules)이란
'소속 구성원들의 행동이나 상호작용을 규제하는 준칙(準則)'을 의미한다. 따
라서 가족규칙(家族規則 family rules)이란 '가족구성원들의 행동이나 상호작
용을 규제하는 준칙(準則)'을 의미한다.

일반적으로 인간은 가족집단을 이루어 공동생활을 해 나가기 시작하면,
공동생활에서 지켜야 할 행동이나 상호작용 규칙들을 만들어 나간다. 가령,

가족구성원들은 이전의 행동과 상호작용 경험을 통해, 어떤 행동과 상호작용이 공동생활에 이득을 주고, 또 어떤 행동과 상호작용이 공동생활에 손실을 주는지를 경험한다. 이런 경험들이 누적되면 명시적 암시적 가족규칙이 만들어지고, 일단 가족규칙이 만들어지면, 이는 가족구성원들의 행동과 상호작용을 규제하는 준칙으로 작동하게 된다. 그런데 가족규칙의 기원은 현재 가족에서 만들어진 것이 아닐 수도 있다. 즉, 더 윗세대의 가족에서 만들어진 이후에 여러 세대를 거치면서 전수되어 내려오는 가족규칙일 수도 있고, 더 나아가 가족규칙을 넘어선 지역사회나 민족이나 문화 등에서 공유되어 온 사회문화적 규범이 그 기원일 수도 있다.

한편, 가족규칙은 명시적 가족규칙과 암시적 가족규칙으로 구분할 수 있는데, 먼저 명시적 가족규칙이란 '글로 쓰여 있거나 말로 명확히 진술되어 있으면서 가족구성원들의 행동이나 상호작용을 규제하는 준칙'을 의미한다. 반면, 암시적 가족규칙(또는 이면적 가족규칙)이란 '글이나 말로 명시되어 있지 않지만 암시적이고 이면적인 방식으로 가족구성원들의 행동이나 상호작용을 규제하는 준칙'을 의미한다. 가족규칙의 대부분은 암시적 가족규칙들이다.

다른 한편, 가족규칙이 만들어지는 과정에서 이상이 발생하면, 역기능적인 가족규칙이 만들어지고, 이는 가족구성원들의 기능적인 행동과 상호작용을 억제하거나 약화하고, 대신 역기능적인 행동과 상호작용을 발생, 유지, 악화시키는 준칙으로 작동하게 된다. 예를 들면, '갈등은 말로 해결되지 않으면 폭력으로 해결한다. 자식은 매로 키운다. 음식투정을 하면서 먹지 않으려 하면 굶긴다. 강하게 화를 내면 들어주고 화내지 않으면 들어주지 않는다. 방청소를 안 하고 버티고 있으면 결국 엄마가 방청소를 해 준다. 원하는 물건은 사 줄 때까지 때를 쓰면 결국 엄마나 할머니 중에 한 사람이 사 준다. 학교 과제물은 엄마가 챙겨 주기 때문에 내가 신경 쓰지 않아도 된다. 학교 과제물에 문제가 발생하면 그 책임은 엄마이다. 내가 자해를 하면 더는 아무도 간섭하지 않는다. 남자는 부엌일을 하지 않는다. 발달장애가 있는 형이 시설에서 살고 있다는 사실을 다른 사람들에게 알려서는 결코 안 된다. 배다른 동생에 대한 이야기는 절대 언급하면 안 된다.' 등과 같은 규칙들은 가족 구성원들의 기능적인 행동과 상호작용을 억제하거나 약화하고, 역기능적인 행동과 상호작용을 발생, 유지, 악화시키는 준칙으로 작동할 수 있다. 한편, 역기능적인 가족규칙은 의사소통, 역할, 위계, 경계에서도 나타날 수 있고, 이로 인해 상담문제가 발생, 유지, 악화될 수도 있다.

❏ 가족발달 이상

가족발달 이상은 상담문제의 직접 또는 간접적 원인이 될 수 있다. 여기서 가족발달이란 '가족이 형성되어 해체되기까지의 변화와 발달의 과정'을 의미 하는데, 이를 '가족생활주기(家族生活週期, family life cycle)'라고 한다.

가족생활주기에는 구분 가능한 발달 국면들이 존재하고, 이 발달 국면은 단계로 이루어져 있으며, 단계마다 가족발달과제가 있다. 가족발달과제(家族發達課題, family developmental tasks)란 가족생활주기의 각 발달단계에서 다음 발달단계로 나아가기 위해 요구되는 가족과제를 말한다. 즉, 더 성장해 서 다음 발달단계로 나아가기 위해 요구되는 가족구조의 의미 있는 변화와 관련된 과제, 그리고 의사소통, 역할, 위계, 경계, 규칙 등의 가족기능의 의미 있는 성장과 관련된 과제'를 말한다.

가족생활주기의 발달단계는 크게 '가족발달 초기, 중기, 후기'로 구분할 수 있다. 그리고 가족발달 초기는 다시 '신혼 및 임신기, 출산과 자녀 영유아기, 자녀 학력전기'로 세분할 수 있다. 또한 가족발달 중기는 '자녀 아동기, 자녀 청소년기, 청년기'로 세분할 수 있다. 또한 가족발달 후기는 '자녀 분가 및 결 혼기, 부부생활기, 직장 은퇴기, 배우자 사망과 해체기'로 세분할 수 있다.

그리고 가족생활주기의 발달단계에 따른 가족발달과제들은 다음과 같다. 먼저, 가족발달 초기의 신혼 및 임신기의 가족발달과제는 '경제적 수입, 주거 마련, 동거 및 결혼생활 적응, 임신, 태교 등'이다. 또한 출산 및 자녀 영유아 기의 가족발달과제는 '경제적 수입, 출산, 영아 육아, 가사 및 육아 남편 분담 등'이다. 또한 자녀 학령전기의 가족발달과제는 '경제적 수입, 유아 육아, 자녀 어린이집 적응, 자녀 유치원 적응 등'이다.

그리고 가족발달 중기의 자녀 아동기의 가족발달과제는 '경제적 수입, 아동 양육, 자녀 초등학업 성취 등'이다. 또한 자녀 청소년기의 가족발달과제는 '경제적 수입, 청소년 양육, 자녀 중등학업 성취 등'이다. 또한 자녀 청년기의 가족발달과제는 '경제적 수입, 청년 양육, 자녀 취업 또는 대학학업 성취, 자녀 군복무, 자녀 연애, 자녀 가사 분담 등'이다.

그리고 가족발달 후기의 자녀 분가 및 결혼기의 가족발달과제는 '경제적 수입, 자녀 분가, 자녀 결혼, 노후 준비 등'이다. 또한 자녀 분가 및 결혼 후 부부생활기의 가족발달과제는 '경제적 수입, 빈둥지 부부생활 적응, 손자손녀 돌봄 등'이다. 또한 직장 은퇴기의 가족발달과제는 '경제적 수입, 은퇴 후 부부생활 적응, 노화 적응 등'이다. 또한 배우자 사망과 가족 해체기의 가족발달과제는 '경제적 수입, 배우자 사망, 배우자 사망 후 독자생활 적응, 유산 정리 등'이다. 이를 요약 정리하면 〈표 3-3〉과 같다.

가족생활주기에 따라 가족구조와 가족기능은 변화한다. 먼저 가족생애주기에 따라 가족구조의 변화는 자연스럽게 일어난다. 예를 들면, 결혼, 임신, 출산, 자녀의 분가, 자녀의 결혼, 자녀의 임신, 자녀의 손자손녀 출산, 배우자 사망 등의 가족구조 변화는 자연스럽게 발생하고, 이는 이차적으로 가족기능이나 상담문제에 영향을 미칠 수 있다.

〈표 3-3〉 가족생애주기의 발달단계와 가족발달과제

대분류	소분류	가족발달과제
가족발달 초기	신혼 및 임신기	경제적 수입, 주거 마련, 동거 및 결혼생활 적응, 임신, 태교
	출산 및 자녀 영유아기	경제적 수입, 출산, 영아 육아, 가사 및 육아 남편 분담
	자녀 학령전기	경제적 수입, 유아 육아, 자녀 어린이집 적응, 자녀 유치원 적응

가족발달 중기	자녀 아동기	경제적 수입, 아동 양육, 자녀 초등학업 성취
	자녀 청소년기	경제적 수입, 청소년 양육, 자녀 중등학업 성취
	자녀 청년기	경제적 수입, 청년 양육, 자녀 취업 또는 대학학업 성취, 자녀 군복무, 자녀 연애, 자녀 가사 분담
가족발달 후기	자녀 분가 및 결혼기	경제적 수입, 자녀 분가, 자녀 결혼, 노후 준비
	자녀 분가 및 결혼 후 부부생활기	경제적 수입, 빈둥지 부부생활 적응, 손자손녀 돌봄
	직장 은퇴기	경제적 수입, 은퇴 후 부부생활 적응, 노화 적응
	배우자 사망과 해체기	경제적 수입, 배우자 사망, 배우자 사망 후 독자생활 적응, 유산 정리

그리고 가족생애주기에 따라 가족구조뿐만 아니라 의사소통, 역할, 위계, 경계, 규칙 등의 가족기능들도 변화한다. 즉, 가족생애주기의 각 단계에서 가족발달과제의 성취 여부에 따라 의사소통, 역할, 위계, 경계, 규칙 등의 가족기능이 달라질 수 있다.

첫째, 가족발달과제의 성취 여부에 따라 가족 의사소통과 관련된 기능이 달라질 수 있다. 또한 가족 의사소통은 가족생활주기의 각 단계에서 성취해야 할 하나의 가족발달과제이기도 하다. 가령, 가족 의사소통과 관련된 가족발달과제를 성취하면 '순기능적인 내현반응 상호작용, 그리고 순기능적인 언어 및 비언어적 의사소통'이 증가할 수 있다. 좀 더 구체적으로 말하면, '가족구성원 간에 긍정적인 지각, 감정, 사고, 욕구, 인식과 조절 상호작용, 즉 순기능적인 내현반응 상호작용'이 증가할 수 있다. 또한 '언어적 비언어적 의사소통의 빈도나 지속시간의 증가', 그리고 '일치, 관심기울이기, 공감, 나 전달법, 주장 등의 순기능적 의사소통'이 증가할 수 있다. 반면, 가족 의사소통과 관련된 가족발달과제를 성취하지 못하면 '역기능적인 내현반응 상호작용, 그리고 역기능적인 언어 및 비언어적 의사소통'이 증가할 수 있다. 좀 더 구체적으로 말하면, '가족구성원 간에 부정적인 지각, 감정, 사고, 욕구, 인식과 조절 상호작용, 즉 역기능적인 내현반응 상호작용'이 증가할 수 있다. 또한 '의사소통의 단절, 또는 언어적 비언어적 의사소통의 빈도나 지속시간의 감소', 그리고 '무관심, 불일치, 불명확성, 부정적 평가나 비난, 너 전달법, 비주장, 구두점 찍기 등의 역기능적 의사소통'이 증가할 수 있다.

둘째, 가족발달과제의 성취 여부에 따라 가족역할과 관련된 기능이 달라질 수 있다. 또한 가족역할은 가족생활주기의 각 단계에서 성취해야 할 하나의 가족발달과제이기도 하다. 가령, 가족역할과 관련된 가족발달과제를 성취하면 '순기능적인 가족역할'이 증가한다. 예를 들면, 경제, 가사, 애정 측면에서 부부의 역할분배와 역할보완이 증가하고, 자녀양육 측면에서 자녀 정서지지와 훈육을 포함한 부모역할분배와 역할보완이 증가할 수 있다. 또한 역할공백의 감소와 역할공백 보완의 증가, 역할회피의 감소와 역할회피 보완의 증가, 역할혼란이나 역할일탈의 감소와 역할혼란이나 역할일탈 보완의 증가, 역할과잉이나 역할편중의 감소와 역할과잉이나 역할편중의 보완이 증가할 수 있다. 반면, 가족역할과 관련된 가족발달과제를 성취하지 못하면 '역기능적인 가족역할'이 증가한다. 예를 들면, 역기능적인 역할공백, 역할회피, 역할혼란이나 역할일탈, 역할과잉이나 역할편중이 증가할 수 있다.

셋째, 가족발달과제의 성취 여부에 따라 가족위계와 관련된 기능이 달라질 수 있다. 또한 가족위계는 가족생활주기의 각 단계에서 성취해야 할 하나의 가족발달과제이기도 하다. 가령, 가족위계와 관련된 가족발달과제를 성취하면 '순기능적인 가족 위계질서'가 증가한다. 예를 들면, 가족구성원들은 위치 서열과 능력에 따라 의사결정과 통제 권한을 가지고, 이를 행사하며, 그 결과에 대해 책임을 지는 등의 순기능적인 위계질서가 증가할 수 있다. 반면, 가족위계와 관련된 가족발달과제를 성취하지 못하면 '역기능적인 가족 위계질서'가 증가한다. 예를 들면, '의사결정 및 통제 능력이 없는 가족구성원이 지나치게 의사결정 및 통제 권한을 많이 갖는 것, 능력은 있지만 지나치게 권한을 갖지 못하는 것, 능력과 권한은 있어도 지나치게 수행하지 않는 것, 능력도 권한도 없이 지나치게 수행하는 것, 능력과 권한이 있고 수행을 하지만 지나치게 책임은 지지 않는 것, 능력도 없고 권한도 없고 수행도

하지 않았는데 지나치게 책임만 지는 것 등'과 같은 가족위계의 무질서가 증가할 수 있다.

넷째, 가족발달과제의 성취 여부에 따라 가족경계와 관련된 기능이 달라질 수 있다. 또한 가족경계는 가족생활주기의 각 단계에서 성취해야 할 하나의 가족발달과제이기도 하다. 가령, 가족경계와 관련된 가족발달과제를 성취하면 '순기능적인 가족경계'가 증가한다. 예를 들면, 가족경계가 명확하고 개방적으로 되는데, 이렇게 되면 가족구성원이나 하위체계는 독립과 자율성을 가지면서 동시에 서로 교류와 협력을 잘 해나갈 수 있게 된다. 반면, 가족경계와 관련된 가족발달과제를 성취하지 못하면 '역기능적인 가족경계'가 증가한다. 예를 들면, 가족경계가 지나치게 불분명해서 가족구성원이나 하위체계의 독립과 자율성이 침해받는 상태가 될 수도 있고, 반대로 가족경계가 지나치게 분명하고 경직되어서 가족구성원이나 하위체계가 고립되거나 협력이 어려운 상태가 될 수도 있다.

다섯째, 가족발달과제의 성취 여부에 따라 가족규칙과 관련된 기능이 달라질 수 있다. 또한 가족규칙은 가족생활주기의 각 단계에서 성취해야 할 하나의 가족발달과제이기도 하다. 가령, 가족규칙과 관련된 가족발달과제를 성취하면 '순기능적인 가족규칙'이 증가한다. 예를 들면, 이면적이고 비민주적인 가족규칙이 줄어들고 대신 명시적이고 민주적인 가족규칙이 증가하게 된다. 즉, 가족발달과제를 해결하는 과정에서 가족규칙에 대해 개방적으로 논의하고, 이를 토대로 명시적이고 민주적인 가족규칙들을 만들어 가게 된다. 그리고 이 과정에서 '명시적이고 민주적인 초규칙'이 발달한다. 여기서 명시적이고 민주적인 초규칙이란 '글로 쓰거나 구두언어로 언급된 분명하고 민주적인 가족규칙에 대한 규칙'을 의미한다. 즉, 가족규칙을 정하고, 정해진 가족규칙에 대해 의의를 제기하고, 의의가 제기된 가족규칙을 다시 논의하며, 논의를 토대로 합리적인 가족규칙을 다시 정하는 등의 명시적이고 민주적인 '가족규칙을 언급하고 논의하고 결정하는 과정에 대한 규칙들'을 의미한다. 반면, 가족규칙과 관련된 가족발달과제를 성취하지 못하면 '역기능적인 가족규칙'이 증가한다. 예를 들면, 이면적이고 비민주적인 가족규칙이 유지되거나 증가한다. 또한 이면적이고 비민주적인 초규칙들이 발달한다.

한편, 가족생활주기의 각 발달단계에서 가족발달과제를 성취하지 못하면, 가족발달은 성취되지 않고, 그다음 단계로 발달해 나가는 데 어려움을 겪게 된다. 이런 미성취 가족발달과제는 가족구성원에게 부정적 영향을 미치고, 이는 정신장애나 생활문제나 성장과제를 발생, 유지, 악화시키는 직접 또는 간접적인 원인이 될 수 있다. 또한 이차적으로, 가족발달과제에 대한 관리의 부족, 즉 인식과 대처의 부족은 정신장애나 생활문제나 성장과제를 발생, 유지, 악화시키는 원인이 될 수 있다.

② 지역사회 체계

상담문제를 발생, 유지, 악화시키는 원인 중에 하나는 역기능적인 체계인데, 이 역기능적인 체계의 두 번째 하위요인은 역기능적인 지역사회 체계이다. 반응분석에서 '지역사회 체계'란 가족체계 위에 있는 상위체계들을 지칭하는 용어이다. 즉, 지역사회 체계란 가족체계 위에 있는 '이웃, 학교나 직장, 마을 공동체를 포함한 지역사회', 그리고 더 위에 있는 '국가사회나 국제사회'를 포함한 상위체계를 모두 지칭하는 용어이다. 이런 지역사회 체계의 바람직하지 않은 구조나 기능, 또는 바람직한 구조나 기능의 부족은 지역사회에 속한 개인이나 집단들에게 악영향을 미치며, 이는 직간접적으로 상담문제, 즉 정신장애나 생활문제나 성장과제를 발생, 유지, 악화시키는 원인이 될 수 있다.

반응분석은 지역사회 체계 또는 이에 대한 개입과 관련하여 다음과 같은 가정들을 가지고 있다. 첫째, 개인(또는 개인체계)은 더 큰 상위체계의 일부이다. 즉, 개인은 그 상위체계인 가족체계의 부분이고, 이 가족체계는 더 상위체계인 이웃, 학교나 직장, 마을공동체를 포함한 지역사회 체계의 부분이며, 이 지역사회 체계는 더 상위체계인 국가사회 체계의 부분이고, 이 국가사회 체계는 더 상위체계인 국제사회 체계의 부분이다.

둘째, 하위체계와 상위체계의 구조나 기능이나 발달은 상호의존적이다. 즉, 하위체계의 구조나 기능이나 발달은 상위체계의 구조나 기능이나 발달에 영향을 미치고, 반대로 상위체계의 구조나 기능이나 발달은 하위체계의 구조나 기능이나 발달에 영향을 미친다. 그리고 하위체계와 상위체계는 서로 영향을 주고받으면서 공존(共存) 공생(共生) 공영(共榮)해 나간다.

셋째, 상담활동은 지역사회 활동의 한 요소이다. 즉, 상담은 지역사회의 다른 정치, 행정, 산업, 법률, 의료, 복지, 교육, 종교, 예술, 여가활동 등과 함께 지역사회 활동의 한 부분이다. 지역사회에서의 상담활동은 지역사회의 다른 활동들과 서로 영향을 주고받는다.

넷째, 내담자들은 상담 서비스뿐만 아니라 지역사회의 다른 서비스들도 필요로 한다. 지역사회 서비스 간의 연계지원 체계를 구축하면 관련 서비스들을 전개하는 과정에서 효율성과 효과를 높일 수 있다. 특히 일부 내담자들은 상담을 포함한 다중 서비스를 필요로 한다. 상담 관련 서비스들 간의 연계지원 체계를 구축하면 각 서비스들을 제공하는 과정에서의 효율성과 효과를 높일 수 있다.

다섯째, 지역사회의 바람직하지 않은 구조나 기능, 또는 바람직한 구조나 기능의 부족은 지역사회와 그 지역사회에 속한 개인이나 집단의 안전을 위협하고 성장을 방해할 수 있다. 지역사회의 안전과 발전을 위해서 그리고 그 지역사회에 속한 개인이나 집단의 안전과 성장발달을 위해서 사회참여 활동, 사회적 안전망 구축, 사회적 지지체계 구축이 필요하다.

여섯째, 지역사회 체계의 바람직하지 않은 구조나 기능의 발생원인을 알아낸 후에 이 발생원인에 개입하려는 시도는 종종 객관적 사실과 가치 중심의 합리적이고 생산적인 대처를 방해하거나 지연시킬 수 있다. 또한 원인과 책임을 파악하는 데 초점을 둔 개입은 종종 사회적 갈등을 불러일으키고, 이로 인해 객관적 사실과 가치 중심의 합리적이고 생산적인 대처방안의 실천을 방해 또는 지연시킬 수도 있다. 객관적 사실과 가치 중심의 합리적이고 생산적인 대처를 위해서는 지역사회 체계의 바람직하지 않은 구조나 기능의 발생원인보다는 유지원인을 알아내고 이 유지원인에 개입하는 것이 더 나을 수 있다. 또한 지역사회 체계의 바람직하지 않은 구조나 기능의 원인과 책임을 알아내는 데 초점을 둔 개입보다는 객관적 사실과 가치 중심의 합리적이고 생산적인 대처방안의 탐구와 실천에 초점을 둔 개입이 더 나을 수 있다. 반응분석에서는 지역사회 체계와 관련된 상담문제의 발생원인보다는 유지원인을 알아내는 데 더 초점을 둔다. 또한 객관적 사실 이상의 원인과 책임을 추리해서 알아내려는 시도보다는 객관적 사실 중심의 근거기반 추리를 해 나가려는 시도를 더 많이 한다. 그리고 상담개입도 상담문제의 발생원인에 대한 개선보다는 유지원인에 대한 개선에 더 초점을 둔다. 또한 객관적 사실 이상의 원인과 책임을 찾아내고, 그 책임을 묻는 데 초점을 두기보다는 객관적 사실을 토대로 가치 중심의 합리적이고 생산적인 대처방안을 찾아 이를 실천하여 목표성취와 가치실현을 해 나가는 데 더 초점을 둔다.

일곱째, 지역사회 체계와 관련된 상담문제의 핵심 유지원인은, '① 지역사회의 바람직하지 않은 구조적 문제, ② 사회적 안전망의 부족, ③ 사회적 지지체계의 부족'의 세 가지이다.

여덟째, 지역사회 체계와 관련된 상담문제의 핵심 유지원인에 대한 주된 상담개입은 '① 지역사회의 바람직하지 않은 구조적 문제에 대한 사회참여 활동, ② 사회적 안전망의 부족과 관련된 사회적 연계지원 활동, 그리고 ③ 사회적 지지체계의 부족과 관련된 사회적 지지체계 형성이나 재형성, 유지, 강화활동'의 세 가지이다.

❑ 지역사회의 바람직하지 않은 구조적 문제

지역사회 체계와 관련된 상담문제의 첫째 원인은 지역사회의 바람직하지 않은 구조적 문제이다. 상위체계인 지역사회의 구조적 문제는 하위체계인 지역사회에 소속된 개인이나 집단의 문제를 발생, 유지, 악화시키는 직간접적인 원인이 될 수 있다.

일반적으로 내담자는 그를 둘러싼 상위체계인 사회환경 속에서 살아간다.

가령, 내담자는 그를 둘러싼 이웃, 학교나 직장, 마을공동체를 포함한 지역사회, 국가사회나 국제사회 등의 상위체계인 사회환경 속에서 살아간다.

내담자를 둘러싼 상위체계는 내담자에게 영향을 미친다. 특히 바람직하지 않은 구조적 문제를 가진 상위체계는 내담자에게 부정적 영향을 미치고, 이런 부정적 영향으로 인해 상담문제, 즉 정신장애나 생활문제나 성장과제가 발생, 유지, 악화될 수 있다.

내담자의 상담문제에 영향을 줄 수 있는 상위체계의 구조적 문제는 매우 다양하고 광범위하다. 예를 들면, ① 기후변화와 기상재해, 환경오염과 산업재해, 천연자원의 고갈과 자원 부족, 식량 부족, 물 부족 등과 같은 환경문제, 그리고 이런 환경문제가 지역사회에 미치는 영향과 관련된 구조적 요인들, 또 ② 영토분쟁, 자원분쟁, 종교분쟁, 민족분쟁, 지역분쟁, 전쟁, 테러, 난민 등과 같은 집단이나 지역이나 국제사회의 분쟁이나 전쟁 문제, 그리고 이들이 지역사회에 미치는 영향과 관련된 구조적 요인들, 또 ③ 비민주적이고 불평등하고 성장을 가로막는 법, 제도, 규범, 전통, 또 범죄, 부정부패, 권력남용 등의 법이나 제도나 정치 문제, 그리고 이들이 지역사회에 미치는 영향과 관련된 구조적 요인들, 또 ④ 가난, 불평등과 부의 편중이나 빈부격차, 가난의 대물림, 불공정 거래, 실업, 노동인구의 편중, 경제인구의 감소, 외국인 노동자 증가 등의 경제문제, 그리고 이들이 지역사회에 미치는 영향과 관련된 구조적 요인들, ⑤ 기타 입시제도와 입시중심 교육, 사교육 등의 교육문제, 그리고 인종이나 성이나 학력이나 직업차별, 학교폭력, 군대폭력, 가정폭력, 아동폭력 등의 인권이나 폭력문제, 그리고 외도, 이혼, 미혼모, 한부모, 다문화 가족 등의 가족문제, 그리고 출산율 감소, 노령화, 세대갈등 등의 인구문제, 그리고 마약, 음주, 흡연, 전염병 등의 건강문제, 그리고 이런 문제들이 지역사회에 미치는 영향과 관련된 구조적 요인들 등이 있다.

지역사회의 구조적 문제들은 상담문제, 즉 정신장애나 생활문제나 성장과제를 발생, 유지, 악화시키는 직간접적인 원인이 될 수 있다. 이런 구조적 문제들은 지역사회 전체의 문제 인식과 개선 노력, 즉 사회참여 활동이 요구되고, 이 때문에 상담에서도 사회참여 활동이 요구된다. 반응분석에서는 지역사회의 구조적 문제에 대한 개입으로 사회참여 활동을 해 나간다. 예를 들면, 지역사회의 구조적 문제를 해결하기 위한 정치참여 활동, 구체적으로 관련 법의 제정이나 개정에 참여활동, 관련 기관이나 단체 설립과 운영에 참여활동, 관련 사업이나 예산의 수립과 집행과 평가에 참여활동, 관련 연구에 참여활동, 관련 학회 설립과 운영에 참여활동, 인식 개선 등 사회계몽에 참여활동 등을 해 나간다. 그런데 좁은 의미에서 사회참여 활동은 상담의 구조적 문제를 개선하기 위한 참여활동을 의미한다. 가령, 상담 관련 법(또는 제도)의 제정이나 개정에 참여활동, 상담 전문기관이나 시설의 설립과 운영에 참여활동, 상담사업이나 예산의 수립과 집행과 평가에 참여활동, 상담자원봉사자를 포함한 상담인력 양성 및 지원에 참여활동, 상담연구에 참여활동, 상담 프로그램 개발과 보급에 참여활동, 상담학회 설립과 운영에 참여활동 등을 의미한다.

❑ 지역사회의 사회적 안전망(연계지원 체계) 부족

지역사회 체계와 관련된 상담문제의 둘째 원인은 사회적 안전망의 부족 또는 연계지원 체계의 부족이다. 지역사회의 바람직하지 않은 구조나 기능은 지역사회와 그 지역사회에 속한 개인이나 집단의 안전을 위협할 수 있다. 지역사회의 안전과 발전을 위해서, 그리고 그 지역사회에 속한 개인이나 집단의 안전한 삶을 보장하기 위해서 사회적 안전망 또는 연계지원 체계의 구축이 필요하다. 특히 다음과 같은 사회적 지원이나 관리가 필요한 대상들과 관련된 사회적 안전망 또는 연계지원 체계의 구축이 필요하다. 즉, ① 요보호아동, 미성년, 고령, 실업, 가난, 재해, 장애, 정신병, 신체질병 등을 가진 사람들 중에서 경제, 주거, 의료, 법률, 보육, 교육 등의 기본적인 삶의 안전이 위협받는 사회적 약자들, ② 가정붕괴 위기, 학업중단 위기, 사회 부적응 위기, 비행 및 범죄 위기 등에 직면한 위기청소년들, ③ 자살이나 자해와 관련된 위기 상태의 사람들, ④ 우울, 외상후 스트레스 장애, 조현병, 망상장애,

알코올 중독, 마약 중독 등의 위중한 정신장애 위험에 직면한 사람들, ⑤ 공격성과 범죄 성향을 지닌 조현병이나 망상장애 환자, 그리고 품행장애, 반사회성 성격장애, 병적 방화, 변태성욕장애 등의 사회적 안전을 위협하는 행동을 하는 정신장애를 가진 사람들, ⑥ 지적 장애, 자폐 스펙트럼 장애, 치매 등의 지속적인 사회적 돌봄을 요구하는 정신장애를 가진 사람들, ⑦ 반복적으로 타인이나 사회의 안전을 위협하는 행동을 하는 일탈자나 범죄자들, 성폭력이나 아동폭력이나 가정폭력이나 학교폭력이나 조직폭력의 가해자들 등과 같은 사회적 관리가 필요한 사람들과 관련된 사회적 안전망 또는 연계지원 체계의 구축이 필요하다.

추가적으로 몇 가지 예를 들면, 가정폭력 가해자들은 대부분 과거에 피해자였던 자들이고, 학교폭력 가해자들도 대부분 과거에 피해자였던 자들이다. 이들의 또 다른 공통점은 자신이 피해자 입장에 있었을 때 대부분 적절한 사회적 돌봄을 받지 못했다는 점이다. 그리고 이런 사회적 돌봄을 받지 못했던 결정적 이유는 사회적 돌봄을 제공해 줄 수 있는 사회적 안전망 또는 연계지원 체계가 갖추어지지 않았기 때문이다. 똑같이 폭력 피해를 받았지만 가해행동을 하지 않는 자들의 대부분은 개인적 변인과 함께 사회적 돌봄을 받았던 경험이 있는 자들이다. 그리고 사회적 돌봄을 받을 수 있었던 이유는 그들이 소속된 지역사회에 피해자들에 대한 사회적 돌봄을 제공할 수 있는 가족이나 친지, 친한 친구, 교사, 친한 선배, 목사나 스님 등을 포함한 사회적 안전망 또는 연계지원 체계가 구축되어 있었기 때문이다. 이들은 개인적 학습역량을 토대로 또는 사회적 돌봄을 받으면서 가해(또는 피해)에 희생당하지 않고 오히려 적응에 도움이 되는 대처행동을 배울 수 있었던 자들이다. 그리고 나중에 더 성장하여 자신이 힘을 가지게 되었을 때도 과거에 자신에게 가해했던 자들의 행동방식을 따르지 않고 보다 나은 대처행동을 할 수 있게 된 자들이다.

또 다른 예를 들면, 시설입소 아동청소년들은 대부분 가정문제 또는 부부문제의 희생자들이다. 여름철 폭염으로 인해 사망하는 등의 심각한 폭염 피해자의 대부분은 사회적으로 고립되어 있고 냉방시설을 갖추지 못한 도시의 가난한 사람들이다. 무연고 사망자의 대부분은 가난과 사회적 고립 상태에 있었던 사람들이다. 언급한 시설입소 아동청소년이나 폭염 피해자들이나 무연고 사망자 등은 지역사회의 사회적 돌봄을 필요로 했던 사람들이다. 가령, 시설입소 아동청소년은 대리가정과 대리양육, 그리고 대리양육 과정에서 복합적인 사회적 돌봄이 필요했던 대상들이다. 그리고 폭염으로 인한 사망자들은 사망에 이르게 한 기저질환과 관련된 의료적 돌봄, 사회적 고립으로 인한 신체적 심리적 건강과 관련된 돌봄, 냉방과 관련된 물리적 지원, 도시의 거주환경이나 가난과 관련된 복지 차원의 돌봄이나 지원 등과 같이 다중적인 돌봄이나 지원이 필요했던 사람들이다. 무연고 사망자들도 마찬가지로 신체, 심리, 사회, 경제적으로 다중적인 돌봄이 필요했던 사람들이다. 하지만 이런 사회적 돌봄을 받지 못했는데, 그 이유는 사회적 돌봄을 제공해줄 수 있는 사회적 안전망 또는 연계지원 체계가 갖추어지지 않았거나 갖추어진 것을 이용할 수 없었기 때문이다. 따라서 사회적 지원이나 관리가 필요한 대상들과 관련된 사회적 안전망 또는 연계지원 체계의 부족은 이차적인 문제의 발생, 유지, 악화의 원인이 될 수 있다.

한편, 사회적 지원이나 관리가 필요한 대상들과 관련된 사회적 안전망의 구축과 이용은 특정인이나 특정 기관이나 단체가 홀로 감당해 나갈 수 있는 일이 아니다. 이는 지역사회 전체가 함께 역할을 분담해서 같이 감당해 나가야 하는 일이다. 즉, 지역사회의 정치, 행정, 산업, 법률, 의료, 복지, 교육, 종교, 그리고 상담 분야 등의 전체가 서로 연계해서 지원이나 관리를 해 나가야 하는 일이다. 상담 분야에서도 사회적 안전망의 일부로서 그리고 연계지원 체계의 일부로서 상담 서비스를 해 나가고, 이를 통해 지역사회 안전망이나 연계지원 체계를 구축하는 데 기여해 나가는 것이 요구된다.

지역사회 안전망 구축과 관련된 상담사업은 지역사회 전체를 관할하는 복지기관이나 단체의 연계지원 체계에 참여하는 형태로 이루어질 수도 있고, 상담기관이 직접 상담 서비스를 위한 연계지원 체계를 구축하여 운영해 나

갈 수도 있다. 그런데 상담기관에서 직접 연계지원 체계를 구축하여 운영
할 경우에는 지역사회 자원을 찾아서 활용하는 것이 요구된다. 여기서 지역
사회 자원이란 '지역사회 상담활동에서 이용 가능한 지역사회의 모든 재료'
를 의미한다. 예를 들면, 지역사회에서 상담활동을 해 나갈 때 이용할 수 있
는 '법, 제도, 시설, 기관, 단체, 인력, 생물, 물질, 사업, 예산 등'의 모든 재료
를 의미한다. 일반적으로 상담기관에서는 상기된 자원들을 가지고 있는 기
관이나 단체와 연계지원 협력을 맺고 협의체를 구성하여 운영한다. 그리고
이 협의체를 중심으로 연계지원 사업들을 전개해 나간다. 실제로 대다수의
공익성 상담기관이나 단체에서는 연계지원 체계를 구축하여 운영하고 있는
데, 가령 청소년상담복지개발원, 시도 및 시군구 청소년상담복지센터에서는
위기청소년들을 지원 및 관리하기 위하여 지역사회의 경찰청, 교육청, 학교,
쉼터, 복지시설 등과 연계된 지역사회청소년통합지원체계, 즉 청소년 안전
망을 구축하여 운영하고 있다.

❏ 개인의 사회적 지지체계 부족

지역사회 체계와 관련된 상담문제의 세 번째 원인은 사회적 지지체계의
부족이다. 개인은 사회 속에 살아 가면서 서로 영향을 주고받는데, 이런 영
향을 주고받는 사람들 중에 서로 도움을 주고받는 관계, 특히 어려울 때 도
움을 주고받는 관계를 지지체계라 한다. 여기서 지지(支持, support)란 쓰
러지지 않게 받쳐 준다는 의미이다. 그리고 체계(體系)란 관계망을 의미한
다. 따라서 지지체계(支持體系, Support system)란 개인을 쓰러지지 않게 받
쳐 주는 관계망을 의미한다. 그리고 지지를 제공하는 자를 지지자(支持者,
supporter)라고 한다. 예를 들면, 신체적 심리적 사회적 물질적 지지를 제공
하는, ① 가족 구성원, ② 애인, ③ 친지, 친구, 친한 동료나 이웃 등의 주변의
친한 사람들, ④ 상담자와 상담 서비스, 복지사와 복지 서비스, 의사와 의료
서비스, 교사와 교육 서비스, 법조인과 법률 서비스, 종교인과 종교 서비스
등과 같은 주변에서 도움을 받을 수 있는 전문가들과 관련 서비스들을 지지

자 또는 지지체계라고 한다. 이런 지지자나 지지치계의 부족은 상담문제, 즉 정신장애나 생활문제나 성장과제를 발생, 유지, 악화시키는 이차적인 원인이 될 수 있다.

　일반적으로 안정적인 지지자나 지지체계가 있는 사람들은 문제가 덜 발생하고, 문제가 발생하더라도 덜 심각하게 전개되며, 그리고 더 빠르게 회복되는 경향이 있다. 반면 지지자나 지지체계가 부족한 사람들은 문제가 더 많이 발생하고, 문제가 발생하면 더 심각하게 전개되며, 또한 더 느리게 회복되거나 일부는 회복되지 못한 상태로 평생을 살아가는 경향이 있다. 그리고 취약한 상태에 있는 사람들인 경우 지지자나 지지체계의 부족으로 인한 위험성은 더 증가한다. 가령, 신체장애가 있는 사람들, 자살 위기에 있는 사람들, 가출 상태에서 안전한 숙식을 찾지 못한 사람들, 가정폭력이나 아동폭력이나 학교폭력이나 범죄폭력 등의 피해를 당하고 있는 사람들, 성착취나 성학대나 성폭력을 당하고 있는 사람들, 약물중독이나 알코올 중독이나 도박중독에 빠진 사람들, 우울이나 공황장애나 광장공포증 등의 정신장애와 관련된 정신적 고통을 경험하는 사람들, 재난이나 재해 등으로 삶의 터전을 잃어버린 사람들, 지속된 가난이나 실업 등으로 희망을 잃어버린 사람들, 사회적 낙인과 차별을 받는 사람들 등과 같이 취약한 상태에 있는 사람들인 경우 지지자나 지지체계의 부족으로 인한 위험성은 더 증가한다. 그리고 이는 상담문제를 발생, 유지, 악화시키는 이차적인 원인이 될 수 있다.

　반응분석에서는 사회참여 활동, 연계지원 활동과 더불어 개별 내담자의 지지자나 지지체계를 평가하고, 지지자나 지지체계가 부족한 경우, 이를 형성이나 재형성, 유지, 강화시켜 나간다. 이를 통해 현실적 도움을 제공하면서 동시에 삶의 적응이나 성장을 조력해 나간다.

4) 반응분석의 상담개입

이 절에서는 반응분석의 상담개입에 대해 설명하였다. 즉, 상담사례 개념화의 하위 내용으로서 '상담개입에 대한 개념단어나 가설문장을 구성할 때 개념화 준거로 사용하는 반응분석의 상담개입'에 대해 설명하였다. 한편, 반응분석에서는 '상담문제가 단일원인이 아닌 다중원인에 의해 일어나고, 이 때문에 상담개입도 단일개입보다는 다중개입 또는 절충통합적 개입이 우선된다'라고 가정한다. 즉, 상담개입은 '사건, 반응, 발달, 체계'에 대한 다중개입 또는 절충통합적 개입이 필요하다고 본다. 여기서는 반응분석의 상담개입을 '반응분석의 상담목적과 목표, 상담전략'으로 구분하여 설명하였다.

(1) 반응분석의 상담목적과 목표
① 상담목적
반응분석에서의 상담목적은 '정신장애의 심리치료, 당면 생활문제의 해결, 당면 성장과제의 성취'를 조력하는 것이다. 구체적으로 상담목적은 다음과 같다.

- 정신장애를 가진 자들을 대상으로 '정신장애를 치료하는 것'이다. 이를 통해 '정상적인 적응'을 조력하는 것이다.
- 당면한 생활문제를 가진 자들을 대상으로 '당면 생활문제를 해결하는 것'이다. 이를 통해 '생활적응과 성장'을 조력하는 것이다.
- 당면한 성장과제를 가진 자들을 대상으로 '당면 성장과제를 성취하는 것'이다. 이를 통해 '개인의 신체적 심리적 사회적 영성적 성장'을 조력하는 것이다.
- 이차적인 개입 목적으로서 가족체계와 지역사회 체계를 바람직한 방향으로 개선하는 것이다. 이를 통해 체계 속에 있는 개인과 집단의 심리치료와 문제해결과 학습성장을 조력하는 것이다.

② 상담목표

반응분석의 상담목표는 '내담자 반응의 바람직한 변화'이다. 내담자 반응의 바람직한 변화란 구체적으로 다음과 같다.

- 정신장애와 관련하여 '정신장애 증상을 제거하거나 감소시키는 것'이다. 그리고 이를 통해 '정신장애 부적응 지표들을 낮추고 적응 지표들을 높이는 것'이다.
- 당면 생활문제와 관련하여 '문제행동을 제거하거나 감소시키고, 대신 대안행동을 형성하거나 증가시키는 것'이다. 그리고 이를 통해 '당면 생활문제 부적응 지표들을 낮추고 적응 지표들을 높이거나, 더 나아가 생활문제 관련 성장 지표들을 높이는 것'이다.
- 당면 성장과제와 관련하여 '대안행동을 형성하거나 증가시키는 것'이다. 그리고 이를 통해 '성장 지표들을 높이는 것'이다.
- 이차적인 상담목표로서 가족체계와 관련하여 바람직한 가족구조와 기능과 발달지표들을 증가시키는 것, 특히 '의사소통, 역할, 위계, 경계, 규칙과 관련된 기능화 지표들을 증가시키는 것'이다. 또한 지역사회 체계와 관련하여 바람직한 지역사회 구조와 기능과 발달 지표들을 증가시키는 것, 특히 '사회참여 활동, 사회적 연계지원 활동, 사회적 지지 구축 활동과 관련된 지표들'을 증가시키는 것이다.

③ 세부 상담목표

반응분석에서는 세부 상담전략에 따라 세부 상담목표를 다르게 기술할 수 있다. 즉, 사건관리, 자기관리, 반응양식 관리, 성격관리, 신체관리, 발달과제 관리, 초월영성 성장과제 관리, 가족체계 관리, 지역사회 체계 관리 등의 상담전략에 따라 세부 상담목표를 다음과 같이 기술할 수 있다.

참고로, 반응분석에서는 어떤 특정 상담전략을 사용하였더니 특정 반응의 바람직한 변화가 일어났다면, 이 바람직한 변화가 일어난 '특정 반응은 특정 상담전략의 통제하에 있다'라고 표현한다. 예를 들어, 불안유발 선행사건을 제거하였더니 불안반응이 감소하였다면, 이 불안반응은 선행사건의 통제하에 있다고 표현한다. 또 외상기억을 재경험 및 재구성시켰더니 외상후 스트레스 장애의 증상행동이 감소하였다면, 이 감소한 증상행동은 외상기억 재경험 및 재구성의 통제하에 있다고 표현한다.

첫째, 사건관리 전략의 세부 상담목표는 '사건관리 통제하의 역기능적인 반응의 제거나 감소, 그리고 기능적인 반응의 형성이나 증가'이다. 구체적으로 극한 사건, 생활변화 사건, 잔일거리 사건 등의 스트레스 사건, 그리고 고전적 조건화의 유발이나 억제하는 선행사건, 조작적 조건화의 강화나 약화(처벌)하는 후속사건과 관련된 역기능적인 반응의 제거나 감소, 그리고 기능적인 반응의 형성이나 증가이다.

둘째, 자기관리 전략의 세부 상담목표는 '자기관리 통제하의 역기능적인 외현행동과 내현반응의 제거나 감소, 그리고 기능적인 외현행동과 내현반응의 형성이나 증가'이다. 구체적으로 외현행동의 경우, 역기능적인 비언어 행동, 언어표현 행동, 수행행동의 제거나 감소, 그리고 기능적인 비언어 행동, 언어표현 행동, 수행행동의 형성이나 증가이다. 또한 구체적으로 내현반응의 경우, 역기능적인 지각반응, 기억반응, 감정반응, 사고반응, 욕구반응, 인식반응, 조절반응의 제거나 감소, 그리고 기능적인 지각반응, 기억반응, 감정반응, 사고반응, 욕구반응, 인식반응, 조절반응의 형성이나 증가이다.

셋째, 반응양식 관리전략의 세부 상담목표는 '반응양식 관리, 그리고 학습 통제하의 역기능적인 반응양식의 제거나 감소, 그리고 기능적인 반응양식의 형성이나 증가'이다. 구체적으로 역기능적인 지각반응양식(지각틀, 기억), 감정반응양식, 사고반응양식(신념, 자동사고), 욕구반응양식, 인식반응양식, 조절반응양식, 비언어 행동양식, 언어표현 행동양식, 수행 행동양식의 제거나 감소, 그리고 기능적인 지각반응양식, 감정반응양식, 사고반응양식, 욕구반응양식, 인식반응양식, 조절반응양식, 비언어 행동양식, 언어표현 행동양식, 수행 행동양식의 형성이나 증가이다.

넷째, 성격관리 전략의 세부 상담목표는 '성격관리, 그리고 재양육, 재경험과 재구성 통제하의 역기능적인 성격의 자아기능 강화'이다. 즉, 자아의 인식과 조절기능 관련 지식 습득, 대처방안 수립, 대안행동 수행능력 형성, 실행과 습관 형성이다. 또는 외향성, 신경성, 우호성, 성실성, 개방성과 관련된 역기능적인 반응양식의 제거나 감소, 그리고 외향성, 신경성, 우호성, 성실성, 개방성과 관련된 기능적인 반응양식의 형성이나 증가이다. 또는 편집성, 분열성, 분열형, 반사회성, 경계선, 연극성, 자기애성, 회피성, 강박성, 의존성 성격장애와 관련된 역기능적인 반응양식의 제거나 감소, 그리고 편집성, 분열성, 분열형, 반사회성, 경계선, 연극성, 자기애성, 회피성, 강박성, 의존성 성격장애와 관련된 기능적인 반응양식의 형성이나 증가이다.

다섯째, 신체관리 전략의 세부 상담목표는 '신경정신과 의뢰와 수술, 약물, 그리고 신체관리, 음식 통제하의 정신장애와 관련된 신체 구조 결함지표의 감소와 정상회복 지표의 증가, 그리고 정신장애와 관련된 신체기능장애 지표의 감소와 정상회복 지표의 증가'이다.

여섯째, 발달과제 관리전략의 세부 상담목표는 '발달과제 관리, 그리고 학습 통제하의 발달주기의 발달과제 미성취(미해결 발달과제와 당면 발달과제 미성취)와 관련된 미성숙한 반응양식의 제거나 감소, 그리고 성숙한 반응양식의 형성이나 증가'이다.

일곱째, 초월영성 성장과제 관리전략의 세부 상담목표는 '초월영성 성장과제 관리, 그리고 학습 통제하의 자아초월, 개인초월, 영적 성장과 관련된 미성숙한 반응양식의 제거나 감소, 그리고 성숙한 반응양식의 형성이나 증가'이다.

여덟째, 가족체계 관리전략의 세부 상담목표는 '가족체계(가족구조 변화, 가족기능, 가족생활주기) 관리, 그리고 학습 통제하의 역기능적인 가족 의사소통, 역할, 위계, 경계, 규칙 상호작용의 제거나 감소, 그리고 기능적인 가족 의사소통, 역할, 위계, 경계, 규칙 상호작용의 형성이나 증가'이다. 그리고 이를 통해 가족체계와 관련된 내담자의 역기능적인 반응이나 반응양식의 제거나 감소, 그리고 기능적인 반응이나 반응양식의 형성이나 증가이다.

아홉째, 지역사회 체계 관리전략의 세부 상담목표는 '지역사회 체계 관리 통제하의 사회참여 활동의 증가, 사회적 안전망 구축 또는 연계지원 활동의 증가, 사회적 지지체계 구축 활동의 증가'이다. 그리고 이를 통해 지역사회 체계와 관련된 내담자의 역기능적인 반응이나 반응양식의 제거나 감소, 그리고 기능적인 반응이나 반응양식의 형성이나 증가이다.

(2) 반응분석의 상담전략

전략은 '개괄적인 방법 또는 큰 방법'을 의미하고, 전술은 '세부적인 방법 또는 작은 방법'을 의미한다. 따라서 상담전략은 '상담을 해 나가는 개괄적이고 큰 방법'이라는 의미를 지니고 있다. 여기서는 반응분석의 상담전략을 반응분석 과정과 상담전략으로 구분하여 설명하였다.

① 반응분석의 상담과정

반응분석의 상담과정은 상담사례마다 다르다. 하지만 일반적으로 반응분석은 다음과 같은 상담과정으로 이루어진다. 즉, 반응분석의 상담과정은 크게 '본 상담 이전 과정, 본 상담 과정, 본 상담 이후 과정'으로 구분할 수 있다. 그리고 본 상담 이전 과정은 '신청접수와 접수면접'으로 세분할 수 있고, 본 상담 과정은 '상담관계 형성, 문제 명료화, 상담처치, 종결논의, 상담평가, 상담마무리 조치'로 세분할 수 있으며, 그리고 본 상담 이후 과정은 '추후지도'이다. 이상의 상담과정을 간략히 기술하면 다음과 같다. 참고로 여기서 설명한 상담과정은 고기홍(2014)이 '개인상담'에서 제시한 상담과정을 요약한 것이다.

❏ 본 상담 이전 과정

신청접수 신청접수란 상담신청을 공식적으로 접수하는 과정이다. 상담신청은 내담자가 할 수도 있고, 관련인이나 관련 기관에서 할 수도 있다. 그리고 신청접수 이전에 사전 상담안내나 상담예약 과정이 있을 경우, 이들도 신청접수 과정에 포함할 수 있다. 그리고 실제 신청접수는 내담자나 관련인이 상담실을 방문한 이후에 이루어지는데, 내담자가 상담신청서를 작성하고 신청접수자가 이를 공식적으로 접수하면 신청접수가 완료된다. 이 과정에서 신청접수자는 내담자나 관련인에 대한 적극적인 돌봄과 배려가 요구된다.

접수면접 접수면접이란 본 상담 이전에 발생하는 정보수집, 선별, 고지된 동의, 배정, 단회상담 등의 상담과업들을 처리하기 위해 발전된 하나의 초기면접 과정이다. 먼저 정보수집은 접수면접과 본 상담에서 필요한 '인적 정보, 문제 관련 정보, 기능 관련 정보, 특수 정보'를 수집하는 과정이다. 선별은 접수면접 선별기준(고기홍, 2014)을 사용하여 상담 서비스 대상인지 아닌지를 판단하는 과정이다. 고지된 동의는 윤리적 상담계약을 위해 상담 관련 정보들을 제공한 이후에 내담자의 상담동의를 받는 과정이다. 배정은 특정 내담자를 특정 상담자에게 배정하여 의뢰하는 과정이다. 단회상담은 제외자 발생, 단순정보 요구, 급박한 의사결정 요구, 급박한 위기개입 요구 등이 발생할 때 단회의 상담을 제공하는 과정이다.

❏ 본 상담 과정

상담관계 형성 상담관계 형성이란 상담효과를 산출하는 데 요구되는 상담관계 구조와 정서적 유대를 형성하는 과정이다. 먼저, 상담효과를 산출하는 데 요구되는 상담관계 구조를 형성하는 과정을 상담구조화라고 한다. 상담구조화는 상담방향과 목표, 상담과정, 역할 및 규범에 대한 안내, 계약, 강화, 재구조화를 해 나가는 과정이다. 그리고 상담효과를 산출하는 데 요구되는 친밀성, 안전 신뢰감, 능력 신뢰감을 포함한 정서적 유대를 형성하는 과정을 라포 형성이라 한다. 라포 형성은 알아차림, 맞추기, 라포 형성, 이끌기, 저항의 순환과정으로 이루어진다. 상담관계 형성 과정에서 로저스가 언급한 일치, 존중, 공감의 촉진적 태도가 요구된다.

문제 명료화   문제 명료화란 호소문제 명료화, 상담문제 평가, 상담목표 설정을 포함하여 내담자의 문제를 밝히고 상담에서 다룰 상담문제를 선정해 나가는 과정이다. 먼저, 호소문제 명료화는 내담자가 호소하는 문제를 명확히 밝히는 과정이다. 그리고 상담문제 평가는 정보수집, 평가, 진단, 상담사례 개념화 등을 통해 내담자가 호소하지 않은 문제, 숨기는 문제, 모르는 문제를 포함하여 내담자와 내담자가 가진 문제들을 이해하는 과정이다. 그리고 상담목표 설정은 호소문제 명료화와 상담문제 평가를 토대로 상담에서 다룰 상담문제 또는 상담결과로서 산출하고자 하는 상담목표를 설정하는 과정이다.

상담처치   상담처치란 상담문제의 해결(또는 정신장애의 치료, 당면 생활문제의 해결, 당면 성장과제의 성취)이나 상담목표의 성취에 요구되는 감정정화 및 일치, 이해, 대안 설정, 행동 형성 등의 처치(treatment)를 해 나가는 과정이다. 먼저, 감정정화는 과거의 외상 경험을 재경험시키고 이를 노출하게 함으로써 감정정화를 경험하도록 조력하는 과정이다. 일치는 지금여기 경험을 있는 그대로 개방하게 함으로써 일치를 경험하도록 조력하는 과정이다. 이해는 문제상황과 자기반응을 탐구하여 새롭게 알아차리고 설명하고 통합하는 이해 경험을 하도록 조력하는 과정이다. 대안 설정은 문제상황에 대한 구체적인 대처방안을 수립하도록 조력하는 과정이다. 행동 형성은 대안행동 수행능력을 형성하고, 이 형성된 대안행동을 실생활에서 실천하여 습관을 형성하도록 조력하는 과정이다.

종결논의   종결논의는 종결 의사결정과 종결감정 처리를 해 나가는 과정이다. 먼저 종결 의사결정이란 나타나는 현상들을 토대로 종결시점을 판단한 후, 종결여부, 종결시간, 종결절차나 방법 등을 내담자와 논의하여 의사결정해 나가는 과정이다. 종결감정 처리는 종결과 관련된 내담자의 반응, 특히 감정적 반응에 대한 정서적 지지를 제공하는 과정이다.

상담평가   상담평가란 상담이전, 상담과정, 그리고 상담결과를 기록하거나 측정하고, 이 기록하거나 측정한 내용을 토대로 상담효율성과 상담효과를 설명하는 과정이다. 그리고 여기서 상담효과의 설명에는 상담문제의 해결 여부(정신장애의 치료 여부, 당면 생활문제의 해결 여부, 당면 성장과제의 성취 여부), 그리고 해결 내용과 미해결 내용에 대한 설명이 포함된다. 또는 상담목표의 성취 여부, 그리고 성취 내용과 미성취 내용에 대한 설명이 포함된다.

상담마무리 조치   상담마무리 조치란 상담을 마무리하기 위해 요구되는 성과 다지기, 미해결문제 조치, 자립 조치, 상담관계 마무리 조치 등'을 해 나가는 과정이다. 먼저, 성과 다지는 구체적인 상담성과를 확인하고, 이 상담성과를 얻는 과정에서의 내담자 반응을 확인하여 강화하는 과정이다. 미해결문제 조치는 상담에서 다루지 못한 문제, 다루다가 그만둔 문제, 예상치 못하게 발생한 문제 등의 미해결문제가 있는지를 확인하고 마무리를 위해 이들을 정리하는 과정이다. 이때는 주로 지지적 조치가 취해진다. 자립 조치는 상담종결 이후를 예견하고 생활계획을 수립하거나 필요한 대안행동을 습득하는 과정이다. 상담관계 마무리 조치는 상담자와 내담자 관계가 종료됨을 선언하고, 상담과정에서 서로 느꼈던 경험을 나누면서 정리하고, 감사를 포함한 종결인사를 나누는 과정이다.

❏ **본 상담 이후 과정**
추후지도   추후지도란 상담이 종결되고 일정 기간이 지난 이후에 상담자와 내담자가 서로 만나서, 상담종결 이후의 상담문제의 변화나 목표의 성취나 계획의 실천 추이를 확인하고, 추가적인 상담마무리 조치를 해 나가는 과정이다. 추후지도에서의 추가적인 상담마무리 조치는 주로 지지적 조치가 이루어진다.

② 반응분석의 상담전략

제3부 초반에서 설명한 바와 같이 반응분석의 주된 상담전략은 '상담관계 형성' 그리고 형성된 상담관계 속에서의 '지지전략과 학습전략, 그리고 조력'이다. 여기에 추가하여 반응분석의 또 다른 상담전략은 관리전략(管理戰略 management strategies)이다. 즉, '사건관리 전략, 자기관리 전략, 반응양식 관리 전략, 성격관리 전략, 신체관리 전략, 발달과제 관리 전략, 초월영성 성장과제 관리 전략, 가족체계 관리 전략, 지역사회 체계 관리 전략'을 포함하여 상담문제의 해결이나 상담목표의 성취에 도움되는 통제 가능한 변인들을 관리해 나가는 전략이다. 여기서는 관리전략에 대해 설명하였다.

❑ 사건관리 전략

반응분석의 첫 번째 상담전략은 '사건관리 전략'이다. 사건관리 전략의 적용 대상은 '사건관리 통제하의 역기능적인 반응 문제를 가진 내담자들'이다. 그리고 사건관리 전략의 목표는 조건화된 역기능적인 반응을 제거하거나 감소시키고 조건화된 기능적인 반응을 형성하거나 증가시키는 것이다.

구체적으로 사건관리 전략은 '선행사건(또는 조건, 자극)이나 후속사건(또는 조건, 자극)을 통제'해서 '조건화된 수의적 반응이나 불수의 반응을 형성하거나 소거하는 것'이다. 즉, ①a 선행 유발사건과 역기능적 불수의 반응이 고전적 조건화되거나 ②a 선행 억제사건과 역기능적 불수의 반응이 고전적 조건화되어 있을 경우, 또는 ③a 선행 유발사건과 기능적 불수의적 반응이 고전적 조건화되거나 ④a 선행 억제사건과 기능적 불수의적 반응이 고전적 조건화되어 있을 경우, ①b 선행 유발사건을 통제해서 조건화된 역기능적 불수의 반응을 관리하거나 ②b 선행 억제사건을 통제해서 조건화된 역기능적 불수의 반응을 관리하거나 ③b 선행 유발사건을 통제해서 조건화된 기능적 불수의적 반응을 관리하거나 ④b 선행 억제사건을 통제해서 조건화된 기능적 불수의적 반응을 관리하는 것이다.

그리고 ⑤a 역기능적인 수의적 반응과 후속 강화사건(보상사건)이 조작적 조건화되거나 ⑥a 역기능적인 수의적 반응과 후속 약화사건(처벌사건)이 조작적 조건화되어 있을 경우, 또는 ⑦a 기능적인 수의적 반응과 후속 강화사건(보상사건)이 조작적 조건화되거나 ⑧a 기능적인 수의적 반응과 후속 약화사건(처벌사건)이 조작적 조건화되어 있을 경우, ⑤b 후속 강화사건(보상사건)을 통제해서 조건화된 역기능적인 수의적 반응을 관리하거나 ⑥b 후속 약화사건(처벌사건)을 통제해서 조건화된 역기능적인 수의적 반응을 관리하거나 ⑦b 후속 강화사건(보상사건)을 통제해서 조건화된 기능적인 수의적 반응을 관리하거나 ⑧b 후속 약화사건(처벌사건)을 통제해서 조건화된 기능적인 수의적 반응을 관리하는 것이다.

❏ 자기관리 전략

반응분석의 두 번째 상담전략은 자기관리 전략이다. 자기관리 전략은 다시 외현행동 자기관리 전략과 내현반응 자기관리 전략으로 구분할 수 있다. 첫 번째 자기관리 전략은 '외현행동 자기관리 전략'이다. 외현행동 자기관리 전략의 적용 대상은 '자기관리 통제하의 역기능적인 수의적 외현행동 문제를 가진 내담자들'이다. 외현행동 자기관리 전략의 목표는 자기관리 가능한 역기능적인 외현행동을 제거하거나 감소시키고 기능적인 외현행동을 형성하거나 증가시키는 것이다. 구체적으로 외현행동 자기관리 전략은 자아가 자신의 수의적 외현행동을 인식과 조절해 나가도록 하는 것이다. 즉, 자아가 '자신의 외행행동에 대한 자기인식', 그리고 '외현행동의 기능에 대한 자기평가', 그리고 자기평가를 토대로 '외현행동의 순기능과 역기능에 대한 자기판단', 그리고 '역기능적인 외현행동에 대한 자기조절'을 통해 역기능적인 외현행동을 중단하거나 감소시키는 것, 또는 '기능적인 외현행동에 대한 자기조절'을 통해 기능적인 외현행동의 자기실천을 증가시키는 것이다. 예를 들면, 수의적인 비언어 표현 자기관리, 언어 표현 자기관리, 수면행동 자기관리, 출석행동 자기관리, 수강행동 자기관리, 식사행동 자기관리, 신체운동 자기관리 등을 스스로 해 나가도록 하는 것이다.

두 번째 자기관리 전략은 '내현반응 자기관리 전략'이다. 내현반응 자기관리 전략의 적용 대상은 '자기관리 통제하의 역기능적인 수의적 내현반응 문제를 가진 내담자들'이다. 내현반응 자기관리 전략의 목표는 자기관리 가능한 역기능적인 내현반응을 제거하거나 감소시키고 기능적인 내현반응을 형성하거나 증가시키는 것이다. 구체적으로 내현반응 자기관리 전략도 자아가 자신의 수의적 내현반응을 자기인식과 자기조절을 해 나가도록 하는 것이다. 즉, 자아가 '자신의 내현반응에 대한 자기인식', 그리고 '내현반응의 기능에 대한 자기평가', 그리고 자기평가를 토대로 '내현반응의 순기능과 역기능에 대한 자기판단', 그리고 '역기능적인 내현반응에 대한 자기조절'을 통해 역기능적인 내현반응을 중단하거나 감소시키는 것, 또는 '기능적인 내현반응에 대한 자기조절'을 통해 기능적인 내현반응의 자기실천을 증가시키는 것이다. 예를 들면, 수의적인 지각표상 자기관리, 기억표상 자기관리, 상상표상 자기관리. 감정반응 자기관리, 사고반응 자기관리, 욕구나 기대반응 자기관리, 인식반응 자기관리, 조절반응 자기관리 등을 스스로 해 나가도록 하는 것이다.

❑ 반응양식 관리전략

반응분석의 세 번째 상담전략은 '반응양식 관리 또는 학습전략'이다. 반응양식 관리 또는 학습전략의 적용 대상은 '학습 통제하의 역기능적인 반응양식(또는 역기능적인 불수의적 반응, 반복반응, 반응경향, 반응습관, 무능력) 문제를 가진 내담자들'이다. 반응양식 관리 또는 학습전략의 목표는 역기능적인 반응양식을 제거하거나 감소시키고 기능적인 반응양식을 형성하거나 증가시키는 것이다.

구체적으로 반응양식 관리 또는 학습전략은 ① 고전적 조건화 전략, ② 조작적 조건화 전략, ③ 사회학습 전략, ④ 인지학습 전략 등이다. 즉, ① 선행사건(또는 조건이나 자극)과 불수의적 반응의 반복을 통해 불수의적 행동을 제거하거나 형성해 나가는 고전적 조건화 전략, ② 수의적 반응과 후속 보상사건이나 처벌사건(또는 조건이나 자극)의 반복을 통해 수의적 행동을 제거하거나 형성해 나가는 조작적 조건화 전략, ③ 모델에 대한 관찰이나 모방을 통해 반응을 제거하거나 형성해 나가는 사회학습 전략, ④ 인지반응과 인지반응 양식에 대한 정보 습득, 기능적이거나 역기능적인 인지반응과 인지반응 양식에 대한 변별연습, 역기능적인 인지반응과 인지반응 양식에 대한 논박연습, 대안적인 기능적 인지반응에 대한 연습, 실행, 평가, 재과정으로 이루어진 인지학습 전략 등이다.

❑ 성격관리 전략

반응분석의 네 번째 상담전략은 '성격관리 전략'이다. 성격관리 전략의 적용 대상은 '성격관리, 또는 재양육, 재경험과 재구성, 재학습 통제하의 역기능적인 성격 문제, 그리고 역기능적인 성격과 관련된 자아기능의 약화 문제, 그리고 역기능적인 성격과 관련된 역기능적인 반응양식(일반화된 반응양식) 문제를 가진 내담자들'이다. 성격관리 전략의 목표는 역기능적인 성격의 자아기능(인식과 조절기능)을 강화하여 성격을 재구성하거나, 역기능적인 성격과 관련된 역기능적인 반응양식을 제거하거나 감소시키고 기능적인 성격과 관련된 대안 반응양식을 형성하거나 증가시키는 것이다.

구체적으로 성격관리 전략은, ① 성격발달과 관련된 초기 발달사건과 경험을 상담장면에서 재경험한 후, 이를 재구성해 나가는 재경험 및 재구성 전략(또는 감정정화 전략), ② 저항이나 전이 등의 대인반응 및 상호작용 양식을 상담장면에서 재연하고, 이를 분석 및 관리해 나가는 전이해결 전략(대인관계 상호작용 분석 전략), ③ 지금여기 자기반응을 인식하고 조절해 나가는 자기관리 전략, ④ 역기능적인 성격과 관련된 역기능적인 반응양식을 제거하거나 감소시키고, 기능적인 성격과 관련된 기능적인 반응양식을 형성하거나 증가시키는 성격 관련 반응양식에 대한 학습이나 재학습 전략 등이 있다. 성격관리 전략을 사용할 때는 상담기간을 6개월 이상으로 설정하는 것이 바람직하다. 가령, 일반적인 내담자는 최소 6개월 이상의 상담기간이 권장된다. 그리고 당면한 생활문제가 많거나 심각한 경우, 그리고 성격장애인 경우에는 1년 이상의 상담기간이 권장된다. 그리고 조현병, 망상장애, 조울증, 기타 기질성 장애의 경우는 성격관리 전략이 적합하지 않을 수 있으며, 적합한 경우라도 신중하게 사용되어야 한다.

❑ 신체관리 전략

　반응분석의 다섯 번째 상담전략은 '신체관리 전략'이다. 신체관리 전략의 적용 대상은 '수술, 약물, 운동, 음식 등의 신체관리 통제하의 정신장애나 생활문제나 성장과제와 관련된 신체구조의 결함이나 신체기능의 장애가 있는 내담자들'이다. 신체관리 전략의 목표는 '신체구조 결함이나 신체기능 장애를 관리하여 정신장애나 생활문제나 성장과제와 관련된 역기능적 반응이나 반응양식을 제거하거나 감소시키고 기능적인 반응이나 반응양식을 형성하거나 증가시키는 것'이다.

　구체적으로 신체관리 전략은 수술과 약물치료 등의 의료적 개입, 그리고 신체운동, 식이요법 등의 일반적 개입으로 구분할 수 있다. 의료적 개입은 병원에서 이루어진다. 가령, 뇌수술, 심부뇌자극술(미주신경자극술), 경두개자기자극술, 전기경련요법, 그리고 위약을 포함한 약물치료 등은 병원에서 이루어지는 의료적 개입이다. 반응분석에서는 의료적 개입 이외의 심리운동요법과 식이요법 등을 사용한다. 심리운동요법은 일반 운동이나 심리운동, 요가, 걷기나 등산, 여행, 그리고 상담과 결합된 형태의 이완훈련, 안구운동요법(EMDR, EMT), 경락요법(TFT, EFT) 등이 있다. 그리고 식이요법은 영양관리, 식단관리 등이 있다.

❑ 발달과제 관리전략

반응분석의 여섯 번째 상담전략은 '발달과제 관리전략'이다. 발달과제 관리전략의 적용 대상은 발달과제 관리나 학습 통제하의 생애주기의 발달과제 미성취(미해결 발달과제와 당면 발달과제)와 관련된 미성숙한 반응양식 문제를 가진 내담자들이다. 발달과제 관리전략의 목표는 발달주기의 발달과제 미성취(미해결 발달과제와 당면 발달과제 미성취)와 관련된 미성숙한 반응양식을 제거하거나 감소시키고, 대신 성숙한 반응양식을 형성하거나 증가시키는 것이다.

구체적으로 발달과제 관리전략은 '발달단계와 발달과제 평가, 그리고 발달과제 성취 조력'를 포함한다. 먼저, 발달단계와 발달과제 평가 과정에서 '현재의 발달단계와 당면 발달과제, 그리고 이전 발달단계의 미해결 발달과제'를 평가한다. 그리고 발달과제 성취 조력과정에서 '당면 발달과제나 미해결 발달과제와 관련된 지식을 형성하고, 대처방안을 수립하며, 대안반응 수행능력을 형성하고, 대안반응 실행과 습관을 형성하도록 조력'한다. 그리고 이 과정에서 자기관리 전략, 그리고 고전적 조건화, 조작적 조건화, 사회학습, 인지학습 등의 학습전략이 사용된다.

❑ 초월영성 성장과제 관리전략

반응분석의 일곱 번째 상담전략은 '초월영성 성장과제 관리전략'이다. 초월영성 성장과제 관리전략의 적용 대상은 '초월영성 성장과제 관리 통제하의 초월영성 성장주기의 성장과제 미성취와 관련된 미성숙한 자아와 미성숙한 반응양식 문제를 가진 내담자들'이다. 초월영성 성장과제 관리전략의 목표는 초월영성 성장주기의 미성숙한 반응양식을 제거하거나 감소시키고, 대신 초월영성 성장주기의 성숙한 반응양식을 형성하거나 증가시키는 것이다. 그리고 궁극적으로 자아초월, 개인초월, 영적 성장을 하도록 조력하는 것이다.

구체적으로 초월영성 성장과제 관리전략은 '초월영성 성장주기와 성장과제 평가, 그리고 초월영성 성장과제 성취 조력'을 포함한다. 먼저 초월영성 성장주기와 성장과제 평가 과정에서 '현재의 초월영성 성장주기와 당면한 성장과제'를 평가한다. 그리고 초월영성 성장과제 성취 조력과정에서 '당면 초월영성 성장주기와 성장과제와 관련된 지식을 형성하고, 대처방안을 수립하며, 대안반응 수행능력을 형성하고, 대안반응 실행과 습관을 형성하도록 조력'한다. 그리고 이 과정에서 종교를 포함한 전통 정신수련 방법들이 사용된다. 예를 들면, 주의집중, 알아차림, 자각, 수용, 일치, 실존, 관점, 분리, 연합, 요가, 명상, 기도, 묵상, 찬양, 봉사 등의 전통 정신수련 방법들이 사용된다.

❑ 가족체계 관리전략

반응분석의 여덟 번째 상담전략은 '가족체계 관리전략'이다. 가족체계 관리전략의 적용 대상은 '가족체계 관리 통제하의 가족구조의 변화, 가족기능의 저하, 가족발달의 장애와 관련된 반응양식이나 상호작용 문제를 가진 내담자, 또는 내담자의 가족'이다.

가족체계 관리전략의 목표는 가족 기능화이다. 즉, 가족체계(가족구조 변화, 가족기능, 가족생활주기) 관리, 그리고 학습 통제하의 역기능적인 가족 의사소통, 역할, 위계, 경계, 규칙 상호작용을 제거하거나 감소시키고, 대신 기능적인 가족 의사소통, 역할, 위계, 경계, 규칙 상호작용을 형성하거나 증가시키는 것이다. 그리고 이를 통해 내담자의 역기능적인 반응양식을 제거하거나 감소시키고, 기능적인 반응양식을 형성하거나 증가시키는 것이다.

구체적으로 가족체계 관리전략은 가족의 역기능을 감소시키고 순기능을 증가시키는 것이다. 즉, 역기능적인 가족 의사소통 상호작용을 감소시키고 순기능적인 가족 의사소통 상호작용을 증가시켜 가족을 기능화시키는 것이다. 또는 역기능적인 가족역할, 가족위계, 가족경계, 가족규칙 상호작용을 감소시키고 순기능적인 가족역할, 가족위계, 가족경계, 가족규칙 상호작용을 증가시켜 가족을 기능화하는 것이다.

❑ 지역사회 체계 관리전략

　반응분석의 아홉 번째 상담전략은 '지역사회 체계 관리전략'이다. 지역사회 체계 관리전략의 적용 대상은 '지역사회 체계관리 통제하의 역기능적인 반응양식을 가진 내담자, 또는 내담자가 속한 역기능적인 지역사회'이다. 지역사회 체계 관리전략의 목표는 상위체계 기능화이다. 즉, '지역사회 체계관리 통제하의 사회참여 활동의 증가, 사회적 안전망 구축 또는 연계지원 활동의 증가, 사회적 지지체계 구축 활동의 증가'이다. 그리고 이를 통해 지역사회 체계와 관련된 내담자의 역기능적인 반응양식의 제거나 감소, 그리고 기능적인 반응양식의 형성이나 증가이다.

　구체적으로 지역사회 체계 관리전략은 '사회참여 활동, 사회적 안전망 구축 활동 또는 연계지원 활동, 사회적 지지체계 구축 활동' 등이다. 첫째, 사회참여 활동은 지역사회 구조적 문제를 해결하기 위한 정치에 참여 활동, 관련 사업과 예산의 수립, 집행, 평가에 참여 활동, 관련 기관이나 단체의 설립과 운영에 참여 활동, 관련 연구에 참여 활동, 관련 홍보나 사회계몽에 참여 활동 등을 포함한다. 둘째, 사회 안전망 구축 활동 또는 연계지원 활동은 기존의 연계지원 체계에 참여 활동, 또는 상담기관에서 상담 연계지원 체계를 구축하여 운영하는 활동이다. 셋째, 사회적 지지체계 구축 활동은 개별 내담자의 지지자나 지지체계를 평가하고, 지지자나 지지체계가 부족한 경우, 이를 형성이나 재형성, 유지, 강화해 나가는 조력활동이다.

요 약

- 반응분석(反應分析, Response Analysis)은 '절충통합, 과학적 접근, 개인적 상담이론, 반응과 분석'의 네 가지 특징이 있다.

- 절충이란 '기존의 주요 상담이론의 내용 또는 그 내용들 중에 일부를 그대로 가지고 와서 하나로 모아 놓았다'는 의미이다. 통합이란 '반응분석이라는 새로운 이론적 틀을 먼저 만들어 놓고, 이렇게 만든 이론적 틀인 반응분석에 적합하다고 여겨지는 기존의 주요 상담이론의 내용들을 가지고 와서 적절하게 변형시켜 합쳐 놓았다'는 의미이다. 그리고 절충통합이란 '절충과 통합이 공존하는 형태라는 의미'이다.

- 상담에서 '반응'은 핵심용어 중 하나이다. 예를 들면, 상담에서는 '내담자의 역기능적인 반응과 반응양식'을 다룬다. 그리고 반응이나 반응양식과 관련된 성격, 발달과제, 가족구조와 기능, 지역사회 구조와 기능을 다룬다. 또한 상담목표는 '내담자의 역기능적인 반응이나 반응양식의 감소, 그리고 기능적인 반응이나 반응양식의 증가'이다. 또한 상담개입은 내담자의 반응이나 반응양식을 변화시키기 위해 외부사건, 자기관리, 학습이나 재학습, 재경험과 재구성, 체계구조나 기능 등을 다루는 과정이다. 이처럼 '반응'은 상담에서 핵심용어 중 하나이다.

- 반응분석에서 '분석'은 단순한 이해작업 이상의 '반응 자기관리, 반응양식 학습과 재학습, 성격 재구성, 그리고 더 나아가 환경 기능화'를 포괄하는 의미로 사용하였다.

- 반응분석에서는 상담을 '공인된 교육과 자격취득 과정을 통해 능력과 자격을 갖춘 상담자가 정신장애나 생활문제나 성장과제를 가진 내담자에게 지지적이고 교육적인 대인 상호작용을 통해 반응이나 반응양식, 그리고 성격의 바람직한 변화를 조력하고, 이를 통해 정신장애의 치료나 생활문제의 해결, 그리고 성장과제의 성취를 조력하는 전문적 과정이다'라고 정의한다.

- 반응분석에서는 상담문제를 개념화할 때, 그 하위요소로서 '호소문제, 이면문제, 진단문제, 상담문제'에 대한 개념단어나 가설문장을 구성하여 진술한다. 호소문제란 '내담자나 관련인이 상담장면에서 호소한 문제들', 그리고 호소한 문제들 중에서 '내담자나

관련인이 상담에서 우선적으로 다루어 달라고 호소한 문제'를 의미한다. 이면문제란 '내담자가 호소하지 않았지만 상담자의 관점에서 내담자의 이면에 있다고 판단한 문제들', 그리고 이들 중에서 '상담에서 우선적으로 다룰 필요가 있다고 판단한 외부환경, 외현이나 내현반응, 반응양식, 성격, 발달, 초월영성, 가족, 지역사회 등의 문제'를 의미한다. 진단문제란 DSM이나 ICD와 같은 표준화된 정신장애 진단체계를 사용하여 진단한 정신장애를 의미한다. 합의한 상담문제란 상담자와 내담자가 함께 서로 협의하여 상담에서 다루기로 합의한 상담문제를 의미한다.

● 반응분석에서는 다음과 같이 가정한다. 즉, '① 문제상황, 스트레스 사건, 조건화 사건 등을 포함한 사건원인, ② 외현행동, 내현반응, 반응양식, 성격, 신체반응 등을 포함한 반응원인, ③ 생애발달과 초월영성 발달을 포함한 발달원인, ④ 가족체계와 지역사회 체계를 포함한 체계원인'의 네 가지 원인과 이들의 상호작용에 의해서 상담문제인 정신장애나 생활문제나 성장과제가 발생이나 소멸, 유발이나 억제, 유지 또는 강화나 약화된다고 가정한다. 그리고 이런 가정을 토대로, 반응분석에서는 상담문제의 원인을 크게 '사건원인, 반응원인, 발달원인, 체계원인'의 네 가지로 구분한다.

● 반응분석에서는 상담문제 원인을 개념화할 때, 그 하위요소로서 '사건원인, 반응원인, 발달원인, 체계원인'에 대한 개념단어나 가설문장을 구성하여 진술한다.

● 상담문제의 사건원인은 '문제상황 관련 사건, 스트레스 사건, 그리고 조건화 학습 관련 사건'의 세 가지이다. 먼저, 상담문제의 원인이 되는 문제상황 관련 사건은 '최근의 문제상황, 과거의 문제상황, 발달 초기의 문제상황, 미래의 문제상황, 지금여기의 문제상황' 등이다. 그리고 상담문제의 원인이 되는 스트레스 사건은 '극한 사건, 생활변화 사건, 잔일거리 사건' 등이다. 그리고 상담문제의 원인이 되는 조건화 학습 관련 사건은 '고전적 조건화 학습 사건과 조작적 조건화 학습 사건' 등이다.

● 상담문제의 반응원인은 '외현행동, 내현반응, 반응양식, 성격, 신체반응'의 다섯 가지이다. 먼저, 상담문제의 원인이 되는 외현행동은 '언어나 비언어 표현, 수행행동 등을 포함하는 역기능적인 과잉 또는 과소 외현행동'이다. 그리고 상담문제의 원인이 되는 내현반응은 '지각반응, 기억반응, 감정반응, 사고반응, 욕구반응, 인식반응, 조절반응 등을 포함한 역기능적인 내현반응'이다. 그리고 상담문제의 원인이 되는 반응양식은

'상기된 외현행동이나 내현반응의 반복과 관련된 고정반응 양식, 조건화 반응양식, 반응습관, 반응경향 등의 역기능적인 반응양식'이다. 그리고 상담문제의 원인이 되는 성격은 '일반화 반응과 관련된 특질, 기질, 형질, 또는 성격 5요인, 성격장애, 자아기능, 자아상 등을 포함하는 역기능적인 성격'이다. 그리고 상담문제의 원인이 되는 신체반응은 '신체구조와 기능, 유전과 유전인자 등을 포함한 신체반응'이다.

● 상담문제의 발달원인은 '일반 발달원인과 초월영성 발달원인'이다. 먼저, 상담문제의 원인이 되는 일반 발달원인은 '인간 생애주기의 미해결 발달과제와 당면 발달과제'이다. 그리고 상담문제의 원인이 되는 초월영성 발달원인은 '초월영성 성장주기의 자아초월, 개인초월, 영적 성장과 관련된 미성취 성장과제'이다.

● 상담문제의 체계원인은 '가족체계 원인과 지역사회 체계 원인'이다. 먼저 상담문제의 원인이 되는 가족체계 원인은 '가족구조의 변화, 가족기능의 이상, 가족발달 이상'이다. 이 중에 가족기능의 이상이란 가족 의사소통, 역할, 위계, 경계, 규칙의 역기능을 의미한다. 그리고 상담문제의 원인이 되는 지역사회 체계 원인은 '지역사회의 바람직하지 않은 구조적 문제, 사회적 안전망의 부족, 사회적 지지체계의 부족'의 세 가지이다.

● 반응분석에서는 상담개입을 개념화할 때, 그 하위요소로서 '상담개입 목표, 상담개입 전략'에 대한 개념단어나 가설문장을 구성하여 진술한다.

● 반응분석에서는 '상담문제가 단일원인이 아닌 다중원인에 의해 일어나고, 이 때문에 상담개입도 단일개입보다는 다중개입 또는 절충통합적 개입이 우선된다'라고 가정한다. 즉, 상담개입은 '사건, 반응, 발달, 체계'에 대한 다중개입 또는 절충통합적 개입이 필요하다고 본다.

● 반응분석의 상담개입 목적은 '정신장애의 심리치료, 당면 생활문제의 해결, 당면 성장과제의 성취'를 조력하는 것이다.

● 반응분석의 상담개입 목표는 '내담자 반응의 바람직한 변화'이다. 즉, ① 정신장애와 관련하여 '정신장애 증상을 제거하거나 감소시키는 것'이다. 그리고 이를 통해 '정신장애 부적응 지표들을 낮추고 적응 지표들을 높이는 것'이다. 또한 ② 당면 생활문제와 관련하여 '문제행동을 제거하거나 감소시키고, 대신 대안행동을 형성하거나 증가시키

는 것'이다. 그리고 이를 통해 '당면 생활문제 부적응 지표들을 낮추고 적응 지표들을 높이거나, 더 나아가 생활문제 관련 성장 지표들을 높이는 것'이다. 또한 ③ 당면 성장과제와 관련하여 '대안행동을 형성하거나 증가시키는 것'이다. 그리고 이를 통해 '성장 지표들을 높이는 것'이다. 또한 ④ 이차적인 상담개입 목표로서 가족체계와 관련하여 바람직한 가족구조와 기능과 발달지표들을 증가시킨 것, 특히 '의사소통, 역할, 위계, 경계, 규칙과 관련된 기능 지표들을 증가시키는 것'이다. 또한 지역사회 체계와 관련하여 바람직한 지역사회 구조와 기능과 발달지표들을 증가시킨 것, 특히 '사회참여 활동, 사회적 연계지원 활동, 사회적 지지체계 구축 활동과 관련된 지표들'을 증가시키는 것이다.

● 반응분석의 상담과정은 크게 '본 상담 이전 과정, 본 상담 과정, 본 상담 이후 과정'으로 구분할 수 있다. 그리고 본 상담 이전 과정은 '신청접수와 접수면접'으로 구분할 수 있고, 본 상담 과정은 '상담관계 형성, 문제 명료화, 상담처치, 종결논의, 상담평가, 상담마무리 조치'로 구분할 수 있으며, 그리고 본 상담 이후 과정은 '추후지도'이다.

● 반응분석에서 주로 사용하는 상담전략은 '상담관계 형성' 그리고 형성된 상담관계 속에서의 '지지전략과 학습전략, 그리고 조력'이다. 여기에 추가하여 반응분석의 또 다른 상담전략은 관리전략(管理戰略 management strategies)이다. 구체적으로 '사건관리 전략, 자기관리 전략, 반응양식 관리전략, 성격관리 전략, 신체관리 전략, 발달과제 관리전략, 초월영성 성장과제 관리전략, 가족체계 관리전략, 지역사회 체계 관리전략'이다.

제4부

상담사례
개념화
실제 과정

15. 주어진 정보

16. 의문

17. 의문 탐구와 판단

18. 검증, 그리고 수정 및 보완

■ 요약

근거기반 실천에 의하면 상담사례 개념화의 과정은 과학적 사고의 과정이다. 즉, 주어진 상담정보를 토대로, 상담문제, 상담문제 원인, 상담개입과 관련된 개념단어나 가설문장에 대한 의문을 생성하고, 이 생성된 의문의 답을 탐구하며, 이 탐구의 결과를 토대로 의문의 답을 판단하는 과정을 통해 상담문제, 상담문제 원인, 상담개입과 관련된 개념단어나 가설문장을 구성해 나가는 과학적 사고의 과정이다. 또한 구성된 개념단어나 가설문장을 토대로 상담을 전개하면서, 동시에 구성된 개념단어나 가설문장과 관련된 추가 정보를 수집하고, 이 수집된 추가 정보를 토대로, 이전에 구성한 상담문제, 상담문제 원인, 상담개입과 관련된 개념단어나 가설문장의 진위를 검증하고, 이 검증의 결과를 토대로 예전에 구성한 개념단어나 가설문장을 수용이나 기각, 또는 수정이나 보완하면서 상담문제, 상담문제 원인, 상담개입과 관련된 개념단어나 가설문장을 재구성해 나간다. 그리고 이런 일련의 과정은 상담의 전체 과정에서 반복된다. 제4부에서는 상담사례 개념화의 실제 과정을, ① 주어진 정보, ② 의문 생성, ③ 개념단어나 가설문장 구성, ④ 검증, 그리고 수정 및 보완으로 구분하여 설명하였다.

15. 주어진 정보

상담사례 개념화의 기초 재료는 주어진 정보이다. 예를 들어, 접수면접을 시작하기 이전의 상담사례 개념화는 접수면접 이전의 신청접수에서 수집된 정보를 기초 재료로 사용하여 실시하고, 접수면접이 종료된 시점에서는 신청접수 그리고 접수면접을 종료하기까지 수집된 정보를 기초 재료로 사용하여 실시한다. 마찬가지로 본 상담의 첫 회기가 종료된 시점에서는 신청접수, 접수면접, 그리고 첫 회기를 종료하기까지 수집된 정보를 기초 재료로 사용하여 실시한다. 그리고 본 상담의 마지막 회기가 종료된 시점에서의 상담사례 개념화는 신청접수, 접수면접, 그리고 본 상담의 첫 회기부터 마지막 회기까지 수집된 정보를 기초 재료로 사용하여 실시한다.

1) 주어진 정보의 내용과 출처의 확인

상담사례 개념화는 주어진 정보를 기초 재료로 사용하기 때문에 상담사례 개념화를 해 나가려면, 먼저 주어진 정보가 무엇인지, 그리고 그 출처가 어디인지부터 확인하는 것이 바람직하다. 상담사례 개념화의 기초 재료로 사용하는 주어진 정보의 출처는 매우 다양하다. 먼저, 가장 기본적인 출처는 '상담자의 기억'이다.

상담자는 '내담자를 배정받고 난 이후부터 현재까지, 내담자를 상담하는 과정에서 일어났던 일련의 사건과 경험들'을 기억하고 있다. 특히 내담자나 관련인을 직접 또는 간접적으로 만나서 보고 듣고 느끼면서 얻은 내담자에 대한 직간접적인 경험들을 기억하고 있다. 이러한 상담사례와 관련된 상담자의 기억은 상담사례 개념화해 나갈 때 사용하는 가장 기본적인 주어진 정보이다.

상담자의 기억 외에도 주어진 자료들이 존재한다. 가령, 내담자가 과거에 상담 경험이 있을 경우 '과거의 상담 기록자료', 본 상담 이전에 신청접수나 접수면접 과정이 있었을 경우 '신청접수 기록자료, 접수면접 기록자료, 상담신청서나 심리검사지를 포함한 내담자나 관련인의 응답자료, 기타 녹음이나 녹화자료', 그리고 현재 시점 이전에 상담회기가 있었을 경우 '상담회기 기록자료, 심리검사지를 포함한 내담자나 관련인의 응답자료, 기타 녹음이나 녹화자료' 등과 같은 주어진 자료들이 존재한다. 이상의 '주어진 정보의 출처'를 요약하면 〈표 4-1〉과 같다.

〈표 4-1〉 주어진 정보의 출처

구분	내용
상담자 기억	내담자를 배정받고 난 이후부터 현재까지, 내담자를 상담하는 과정에서 일어났던 일련의 사건과 경험들에 대한 상담자의 기억
과거 상담	과거의 상담 기록자료
신청접수	신청접수 기록자료, 상담신청서를 포함한 내담자나 관련인의 응답자료
접수면접	접수면접 회기 기록자료, 심리검사지를 포함한 내담자나 관련인의 응답자료, 기타 녹음이나 녹화자료
이전 회기	이전 상담회기 기록자료, 심리검사지를 포함한 내담자나 관련인의 응답자료, 기타 녹음이나 녹화자료

상담사례 개념화는 기본적으로 사고의 과정이다. 이 때문에 다른 정보자료가 없더라도 상담자의 기억자료만을 사용하여 상담사례 개념화를 해 나갈

수 있다. 그럼에도 불구하고 상담사례 개념화의 질을 높이기 위해, 또 상담
사례 개념화의 시행착오를 줄이기 위해, 또 내담자에게 보다 빨리 제대로 된
상담사례 개념화에 기반을 둔 양질의 상담서비스를 제공하기 위해 상담자의
기억자료만을 사용하기보다는 다른 출처의 주어진 정보자료들을 같이 사용
하는 것이 바람직하다.

2) 주어진 정보의 정리

상담사례 개념화에서 주어진 정보들을 사용하려면, 이를 사용하기 쉽게
정리하는 능력이 요구된다. 주어진 자료를 정리할 수 있어야 이후의 의문 생
성이나 의문 탐구나 의문에 대한 답을 판단해 나가는 데 도움이 된다. 예를
들면, 정보의 내용에 따라 '상담문제 정보, 상담문제 원인 정보, 상담개입 정
보'로 구분할 수도 있고, '사건정보, 반응정보, 발달정보, 체계정보'로 구분할
수도 있다. 또는 사실 여부에 따라 사실정보, 사실 아닌 정보로 구분할 수도
있다. 이에 대해 좀 더 자세히 설명하면 다음과 같다.

(1) 상담문제, 상담문제 원인, 상담개입

상담사례 개념화는 주어진 정보들을 토대로 상담문제, 상담문제 원인, 상
담개입과 관련된 개념단어나 가설문장에 대한 의문을 생성하고, 이 생성된 의
문을 탐구하며, 이 탐구의 결과를 토대로 의문에 대한 답을 판단해 나가는 과
정이다. 따라서 주어진 정보들도 '상담문제 정보(더 세분하면 호소문제 정보, 이
면문제 정보, 진단문제 정보, 합의된 상담문제 정보), 상담문제 원인 정보(더 세분
하면 사건원인 정보, 반응원인 정보, 발달원인 정보, 체계원인 정보), 상담개입 정보
(더 세분하면 상담개입 목표 관련 정보, 상담개입 전략 관련 정보, 또는 사건개입 정
보, 반응개입 정보, 발달개입 정보, 체계개입 정보)'로 구분하는 것이 도움이 된다.

⑵ 사건, 반응, 발달, 체계

반응분석 상담에서 다루는 4대 핵심변인은 '사건, 반응, 발달, 체계'이다. 따라서 주어진 정보들도 '사건정보, 반응정보, 발달정보, 체계정보'로 구분하면 상담사례 개념화를 해 나가는 데 도움이 된다. 물론 상기된 정보들이 부족할 경우 추가적 정보수집이 필요하다. 이에 대해 좀 더 설명하면 다음과 같다.

첫째, 사건정보는 '문제상황 관련 사건정보(최근 문제상황 관련 사건정보, 과거 문제상황 관련 사건정보, 발달 초기 문제상황 관련 사건정보, 미래 문제상황 관련 사건정보, 지금여기 문제상황 관련 사건정보), 스트레스 사건정보(극한 사건정보, 생활변화 사건정보, 잔일거리 사건정보), 조건화 사건정보(선행 유발사건 정보, 선행 억제사건 정보, 후속 강화사건 정보, 후속 약화사건 정보)'의 세 가지 유형으로 구분하면 상담사례 개념화를 해 나가는 데 도움이 된다.

둘째, 반응정보는 '외현행동 정보(비언어행동 정보, 언어행동 정보, 수행행동 정보), 내현반응 정보(지각정보, 기억정보, 감정정보, 사고정보, 욕구정보, 인식정보, 조절정보), 반응양식 정보(외현행동 양식 정보, 내현반응 양식 정보, 또는 고정반응 양식 정보, 조건화 반응양식 정보, 반응습관 정보, 반응경향 정보), 성격 정보(자아기능 정보, 성격장애 정보, 성격 5요인 정보, 또는 성격정보, 특성정보, 기질정보, 형질정보), 신체반응 정보(신체구조와 기능정보, 유전과 유전인자 정보 등)의 다섯 가지 유형으로 구분하면 상담사례 개념화를 해 나가는 데 도움이 된다.

셋째, 발달정보는 '미해결 발달과제 정보(태아기 발달과제 정보, 영유아기 발달과제 정보, 학령전기 발달과제 정보 등), 당면 발달과제 정보'의 두 가지 유형으로 구분하면 상담사례 개념화를 해 나가는 데 도움이 된다.

넷째, 체계정보는 '가족체계 정보(가족구조 변화정보, 가족기능 정보, 가족발달 정보, 또는 가족 의사소통 정보, 역할정보, 위계정보, 경계정보, 규칙정보), 지역사회 체계 정보(지역사회 구조 정보, 사회적 안전망 정보, 사회

적 지지체계 정보)의 두 가지 유형으로 구분하면 상담사례 개념화를
해 나가는 데 도움이 된다.

(3) 사실과 사실 아닌 것

주어진 정보는 사실도 있지만 사실이 아닌 것도 있다. 상담사례 개념화 과
정에서 의문을 생성하고, 의문을 탐구하며, 의문의 답을 판단하고, 그 판단
의 진위를 검증해 나갈 때 기초 재료인 정보가 사실인지 사실이 아닌지를 구
분하는 것은 매우 중요하다. 만약 사실이 아닌 것을 사실로 가정하고 상담사
례 개념화를 전개해 나가면 부적절한 상담사례 개념화로 이어질 수 있고, 이
는 부적절한 상담개입으로 이어질 수 있으며, 또한 바람직하지 않은 상담결
과로까지 이어질 수 있기 때문에 주의가 필요하다.

주어진 정보가 사실인지 아닌지를 판정할 때 '기술(사실판단), 명명(개념판
단), 판단(일반판단), 평가(가치판단), 제안(방법판단)'을 구분하는 것, 그리고
'Do Language와 Be Language'를 구분하는 것이 도움이 된다.

① 기술. 명명. 판단. 평가. 제안

사실과 사실 아닌 것을 구분하려 할 때 '기술, 명명, 판단, 평가, 제안'을 변
별하는 것이 도움 된다.

첫째, 기술(記述)이란 사실에 대한 진술문장이다. 즉, 있는 그대로의 사실
에 대해 의문하고, 이러한 사실의문을 탐구하여, 그 결과로서 사실의문에 대
한 답, 즉 사실판단을 하고, 이 사실판단을 외적 문장으로 표현한 것을 기술
(또는 서술, 구술)이라 한다.

둘째, 명명(命名)이란 사실들을 유목화하여 분류 및 명명한 진술문장이다.
즉, 개념에 대해 의문하고, 이 개념의문을 탐구하여, 그 결과로서 개념의문
에 대한 답, 즉 개념판단을 하고, 이 개념판단을 외적 문장으로 표현한 것을
명명이라 한다.

셋째, 판단(判斷)이란 의문의 답에 대한 판정을 진술한 문장이다. 즉, 의문

을 생성하고, 이 의문을 탐구하여, 그 결과로서 의문에 대한 답을 판정하고, 이를 외적 문장으로 표현한 것을 판단이라 한다. 판단은 의문의 내용이 무엇이냐에 따라 사실판단, 개념판단, 상관판단, 인과판단, 가치판단, 예측판단, 방법판단 등으로 다양하게 구분할 수 있는데, 앞에서 설명한 기술은 사실판단에 해당하고, 명명은 개념판단에 해당한다. 그리고 뒤에서 설명하는 평가는 가치판단에 해당하고, 제안은 보통 방법판단에 해당한다. 그런데 여기서 판단이란 상관판단이나 인과판단을 의미하며, 다른 사실판단이나 개념판단이나 가치판단이나 방법판단과 구분하기 위해 일반판단, 또는 줄여서 판단이라고 하였다.

넷째, 평가(評價)란 대상이나 현상의 가치를 판단하여 진술한 문장이다. 즉, 대상이나 현상의 가치에 대해 의문하고, 이 가치의문을 탐구하여, 그 결과로서 가치의문에 대한 답, 즉 가치판단을 하고, 이 가치판단을 외적 문장으로 표현한 것을 평가라 한다.

다섯째, 제안(提案)이란 문제해결이나 목표성취 방안을 판단하여 진술한 문장이다. 즉, 제시된 문제해결의 방안, 또는 제시된 목표성취의 방안에 대해 의문하고, 이 의문을 탐구하여, 그 결과로서 의문에 대한 답을 판단하고, 이를 의사소통이나 의사결정을 하는 과정에서 외적 문장으로 표현한 것을 제안이라 한다.

② Do Language와 Be Language

주어진 정보가 사실인지 아닌지를 판단할 때 'Do Language와 Be Language'를 구분하는 것이 도움 된다. Do Language는 사실 중심의 언어나 문장이다. 즉, 있는 그대로의 객관적 사실들을 나열하는 형태의 언어나 문장, 즉 기술문장(記述文章) 또는 서술문장(敍述文章) 또는 구술문장(口述文章)을 Do Language라고 한다. 반면 Be Language는 사실이 아닌 언어나 문장이다. 즉, 있는 그대로의 객관적 사실이 아닌 판단(일반판단), 평가(가치판단), 제안(방법판단)하는 형태의 문장을 Be Language라고 한다.

③ 변별 연습

다음 제시된 문장들이 어떤 유형의 문장인지를 구분해 보자. 즉, '기술문장, 명명문장, 판단문장, 평가문장, 제안문장' 중에 어디에 해당하는지를 구분해 보자. 그리고 나서, 같은 방식으로 제시된 문장들이 'Do Language와 Be Language' 중에 어디에 해당하는지를 구분해 보자.

01. _____ 영철이는 오늘 9시 10분에 교실 문을 열고 안으로 들어왔다.

02. _____ 어제는 9시 15분에 교실에 도착했다.

03. _____ 최근 10일 중에, 8시 30분 이전에 교실에 도착한 적이 없다.

04. _____ 영철이는 지각을 했다.

05. _____ 영철이는 지각을 반복했다.

06. _____ 영철이는 항상 지각을 한다.

07. _____ 영철이는 정말 게으르고 무책임한 사람이다.

08. _____ 영철이가 지각하는 이유는 매일 늦잠을 자기 때문이다.

09. _____ 영철이가 게으르고 무책임한 이유는 그의 성격 때문이다.

10. _____ 영철이가 게으르고 무책임한 이유는 교육이 부족하기 때문이다.

11. _____ 영철이는 습관 변화가 필요하다.

12. _____ 영철이가 지각하지 않도록 하기 위해 교사의 학생면담이 필요하다.

01은 기술문장이다. 그리고 Do Language 문장이다.

02와 03은 혼합문장이다. 즉, 기술문장이면서 동시에 명명문장이다. 그리고 Do Language 문장이다.

04와 05는 명명문장이다. Do Language 문장인지 Be Language 문장인지는 명확히 구분되지 않는다. 하지만 유목화 과정에서 상향 유목화한 정도가 낮기 때문에, 즉 추상화한 정도가 낮기 때문에 보통 Do Language 문장에 포함시킨다.

06과 07은 혼합문장이다. 즉, 명명문장이면서 동시에 판단문장이고 평가문장이다. 그리고 Be Language 문장이다.

08은 혼합문장이다. 즉, 명명문장이면서 동시에 판단문장이다. 그리고 Be Language 문장이다.

09와 10은 혼합문장이다. 즉, 명명문장이면서 동시에 판단문장이고 평가문장이다. 그리고 Be Language 문장이다.

11과 12는 혼합문장이다. 즉, 명명문장이면서 동시에 판단문장이고 제안문장이다. 그리고 Be Language 문장이다.

상담사례 개념화를 제대로 하려면, 상담자에게 '자신의 내적 판단이나 외적 진술문장' 그리고 '내담자의 내적 판단이나 외적 진술문장'이 어떤 유형인지를 변별할 수 있는 능력이 요구된다. 즉, 자신이나 내담자의 내적 판단이나 외적 진술문장이 서술인지, 명명인지, 판단인지, 평가인지, 아니면 제안인지를 구분하는 능력이 필요하다. 또한 자신이나 내담자의 내적 판단이나 외적 진술문장이 Do Language인지 Be Language인지를 구분하는 능력도 역시 필요하다. 이는 상담사례 개념화, 그리고 이후의 상담개입을 해 나갈 때 요구되는 기초능력에 해당한다.

다음에는 상담 관련 문장들이 제시되어 있다. 제시된 문장들이 어떤 유형의 문장인지를 구분해 보자. 즉, '기술문장, 명명문장, 판단문장, 평가문장, 제안문장' 중에 어디에 해당하는지를 구분해 보자. 그리고 나서 같은 방식으로 제시된 문장들이 'Do Language와 Be Language' 중에 어디에 해당하는지도 구분해 보자.

01. 영철이는 어제 "저녁 5시에 여기로 오겠습니다"라고 말했지만, 5시 23분에 상담실 문을 열고 안으로 들어왔다.
02. 영철이는 지난주에 저녁 5시에 상담약속을 했는데, 16분에 도착하였

고, 2주 전에는 4시 52분에 도착하였다.

03. 영철이는 지각 습관을 가지고 있다.

04. 영철이가 지각하는 직접적인 이유는 늦잠을 자기 때문이다.

05. 영철이는 보통 새벽 2시를 넘기고 잠을 잔다. 아침에는 깨우지 않으면 일어나지 않는다.

06. 영철이가 무책임하게 지각하는 더 근본적인 이유는 게으른 성격 때문이다.

07. 영철이는 오늘 5시 23분에 상담실에 도착한 것이 아니라 5시 15분에 도착했다. 8분간 화장실에 있었다.

08. 영철이는 저항하고 있다.

09. 영철이는 앞으로도 계속 지각할 것이다.

10. 지각은 영철이의 잘못이 아니다. 상담자의 출석에 대한 구조화 부족이 영철이의 지각행동을 유지시키고 있다. 상담구조화가 필요하다.

01은 기술문장이다. 그리고 Do Language 문장이다.

02와 07은 혼합문장이다. 기술문장이면서 동시에 명명문장이다. 그리고 Do Language 문장이다.

03과 08은 명명문장이다. 그리고 Do Language 문장이다.

04와 05는 혼합문장이다. 즉, 명명문장이면서 동시에 판단문장이다. 그리고 Do Language 문장인지 Be Language 문장인지는 명확히 구분되지 않는다. 하지만 유목화 과정에서 상향 유목화한 정도가 낮기 때문에, 즉 추상화한 정도가 낮기 때문에 보통 Do Language 문장에 포함시킨다.

06는 혼합문장이다. 즉, 명명문장이면서 동시에 판단문장이고 평가문장이다. 그리고 Be Language 문장이다.

09은 혼합문장이다. 명명문장이면서 동시에 판단문장이다. 그리고 Be Language 문장이다.

10은 혼합문장이다. 즉, 명명문장이면서 동시에 판단문장이고 평가문장이며 제안문장이다. 그리고 Be Language 문장이다.

⑷ 상담사례와 주어진 정보 정리

상담사례를 토대로 정보를 정리하는 연습을 해 보자. 당신이 제시된 상담사례를 담당할 상담자로 배정되었다고 가정하자. 당신에게 배정되기 이전에, 접수면접자가 신청 및 접수면접을 1회기 실시하였다. 그리고 접수면접자는 신청 및 접수면접 내용을 접수면접지에 기록하였다. 그리고 자신이 기록한 접수면접지를 상담자인 당신에게 인계하였고, 당신은 인수받았다. 접수면접자로부터 넘겨받은 '접수면접 기록지'에는 다음과 같은 내용이 포함되어 있었다.

> 영철이 엄마와 접수면접을 함. 영철이 엄마가 호소한 주된 내용은 다음과 같음.
>
> "중학교 1학년 아들이 학교에서 따돌림을 당하나 봐요."
>
> "그 문제로 학교가기를 싫어해요."
>
> 영철이 엄마가 "따돌림 문제를 다루는 전문가가 있나요?"라고 질문해서 "20년 경력의 청소년상담자가 있습니다"라고 함.
>
> 그리고 "여기서 상담받으면 정말 따돌림 문제를 해결할 수 있을까요?"라고 질문해서 "따돌림 문제는 학교상담실과 연계해서 자주 다루는 주제라서, 도움이 될 것입니다."라고 함.

앞에 제시된 상담사례에 있는 정보들을 정리해 보자. 구체적으로 어떤 항목으로 정보들을 구분할 수 있는가? 그리고 구분된 항목들 안에 어떤 세부정보들을 포함할 수 있는가?

• 구분 항목 _____

_____

_____

- 구분 항목에 포함할 세부정보들

A항목에 포함할 세부정보들

_____

_____

B항목에 포함할 세부정보들

_____

_____

C항목에 포함할 세부정보들

_____

_____

D항목에 포함할 세부정보들

_____

_____

E항목에 포함할 세부정보들

_____

_____

다음은 제시된 상담사례에 있는 정보들을 정리해 놓은 것이다. 앞에서 당신이 정리한 것과 비교를 해 보자.

① 주어진 정보를 상담자와 내담자가 사용한 개념단어로 구분하기

- **상담자**: 영철(3회), 엄마(3회), 접수면접, 하다(2회), 호소, 주된 내용, 다음, 같음, 질문(2회), 20년, 경력, 청소년상담자, 있다, 따돌림 문제, 학교

상담실, 연계, 자주, 다루는 주제, 상당부분, 도움
- **내담자**: 중학교, 1학년, 아들, 학교, 따돌림, 당한다, 보인다, 문제, 학교 가기, 싫어한다, 따돌림 문제(2회), 다루기, 전문가, 상담받다, 해결

② 주어진 정보를 문제, 원인, 개입과 관련된 가설문장으로 구분하기
- **문제**

  아들이 학교에서 따돌림당한다.

  아들이 학교 가기 싫어한다.
- **문제 원인**

  아들이 학교가기 싫어하는 원인은 따돌림 때문이다.

  아들이 따돌림당하는 장소는 학교이다.
- **상담개입**

  20년 경력의 청소년 상담자가 있다.

  따돌림 문제는 학교상담실과 연계해서 자주 다루는 주제이다.

  상담 받으면 따돌림 문제 해결에 도움이 될 것이다.

③ 주어진 정보를 사실과 사실기반 추정으로 구분하기
- **사실(기술, 명명)**: 영철이 엄마와 접수면접을 했다.
  - **추정(명명, 판단)**: 접수면접자와 내담자인 엄마와 내담자 아들인 영철이가 존재한다. 엄마는 아들이 있다. 아들 이름은 영철이다. 이전에 접수면접을 했다. 접수면접의 내담자는 영철이 엄마이다. 영철이는 접수면접에 오지 않았다.
- **사실(기술)**: 영철이 엄마가 "중학교 1학년 아들이 학교에서 따돌림을 당하나 봐요."라고 말했다.
  - **추정(명명, 판단)**: 접수면접자와 엄마인 내담자와 아들인 영철이와 따돌림하는 사람(또는 사람들)이 존재한다. 중학교가 존재한다. 아들은 중학교 1학년이다. 엄마는 아들이 따돌림을 당한다고 생각하고 있

다. 엄마는 아들이 따돌림을 당하는 장소가 학교라고 생각하고 있다.

- **사실(기술)**: 영철이 엄마가 "그 문제로 학교 가기를 싫어해요."라고 말했다.

  - **추정(명명, 판단)**: 접수면접자와 내담자인 엄마와 아들인 영철이가 존재한다. 엄마는 영철이가 학교 가기 싫어한다고 생각하고 있다. 학교 가기 싫어하지만 실제로는 학교에 가는지 가지 않는지는 확실하지 않다. 엄마는 영철이가 학교 가기 싫어하는 원인이 그 문제(따돌림당하는 문제) 때문이라고 생각하고 있다.

- **사실(기술)**: 영철이 엄마가 "따돌림 문제를 다루는 전문가가 있나요?"라고 질문했다. 접수면접자가 "20년 경력의 청소년상담자가 있습니다."라고 말했다.

  - **추정(명명, 판단)**: 접수면접자와 내담자인 엄마와 따돌림 문제를 가진 영철이와 따돌림 문제에 대한 전문적 상담을 해 줄 수 있는 20년 경력의 전문가인 청소년상담자가 존재한다. 영철이 엄마는 상담실에 따돌림 문제를 다루는 전문가가 있는지에 대해 의문이 있다. 이 의문의 답을 얻고 싶어 한다. 상담실에 20년 경력의 청소년상담자가 존재한다. 20년 경력의 청소년상담자는 20년 동안 청소년상담을 해 왔다. 20년 경력의 청소년상담자는 따돌림 문제를 포함한 청소년 문제의 전문가이다. 20년 경력의 청소년상담자는 따돌림 문제에 대한 전문적 상담서비스를 제공할 수 있다.

- **사실(기술)**: 영철이 엄마가 "여기서 상담받으면 정말 따돌림 문제를 해결할 수 있을까요?"라고 질문했다. 접수면접자가 "따돌림 문제는 학교상담실과 연계해서 자주 다루는 주제라서 도움이 될 것입니다."라고 말했다.

  - **추정(명명, 판단)**: 접수면접자와 내담자인 엄마와 따돌림 문제를 가진 영철이가 존재한다. 상담실과 학교상담실이 존재한다. 엄마는 이 상담실에서 상담받으면 정말 따돌림 문제를 해결할 수 있을지에 대해

의문이 있다. 이 의문의 답을 얻고 싶어 한다. 이 상담실과 학교상담실은 서로 연계하고 있다. 따돌림 문제는 학교상담실과 연계해서 자주 다루는 주제이다. 자주 다루는 주제는 잘 다룬다. 상담실에서 상담받으면 따돌림 문제 해결에 도움이 될 것이다.

16. 의문

상담사례 개념화는 의문에서 시작된다. 뒤에서 의문 생성에 대해서는 따로 설명하였는데, 여기서는 기초적인 의문에 대해서 설명을 하였다. 먼저, 사례를 토대로 의문 생성하기 연습을 해 보자. 다음 사례와 관련된 정보들이 제시되어 있다. 이 제시된 정보를 가지고 의문 생성하기를 해 보자.

주어진 정보

내담자는 대학교 1학년 여학생이다.

오늘은 3회기 상담이고 18시에 상담하기로 약속했다. 그런데 지금 19시인데, 내담자는 오지 않았다. 상담자가 내담자에게 2회 전화를 했지만 받지 않았다. 내담자는 사전에 결석한다는 말을 하지 않았다.

내담자가 약속 시간에 오지 않아서 상담자는 불편한 감정, 특히 미운 감정이 약하게 일어났다. 그리고 지난 2회기 동안 내담자의 소극적이고 수동적인 모습들, 그리고 지난 시간에 상담자가 "상담이 어떠니?"라고 물었을 때 "그저 그래요."라고 말했던 일이 연상되었다. 상담자는 나에게 상담을 받지 않으려 하는 것 같다는 생각이 들었다.

이전에 신청 및 접수면접에서 내담자가 작성한 상담신청서의 상담받고 싶은 문제에는 '친구와 갈등문제'라고 쓰여 있었다. 본 상담에서도 이 문제를 다루기로 했었다.

의문 생성하기

당신이 담당 상담자라고 가정하자. 상기된 주어진 정보를 토대로, 상담사례 개념화를 위한 의문 생성하기를 해 보자. 즉, 필요한 의문을 제기하고, 이를 구체적인 문장으로 써 보라.

만약, 당신이 '제시된 사례에 대한 의문 생성하기가 어렵다'라고 느껴지거나, 어렵다고 느껴지진 않더라도 단순히 '왜? 형식의 의문들만 생성하여 기술된 상태'라면, 당신은 '의문 생성에 대한 지식을 습득'하거나 '습득한 지식을 토대로 반복적인 연습을 통해 의문 생성 능력을 증진할 필요가 있음'을 시사한다.

상담사례 개념화는 특정 상담사례를 담당한 상담자가 전문적 상담서비스를 제공하기 위해 당연히 수행해야 할 전문적 사고과정이다. 즉, 특정 상담사례의 상담문제, 상담문제 원인, 상담개입과 관련된 의문을 생성하고, 이 생성된 의문의 답을 탐구하며, 이 탐구를 토대로 의문의 답을 판단해 나가는 전문적 사고의 과정이다. 그리고 이 상담사례 개념화의 시작은 보통 의문에서 시작된다.

의문(疑問)은 상담사례 개념화뿐만 아니라 모든 논리적 사고의 시작점에 존재한다. 의문이란 '궁금함이 일어나고 이 궁금함의 답을 얻기 위해 물음을 던지는 정신적 행위'이다. 그리고 질문(質問)은 사고를 전개하거나 의사소통을 전개하기 위해 내적인 의문을 의문문 형태의 외적인 문장으로 바꾼 것이다. 일반적으로 좋은 의문(또는 좋은 질문)이 좋은 답을 얻는 출발점이 된다. 상담사례 개념화에서도 마찬가지이다. 상담사례에 대한 좋은 의문이 좋은 상담사례 개념화 결과를 얻는 출발점이 된다.

그렇다면 어떻게 의문을 해야 할까? 구체적으로 상담사례 개념화에서는 어떤 의문을 해야 할까? 여기서는 상담사례 개념화와 관련된 의문을 설명하였는데, 편의상 의문을 일차의문과 이차의문으로 구분하여 설명하였다.

1) 일차의문

좋은 의문을 생성하려면 의문을 생성할 수 있는 능력이 요구된다. 좋은 의문은 높은 수준의 의문 생성 능력이 발현된 결과이다. 일차의문이란 상담사례 개념화와 관련하여 '상담자가 전문적 상담서비스를 제공하기 위해서 일차적으로 묻고 답을 찾아야 하는 의문'을 의미하는데, 이런 일차의문의 세부 내용은 '상담문제 의문, 상담문제 원인 의문, 상담개입 의문'의 세 가지이다. 즉, 상담자가 전문적 상담서비스를 제공하기 위해서 일차적으로 묻고 답을 찾아야 하는 '상담문제란 무엇인가? 상담문제의 원인은 무엇인가? 상담개입을 어떻게 할 것인가?'의 세 가지 의문을 일차의문이라고 한다. 이 세 가지 의문을 좀 더 자세히 설명하면 다음과 같다.

(1) 상담문제 의문

상담사례 개념화를 하려면 상담자가 반드시 물어야 할 첫 번째 일차의문은 '상담문제는 무엇인가?'이다. 상담문제를 다시 '호소문제, 이면문제, 진단문제, 상담문제'로 세분하여 의문하면 다음과 같다.

- 내담자의 호소문제와 관련된 정보는 무엇인가? 내담자의 호소문제(또는

관련인이나 관련기관의 호소문제)는 무엇인가? 내담자가 호소한 문제를 상담이론에 있는 개념단어로 바꾼다면 어떤 개념단어로 바꿀 수 있는가? 내담자가 호소한 문제를 가설문장으로 바꾼다면 어떤 가설문장으로 바꿀 수 있는가?

• 내담자의 이면문제와 관련된 정보는 무엇인가? 내담자의 이면문제(외부환경, 외현이나 내현반응, 반응양식, 성격, 발달, 초월영성, 가족, 지역사회 등의 문제)는 무엇인가? 내담자의 이면문제를 상담이론에 있는 개념단어로 바꾼다면 어떤 개념단어로 바꿀 수 있는가? 내담자의 이면문제를 가설문장으로 바꾼다면 어떤 가설문장으로 바꿀 수 있는가?

• 내담자의 진단문제와 관련된 정보는 무엇인가? 내담자의 진단문제(정신장애)는 무엇인가? 내담자의 진단문제를 DSM 진단체계나 ICD 진단체계에 있는 개념단어로 바꾼다면 어떤 개념단어(정신장애 명칭)로 바꿀 수 있는가? 내담자의 진단문제를 가설문장으로 바꾼다면 어떤 가설문장으로 바꿀 수 있는가?

• 합의한 상담문제와 관련된 정보는 무엇인가? 합의한 상담문제는 무엇인가? 합의한 상담문제를 상담이론에 있는 개념단어로 바꾼다면 어떤 개념단어로 바꿀 수 있는가? 합의한 상담문제를 가설문장으로 바꾼다면 어떤 가설문장으로 바꿀 수 있는가?

(2) 상담문제 원인 의문

상담사례 개념화를 하려면 상담자가 반드시 물어야 할 두 번째 일차의문은 '상담문제의 원인은 무엇인가?'이다. 상담문제의 원인을 다시 '사건원인, 반응원인, 발달원인, 체계원인'으로 세분하여 의문하면 다음과 같다.

• 상담문제의 사건원인(문제상황 관련 사건, 스트레스 사건, 조건화 사건)과 관련된 정보는 무엇인가? 상담문제의 사건원인은 무엇인가? 상담문제의 사건원인을 상담이론에 있는 개념단어로 바꾼다면 어떤 개념단어로

바꿀 수 있는가? 상담문제의 사건원인을 가설문장으로 바꾼다면 어떤 가설문장으로 바꿀 수 있는가?

- 상담문제의 반응원인(외현행동, 내현반응, 반응양식, 성격, 신체반응)과 관련된 정보는 무엇인가? 상담문제의 반응원인은 무엇인가? 상담문제의 반응원인을 상담이론에 있는 개념단어로 바꾼다면 어떤 개념단어로 바꿀 수 있는가? 상담문제의 반응원인을 가설문장으로 바꾼다면 어떤 가설문장으로 바꿀 수 있는가?

- 상담문제의 발달원인(당면 발달과제, 미해결 발달과제, 미성취 초월영성 성장과제)과 관련된 정보는 무엇인가? 상담문제의 발달원인은 무엇인가? 상담문제의 발달원인을 상담이론에 있는 개념단어로 바꾼다면 어떤 개념단어로 바꿀 수 있는가? 상담문제의 발달원인을 가설문장으로 바꾼다면 어떤 가설문장으로 바꿀 수 있는가?

- 상담문제의 체계원인(가족구조 변화, 가족기능 장애, 가족발달 장애 원인, 그리고 지역사회의 바람직하지 않은 구조적 문제, 사회적 안전망 부족, 사회적 지지체계 부족 원인)과 관련된 정보는 무엇인가? 상담문제의 체계원인은 무엇인가? 상담문제의 체계원인을 상담이론에 있는 개념단어로 바꾼다면 어떤 개념단어로 바꿀 수 있는가? 상담문제의 체계원인을 가설문장으로 바꾼다면 어떤 가설문장으로 바꿀 수 있는가?

(3) 상담개입 의문

상담사례 개념화를 하려면 상담자가 반드시 물어야 할 세 번째 일차의문은 '상담개입을 어떻게 할 것인가?'이다. 상담개입을 다시 '사건개입, 반응개입, 발달개입, 체계개입'으로 세분하여 의문하면 다음과 같다.

- 사건개입(문제상황 관련 사건개입, 스트레스 사건개입, 조건화 사건개입)과 관련된 정보는 무엇인가? 사건개입을 어떻게 할 것인가? 사건개입을 상담이론에 있는 개념단어로 바꾼다면 어떤 개념단어로 바꿀 수 있는가?

사건개입을 가설문장으로 바꾼다면 어떤 가설문장으로 바꿀 수 있는가?

- 반응개입(외현행동 개입, 내현반응 개입, 반응양식 개입, 성격 개입, 신체반응 개입)과 관련된 정보는 무엇인가? 반응개입을 어떻게 할 것인가? 반응개입을 상담이론에 있는 개념단어로 바꾼다면 어떤 개념단어로 바꿀 수 있는가? 반응개입을 가설문장으로 바꾼다면 어떤 가설문장으로 바꿀 수 있는가?

- 발달개입(당면 발달과제 개입, 미해결 발달과제 개입, 그리고 미성취 초월영성 성장과제 개입)과 관련된 정보는 무엇인가? 발달개입을 어떻게 할 것인가? 발달개입을 상담이론에 있는 개념단어로 바꾼다면 어떤 개념단어로 바꿀 수 있는가? 발달개입을 가설문장으로 바꾼다면 어떤 가설문장으로 바꿀 수 있는가?

- 체계개입(가족구조 변화나 가족기능 장애나 가족발달 이상 개입, 그리고 지역사회 구조적 문제, 사회적 안전망 부족, 사회적 지지체계 부족 개입)과 관련된 정보는 무엇인가? 체계개입을 어떻게 할 것인가? 체계개입을 상담이론에 있는 개념단어로 바꾼다면 어떤 개념단어로 바꿀 수 있는가? 체계개입을 가설문장으로 바꾼다면 어떤 가설문장으로 바꿀 수 있는가?

이런 의문은 외부에서 누군가가 제기할 수 있다. 가령, 내담자가 제기할 수도 있고, 부모나 관련인이 제기할 수도 있으며, 슈퍼바이저가 제기할 수도 있고, 당신이 슈퍼바이저라면 수련생이 제기할 수도 있다. 예를 들어, 내담자가 상담진행 과정에서 제기할 수 있다. 내담자들은 담당 상담자에게 '저의 문제가 무엇인가요? 문제의 원인이 무엇인가요? 문제를 어떻게 해결해야 하나요?'라고 물을 수 있다. 또는 외부에서 관련인이 제기할 수도 있다. 가령, 부모나 담임교사나 담당 보호관찰사나 담당 사회복지사가 의문을 제기할 수 있다. 이들은 담당 상담자에게 '우리 아들(또는 학생, 보호관찰 대상자, 클라이언트)에게 무슨 일이 벌어지고 있나요? 아들의 문제가 무엇인가요? 아들 문제의 원인이 무엇인가요? 아들 문제를 어떻게 해결해야 하나요?'라고 물을

수 있다. 또는 외부에서 지도감독자가 제기할 수도 있다. 가령, 소속 상담기
관의 슈퍼바이저나 대학원 상담실습 과목의 담당교수가 의문을 제기할 수
있다. 이들은 담당 상담자에게 '주어진 정보는 무엇인가요? 내담자의 문제가
무엇인가요? 내담자 문제의 원인이 무엇인가요? 내담자의 문제해결을 어떻
게 조력해야 하나요?'라고 물을 수 있다. 또는 당신이 슈퍼바이저거나 상담
실습 교과의 담당교수이거나 선배 상담자라면 수련생이나 학생이나 후배 상
담자가 당신에게 의문을 제기할 수도 있다. 이들은 당신에게 '이 내담자에게
무슨 일이 벌어지고 있나요? 내담자의 문제가 무엇인가요? 내담자 문제의
원인이 무엇인가요? 내담자 문제를 어떻게 해결해야 하나요?'라고 물을 수
있다.

그런데 상담사례 개념화를 하려면, 외부에서 의문이 주어진다 하더라도
자기 자신의 내부에서 의문이 생성되어야 한다. 즉, '주어진 정보는 무엇인
가? 내담자의 상담문제는 무엇인가? 내담자의 상담문제의 원인은 무엇인가?
내담자의 상담문제 해결을 조력하려면 상담개입을 어떻게 해야 하는가?'라
는 의문들이 자신 안에서 생성되어야 한다.

한편, 상담사례 개념화와 관련된 일차의문을 생성하려면 '선행했던 의문
과 탐구와 판단들에 대한 이해'가 뒷받침되어야 한다. 또한 이런 선행했던
의문과 탐구와 판단들에 대한 이해를 제대로 하려면 '선행지식'이 뒷받침되
어야 한다. 여기서 선행지식이란 상담이론 모형에 대한 지식, 상담연구 결과
에 대한 지식, 임상적 경험과 관련된 상담실무 지식, 그리고 상담사례 개념
화 실무경험과 관련된 지식 등을 의미한다. 이런 선행지식들이 뒷받침되어
야 비로소 적합한 일차의문을 생성해 낼 수 있다.

2) 이차의문

이차의문이란 일차의문을 제외한 나머지 의문들이다. 즉, 상담사례 개념
화를 해 나가는 과정에서 일차의문과 함께 묻는 다양한 유형의 연관된 의문

들이다. 일반적으로 의문의 유형에 대한 지식은 의문생성 능력을 높이는 데 도움이 된다. 여기서는 이차의문을 '현상, 구조, 변화, 관계, 역사, 예측, 방법, 가치, 개념과 가설에 대한 의문'으로 구분하고 각 의문유형에 대해 간략히 설명하였다.

(1) 현상에 대한 의문

현상(現象, phenomenon)이란 '외적으로 나타난 상', 또는 '있는 그대로의 객관적 사실', 또는 '외적 대상에 대한 내적 표상' 등으로 정의할 수 있다. 상담사례 개념화는 다음과 같은 현상에 대한 의문으로 시작할 수 있다.

- 지금 무슨 일이 벌어지고 있는가?
- 지금(또는 과거, 미래) 어떤 사건이 발생했는가? 어떤 사건이 발생하지 않았는가?
- 내담자는 어떤 반응을 어떻게 했는가? 내담자의 형태나 동작은 어떠했는가? 내담자 반응의 위치, 강도, 빈도, 지속시간은 어떠했는가?
- 내담자는 상담받고 싶은 문제가 무엇이냐는 질문에 어떻게 반응하였는가?
- 내담자는 상담에서 얻고 싶은 것이 무엇이냐는 질문에 어떻게 반응하였는가?
- 상담자는 상담기록부에 내담자의 상담문제와 상담문제의 원인에 대해 어떻게 기술하였는가?
- 상담자는 상담기록부에 상담개입 목표와 전략을 어떻게 기술하였는가?

자신의 상담사례를 하나 선정하여 '현상에 대한 의문'을 구성해 보자.

----

(2) 구조에 대한 의문

구조란 '부분이나 요소가 어떤 전체를 짜 이룸. 또는 그렇게 이루어진 얼개'이다(국립국어원, 2019). 상담사례 개념화는 다음과 같은 구조에 대한 의문으로 시작할 수 있다.

- 내담자의 소속은 어디인가?
- 내담자의 가족은 어떻게 구성되어 있는가?
- 내담자가 호소한 불안문제의 하위 내용은 구체적으로 무엇인가?
- 내담자가 호소한 불안문제와 관련된 비합리적 신념의 하위 내용은 구체적으로 무엇인가?
- 내담자의 성격구조는 어떠한가?
- 내담자의 충동성은 어떤 하위요소들로 구성되어 있는가?
- 내담자의 뇌신경 구조는 어떠한가?
- 불안문제에 대한 상담개입 목표의 하위 내용은 구체적으로 무엇인가?
- 불안문제에 대한 상담개입 전략의 하위 내용은 구체적으로 무엇인가?

자신의 상담사례를 하나 선정하여 '구조에 대한 의문'을 구성해 보자.

- -
- -
- -

(3) 변화에 대한 의문

대상이나 현상은 변화한다. 상담사례 개념화는 '대상이나 현상의 변화'와 관련된 다음과 같은 의문으로 시작할 수 있다.

- 접수면접에서 호소한 상담문제가 첫 회기와 둘째 회기에서 어떻게 변화

하였는가?

- 상담자가 작성한 상담기록부에 명시된 상담문제, 상담문제 원인, 상담 개입에 대한 진술문장이 지난 10회기 동안 어떻게 변화해 왔는가?
- 내담자의 역기능적인 반응은 상담 이전과 비교할 때 어떻게 변화하였는 가?
- 내담자의 공격성은 변화하였는가? 내담자의 비주장 행동은 감소하였는 가?
- 상담자의 공감반응은 증가하였는가?

> 자신의 상담사례를 하나 선정하여 '변화에 대한 질문'을 구성해 보자.
>
> --
>
> --
>
> --

(4) 관계에 대한 의문

관계(關係)란 '둘 이상의 사람, 사물, 현상 따위가 서로 관련을 맺거나 관련이 있음(국립국어원, 2019)'을 의미한다. 흔히 상담에서는 관계와 관련하여 두 변인 간의 단순비교, 상관관계, 인과관계 등에 관심을 가진다. 상담사례 개념화는 '단순비교, 상관관계, 인과관계 등'의 관계와 관련된 다음과 같은 의문으로 시작할 수 있다.

- 이전 회기의 상담에서 호소한 문제와 이번 회기의 상담에서 호소한 문제는 어떤 차이가 있는가?
- 접수면접에서 실시한 MMPI 결과와 상담종결 이후에 실시한 MMPI 결과와 비교하면 어떤 차이가 있는가?
- 내담자의 초등학교 성적과 고등학교 성적은 어떤 차이가 있는가?

- 내담자의 회피행동과 신경성은 서로 상관이 있는가?
- 내담자의 비행행동과 내담자가 거주하는 지역의 높은 범죄율과 상관이 있는가?
- 내담자의 정신과 약물복용이 학교생활 적응에 어떤 영향을 미치고 있는가?
- 내담자가 1학기 성적이 떨어진 이유가 남자친구와 상관이 있는가?
- 내담자의 예습과 복습시간의 양이 기말고사 성적을 결정하는 가장 중요한 요인인가?
- 내담자의 이혼과 우울은 상관이 있는가?
- 이완훈련과 불안검사의 점수와는 관계가 있는가?
- 주요 우울증의 원인은 무엇일까? 가족의 죽음이 주요 우울증과 관계있을까?
- 도파민 증가가 망상 증가의 원인일까?

자신의 상담사례를 하나 선정하여 '관계에 대한 의문'을 구성해 보자.

- -

- -

- -

(5) 역사에 대한 의문

역사란 '어떤 사물이나 사실이 존재해 온 연혁(국립국어원, 2019)'이다. 현재 존재하는 모든 대상이나 현상은 역사적 배경이 있다. 상담사례 개념화는 대상이나 현상의 역사와 관련된 다음과 같은 의문으로 시작할 수 있다.

- 내담자는 어떤 개인사(個人史)나 가족사(家族史)를 가지고 있는가? 어떤 병력(病歷)이나 문제사(問題史)를 가지고 있는가? 어떤 치료사(治療史)나

상담사(相談史)를 가지고 있는가?

- 내담자는 태아기에 어떤 발달사건들을 경험했는가?
- 내담자의 발표불안은 과거에도 있었는가? 발표불안이 일어났던 최초의 사건은 무엇인가?
- 내담자는 과거에도 우울문제를 가지고 있었는가? 과거에 우울과 관련된 자살시도 문제로 상담받은 적이 있는가? 과거에 자살시도 문제로 정신과 약물치료를 받은 적이 있는가?
- 내담자는 자신은 워싱턴대학교에서 교육학 석사를 졸업했다고 하였다. 하지만 같이 내방한 이복언니는 내담자가 거짓말하고 있을 것이라고 말했다. 누가 사실을 말했을까?

자신의 상담사례를 하나 선정하여 '역사에 대한 의문'을 구성해 보자.

----

(6) 예측에 대한 의문

예측(豫測)의 사전적 의미는 '미리 헤아려 짐작하는 행위'이다(국립국어원, 2019). 그런데 상담에서의 예측은 '미래에 일어날 상담현상에 대한 예언', 또는 '상담 대상이나 현상에 치료적 조작을 가하는 특정 상담처치를 했을 때 일어날 수 있는 상담결과에 대한 가설적 진술'을 의미한다. 상담사례 개념화를 실시하는 목적 중 하나는 예측이다. 상담사례 개념화는 대상이나 현상의 미래 예측과 관련된 다음과 같은 의문으로 시작할 수 있다.

- 내담자는 학교를 졸업할 수 있을까? 금연을 성공할 수 있을까? 1년 이상 금연을 지속할 수 있을까?

- 10회기 이후에 호소문제와 관련된 문제행동은 감소하게 될까?
- 고소공포증 약물치료의 치료적 예후는 어떠할까?
- 6개월 동안 하루 30분 이상씩 아들에게 신체 마사지를 해 주면 불안정 애착에 변화가 나타날까?
- 발표불안 문제의 불안반응을 낮추기 위해 체계적 둔감화를 실시하면 어떤 성과를 기대할 수 있을까? 체계적 둔감화가 불안검사의 점수를 낮추는 데 효과가 있을까?
- 자살시도 문제를 가진 내담자에게 약물치료를 중단하면 어떤 일이 벌어질까?
- 3개월 동안 주1회 등산을 실시하면 우울증상 치료에 도움이 될까?
- 내담자의 주장행동을 증가시키면 관계갈등이 증가할까?

자신의 상담사례를 하나 선정하여 '예측에 대한 의문'을 구성해 보자.

---

(7) 방법에 대한 의문

방법(方法)이란 '어떤 일을 해 나가거나 목적을 이루기 위하여 취하는 수단이나 방식'이다(국립국어원, 2019). 상담에서 방법은 '상담 목적이나 목표를 성취하기 위한 도구, 수단, 원리, 기제, 순서, 기술 등'의 복합적인 의미로 사용된다. 상담사례 개념화를 실시하는 목적 중 하나는 상담개입 방법을 산출하거나 이를 검증하는 것이다. 상담사례 개념화는 개입방법과 관련된 다음과 같은 의문으로 시작할 수 있다.

- 어떻게 하면 정신장애를 빠르고 정확하게 진단할 수 있을까?

- 어떻게 하면 발생한 집단 따돌림 문제의 원인을 제대로 파악할 수 있을 까?
- 내담자 성격 변화를 어떻게 객관적으로 측정할 수 있을까?
- 내담자의 망각된 기억을 회상시키려면 어떤 방법들을 시도해야 할까?
- 금연에 성공하려면 어떤 방법들이 있을까? 혐오치료가 도움이 될까?
- 불안반응을 낮추려면 어떻게 개입해야 할까?
- 거미공포증 증상이 없어졌는데, 어떤 치료요인이나 기제에 의해 증상이 없어졌을까?
- 단기집중 감정표현 훈련이 대인관계 갈등문제를 해결하는 데 도움이 될 까?
- 자살시도를 중단시키려면 어떤 방법들이 도움이 될까? 자살시도 행동 을 제거하는 데 역설적 질문이 효과 있을까?
- 하루 30분씩 3개월 동안 엄마가 해 주는 신체 마사지가 아동 분리불안 문제를 해결하는 데 도움이 될까?
- 자살시도 문제를 가진 내담자에게 약물치료 외에 도움이 되는 방법은 무엇일까?
- 우울증 치료에 등산이 도움이 될까?

자신의 상담사례를 하나 선정하여 '방법에 대한 질문'을 구성해 보자.

---

(8) 가치에 대한 의문

가치(價値)란 '경험적 대상에 대한 값어치 인식, 그리고 값어치 있다고 인식하여 얻고자 추구하는 경험적 대상들'을 의미한다(교재편찬위원회, 2019).

상담사례 개념화는 대상이나 현상의 가치와 관련된 다음과 같은 의문으로
시작할 수 있다.

- 내담자의 문제 속에는 어떤 가치문제가 포함되어 있는가?
- 내담자는 어떤 가치 우선순위를 가지고 있는가?
- 내담자의 상담문제와 관련된 역기능적인 가치신념은 무엇인가?
- 내담자의 증상은 내담자에게 어떤 이차적 이득을 제공하고 있는가?
- 진로문제를 우선해야 할까? 아니면 성격문제를 우선해야 할까? 어떤 문
  제를 다루는 것이 더 나은 선택인가?
- 경제적 어려움을 겪고 있음에도 불구하고 대출까지 받아서 아들을 유학
  보내는 것이 가치 있는 선택인가? 이혼 결정이 가치 있는 선택인가? 학
  력 열등감을 극복하기 위해 노후자금을 투자해서 박사학위에 등록하는
  행동이 정말 가치 있는 선택일까?
- 3회기 제한 상담에서 내담자의 성격문제를 다루기 위해 자유연상을 실
  시하는 것은 바람직한 선택인가? 약물치료를 중단하고 인지치료만 하
  는 것이 바람직한가?
- 상담을 원하지 않는 성폭행 피해 내담자에게 비자발적 상담을 진행하는
  것이 윤리적인가? 슈퍼비전을 받으면서 상담하고 있다는 점을 내담자
  에게 알리지 않는 것은 정당한 것인가?

자신의 상담사례를 하나 선정하여 '가치에 대한 질문'을 구성해 보자.

----

(9) 개념과 가설에 대한 의문

상담사례 개념화는 특정 상담사례의 상담문제, 상담문제 원인, 상담개입과 관련된 개념단어나 가설문장을 만들어 가는 작업이다. 상담사례 개념화는 개념단어나 가설문장과 관련된 다음과 같은 의문으로 시작할 수 있다.

- 주어진 정보를 토대로 어떤 개념단어를 구성할 수 있는가? 이 구성된 개념단어를 사용하여 어떤 가설문장을 구성할 수 있는가?
- 내담자가 호소한 증상들을 기존의 진단체계에 있는 개념단어로 바꾼다면 어떤 개념단어로 바꿀 수 있는가? 이 개념단어를 사용하여 정신장애 가설문장을 만든다면 어떤 가설문장을 만들 수 있는가?
- 내담자가 호소한 내용들을 정신분석 상담이론에 있는 개념단어로 바꾼다면 어떤 개념단어로 바꿀 수 있는가? 이 정신분석 개념단어를 사용하여 호소문제에 대한 가설문장을 만든다면 어떤 가설문장을 만들 수 있는가?
- 상담자가 추리한 상담문제 원인들을 토대로 인지행동 상담이론에 있는 개념단어를 사용하여 상담문제 원인 개념단어들을 구성한다면, 어떤 개념단어들을 구성할 수 있는가? 이 인지행동 상담이론의 개념단어를 사용하여 상담문제 원인에 대한 가설문장을 만든다면 어떤 가설문장을 만들 수 있는가?
- 인지행동 상담이론에 있는 개념단어를 사용하여 상담개입 개념단어들을 구성한다면, 어떤 개념단어들을 구성할 수 있는가? 이 인지행동 상담이론의 개념단어들을 사용하여 상담개입에 대한 가설문장을 만든다면 어떤 가설문장을 만들 수 있는가?

자신의 상담사례를 하나 선정하여 '개념에 대한 의문'을 구성해 보자.

----

3) 의문 연습

시작하면서 제시되었던 의문 생성하기 사례이다. 주어진 정보를 토대로 의문 생성하기를 다시 시도해 보자.

주어진 정보

내담자는 대학교 1학년 여학생이다.

오늘은 3회기 상담이고 18시에 상담하기로 약속했다. 그런데 지금 19시인데, 내담자는 오지 않았다. 상담자가 내담자에게 2회 전화를 했지만 받지 않는다. 내담자는 사전에 결석한다는 말을 하지 않았다.

내담자가 약속 시간에 오지 않아서 상담자는 불편한 감정, 특히 미운 감정이 약하게 일어났다. 그리고 지난 2회기 동안 내담자의 소극적이고 수동적인 모습들, 그리고 지난 시간에 상담자가 "상담이 어떠니?"라고 물었을 때 "그저 그래요"라고 말했던 일이 연상되었다. 상담자는 나에게 상담을 받지 않으려 하는 것 같다는 생각이 들었다.

이전에 신청 및 접수면접에서 내담자가 작성한 상담신청서의 상담받고 싶은 문제에는 '친구와 갈등문제'라고 쓰여 있었다. 본 상담에서도 이 문제를 다루기로 했다.

만약, 당신이 다음과 비슷한 의문들을 생성할 수 있다면, 당신은 상담사례 개념화에서 요구되는 기초적인 의문 생성 능력이 형성되었다고 할 수 있다.

의문 생성하기

- 내담자의 호소문제는 무엇인가? 이면문제는 무엇인가? 진단문제는 무엇인가? 상담문제인 '친구와 갈등문제'에는 이면문제와 진단문제가 반영되어 있는가? 이를 개념단어나 가설문장으로 어떻게 진술할 수 있는가?
- 상담문제인 '친구와 갈등문제'의 원인은 무엇인가? 구체적으로 사건원인은 무엇인가? 반응원인은 무엇인가? 발달원인은 무엇인가? 체계원인은 무엇인가? 이를 개념단어나 가설문장으로 어떻게 진술할 수 있는가?

- 상담문제인 '친구와 갈등문제'에 대한 상담개입을 어떻게 할 것인가? 구체적으로 사건개입을 어떻게 할 것인가? 반응개입을 어떻게 할 것인가? 발달개입을 어떻게 할 것인가? 체계개입을 어떻게 할 것인가? 이를 개념단어나 가설문장으로 어떻게 진술할 수 있는가?

- 현안인 '내담자가 3회기 약속시간에 오지 않은 문제'와 관련해서 무슨 일이 벌어지고 있는가? 상담개입과 관련해서 문제가 무엇인가? 문제의 원인은 무엇인가? 이 문제에 대한 상담개입을 어떻게 해야 하는가? 이 문제와 원인과 개입을 개념단어나 가설문장으로 어떻게 진술할 수 있는가?

- 내담자의 결석행동의 원인은 무엇인가? 구체적으로 결석행동을 유발한 사건은 무엇인가? 결석행동과 관련된 내현반응은 무엇인가? 결석행동과 관련된 반응양식은 무엇인가? 결석행동과 관련된 성격은 무엇인가? 결석행동과 관련된 신체반응은 무엇인가? 결석행동과 관련된 당면 발달과제나 미해결 발달과제는 무엇인가? 결석행동과 관련된 가족구조 결손이나 기능장애는 무엇인가? 결석행동과 관련하여 부족한 지역사회 자원이나 연계체계는 무엇인가?

- 내담자의 결석행동에 대해 상담개입을 어떻게 할 것인가? 구체적으로 결석행동을 유발한 사건에 대한 개입을 어떻게 할 것인가? 결석행동과 관련 있는 내현반응에 대한 개입을 어떻게 할 것인가? 결석행동과 관련 있는 반응양식에 대한 개입을 어떻게 할 것인가? 결석행동과 관련 있는 성격에 대한 개입을 어떻게 할 것인가? 결석행동과 관련 있는 신체반응에 대한 개입을 어떻게 할 것인가? 결석행동과 관련 있는 발달과제에 대한 개입을 어떻게 할 것인가? 결석행동과 관련 있는 가족구조 결손이나 기능장애에 대한 개입을 어떻게 할 것인가? 결석행동과 관련 있는 지역사회 자원 부족이나 연계체계 부족에 대한 개입을 어떻게 할 것인가?

다음은 접수면접 사례이다. 이 사례에 주어진 정보들을 토대로 의문 생성하기를 시도해 보자.

주어진 정보

내담자의 이름은 김영철이고 중학교 1학년 남학생이다.

상담신청은 영철이 엄마가 하였다.

신청 및 접수면접은 영철이 없이 엄마와 실시하였다.

신청 및 접수면접 이후 영철이는 상담자에게 배정 및 의뢰되었다.

상담자는 접수면접자가 기록한 접수면접지를 넘겨받았는데,

접수면접지에는 다음과 같이 쓰여 있었다.

"엄마의 호소문제"

"1. 중학교 1학년 아들이 학교에서 따돌림을 당하나 봐요."

"2. 그 문제로 학교 가기를 싫어해요."

"엄마가 '따돌림 문제를 다루는 전문가가 있나요?'라고 질문함. '20년 경력의 청소년상담자가 있다'라고 응답함. 그리고 '여기서 상담받으면 정말 따돌림 문제를 해결할 수 있을까요?'라고 질문함. '따돌림 문제는 학교상담실과 연계해서 자주 다루는 주제라서 도움이 될 것'이라고 응답함."

오늘 16시에 영철이와 첫 회기 상담을 하기로 약속되어 있다.

의문 생성하기

당신이 담당상담자라고 가정하자.

상기된 주어진 정보를 토대로, 상담사례 개념화를 위한 의문 생성하기를 해보자.

앞의 사례의 경우, 다음과 같이 의문 생성하기를 할 수 있다. 당신이 생성한 의문과 제시된 의문들을 비교해 보자.

의문 생성하기

- 내담자의 호소문제는 무엇인가? 이면문제는 무엇인가? 진단문제는 무엇인가? 상담문제는 무엇인가? 이를 개념단어나 가설문장으로 어떻게 진술할 수 있는가?
- 호소문제인 '따돌림 문제, 학교 가기 싫어하는 문제'의 원인은 무엇인가? 구체적으로 사건원인은 무엇인가? 반응원인은 무엇인가? 발달원인은 무엇인가? 체계원인은 무엇인가? 이를 개념단어나 가설문장으로 어떻게 진술할 수 있는가?
- 호소문제인 '따돌림 문제, 학교 가기 싫어하는 문제'에 대한 상담개입을 어떻게 할 것인가? 구체적으로 사건개입을 어떻게 할 것인가? 반응개입을 어떻게 할 것인가? 발달개입을 어떻게 할 것인가? 체계개입을 어떻게 할 것인가? 이를 개념단어나 가설문장으로 어떻게 진술할 수 있는가?
- 현안인 '첫 회기 상담'과 관련해서 무슨 일이 벌어지고 있는가? 첫 회기 상담개입을 어떻게 해야 하는가? 첫 회기 상담목표는 무엇인가? 첫 회기 상담전략은 무엇인가? 구체적으로 첫 회기 상담을 어떻게 진행할 것인가? 이 첫 회기 상담개입을 개념단어나 가설문장으로 어떻게 진술할 수 있는가?

17. 의문 탐구와 판단

상담사례 개념화는 먼저, ① 주어진 정보를 확인하고, 이 확인된 정보를 토대로, ② 의문을 생성하며, ③ 이 생성된 의문에 대한 답을 탐구하고, 이 탐구를 토대로 의문에 대한 답을 판단하는 반복 과정으로 이루어져 있다. 앞에서 주어진 정보를 확인 및 정리하기, 의문 생성하기에 대해 설명하였다. 여기서는 의문 탐구와 판단에 초점을 두고 상담사례 개념화 과정에 대해 설명하였다.

아래에 상담사례에 대한 정보들이 제시되어 있다. 이 상담사례와 주어진 정보들을 중심으로 '정보 확인하기, 의문 생성하기, 의문의 답을 탐구하여 판단하기'의 과정에 대해 설명하였다.

> **주어진 정보**
> 내담자의 이름은 김영철이고 중학교 1학년 남학생이다.
> 상담신청은 영철이 엄마가 하였다.
> 신청 및 접수면접은 영철이 없이 엄마와 실시하였다.
> 신청 및 접수면접 이후 영철이는 상담자에게 배정 및 의뢰되었다.
> 상담자는 접수면접자가 기록한 접수면접지를 넘겨받았는데,
> 접수면접지에는 다음과 같이 쓰여 있었다.

"엄마의 호소문제"
"1. 중학교 1학년 아들이 학교에서 따돌림을 당하나 봐요."
"2. 그 문제로 학교 가기를 싫어해요."

"엄마가 '따돌림 문제를 다루는 전문가가 있나요?'라고 질문함. '20년 경력의 청소년상담자가 있다'라고 응답함. 그리고 '여기서 상담받으면 정말 따돌림 문제를 해결할 수 있을까요?'라고 질문함. '따돌림 문제는 학교상담실과 연계해서 자주 다루는 주제라서 도움이 될 것'이라고 응답함."
오늘 16시에 영철이와 첫 회기 상담을 하기로 약속되어 있다.

1) 주어진 정보, 그리고 기존 개념단어나 가설문장 확인

상담사례 개념화의 목표는 상담문제, 상담문제 원인, 상담개입에 대한 개념단어나 가설문장을 구성하여 기술하는 것이다. 이 때문에 상담사례에 대한 정보가 주어지면, 주어진 정보의 내용에 포함되어 있는 개념단어나 가설문장들을 확인하고, 이를 정리하면 도움이 된다.

그런데 상담실무에서 상담사례 개념화를 해 나갈 때는 여기에 기술된 것처럼 개념단어나 가설문장들을 모두 나열하지 않는다. 즉, 주어진 정보에 포함된 모든 개념단어나 가설문장들을 찾아서 이렇게 나열하는 것은 실용적이지 않기 때문에 권장하지 않는다. 단지 여기서는 교육적 목적으로 주어진 정보에 포함되어 있는 모든 개념단어나 가설문장들을 확인하여 나열한 것일 뿐이다. 상담실무 과정에서 상담사례 개념화를 할 때는 이렇게 번거로운 나열 과정 없이 주어진 정보에 포함된 개념단어나 가설문장을 확인만 하면 된다.

(1) 주어진 정보에 포함된 개념단어

상담사례 정보는 개념단어로 구성되어 있다. 앞에 제시된 주어진 정보들 속에도 개념단어들이 포함되어 있다. 번거롭지만 학습을 위해 주어진 정보에 포함된 개념단어들을 모두 찾아서 나열하면 다음과 같다.

- 학교, 중학교, 상담실, 학교상담실
- 엄마, 아들, 영철이, 중학교 1학년, 남학생
- 접수면접자, 상담자, 따돌림 문제 전문가, 20년 경력의 청소년상담자
- 신청 및 접수면접, 첫 회기 상담
- 상담받기, 상담자 배정 및 의뢰, 약속
- 접수면접지, 기록 내용
- 호소문제, 따돌림, 따돌림 문제, 따돌림 문제 해결, 학교 가기 싫어함
- 질문, 응답, 연계, 다루는 주제, 도움

⑵ 주어진 정보에 포함되어 있는 가설문장

주어진 상담사례 정보는 개념단어뿐만 아니라 가설문장도 포함되어 있다. 상담사례 개념화 학습을 위해 다소 인위적이지만 주어진 정보자료에 명시되어 있는 가설문장들을 모두 찾아서 나열해 보자. 또한 명시되지 않았지만 주어진 정보자료를 토대로 추론 가능한 가설문장들도 모두 찾아서 나열해 보자. 주어진 상담사례 정보에서 찾을 수 있는 가설문장들을 모두 나열하면 다음과 같다.

- 내담자의 이름은 김영철이다. 김영철은 내담자이다. 내담자는 중학생이다. 내담자는 1학년이다. 내담자는 남학생이다. 엄마의 아들은 영철이다. 엄마는 영철이의 엄마이다. 둘은 모자지간이다.
- 상담신청은 영철이 엄마가 하였다. 엄마는 상담을 원한다.
- 상담실에서는 상담신청과 접수면접을 병행하고 있다.
- 신청 및 접수면접은 엄마를 대상으로 접수면접자가 실시하였다. 엄마는 상담실에 내방하였다. 신청 및 접수면접에 영철이는 없었다. 신청 및 접수면접은 이전에 했다.
- 신청 및 접수면접 과정에서 영철이는 배정되었다. 영철이는 의뢰되었다. 영철이는 상담자에게 배정 및 의뢰되었다. 상담자는 영철이를 배정

및 의뢰받았다.

- 접수면접자는 접수면접 내용을 접수면접지에 기록하였다.

- 접수면접자는 자신이 기록한 접수면접지를 상담자에게 넘겼다. 상담자
는 접수면접자가 넘겨 준 접수면접지를 넘겨받았다. 접수면접자는 넘
겨받은 접수면접지를 읽었다.

- 접수면접자는 "엄마의 호소문제"라고 썼다. 또한 "1. 중학교 1학년 아들
이 학교에서 따돌림을 당하나 봐요."라고 썼다. 또한 "2. 그 문제로 학교
가기를 싫어해요."라고 썼다. 또한 "엄마가 '따돌림 문제를 다루는 전문
가가 있나요?'라고 질문함. '20년 경력의 청소년상담자가 있다'라고 응
답함. 그리고 '여기서 상담받으면 정말 따돌림 문제를 해결할 수 있을까
요?'라고 질문함. '따돌림 문제는 학교상담실과 연계해서 자주 다루는
주제라서 도움이 될 것'이라고 응답함."이라고 썼다.

- 엄마는 "중학교 1학년 아들이 학교에서 따돌림을 당하나 봐요."라고 말
을 하였다. 엄마가 호소한 호소문제는 '아들이 학교에서 따돌림당하는
문제'이다. 엄마는 '아들이 학교에서 따돌림을 당하고 있다고 생각'한다.

- 엄마는 "그 문제로 학교 가기를 싫어해요."라고 하였다. 엄마의 호소문
제는 '아들이 학교에서 따돌림당하는 문제로 학교가기 싫어하는 문제'
이다. 엄마는 '아들이 학교에서 따돌림당하는 문제로 학교가기 싫어한
다고 생각'한다.

- 엄마는 질문했다. 엄마는 "따돌림 문제를 다루는 전문가가 있나요?"라
고 말했다. 엄마는 상담실에 따돌림 문제를 다루는 전문가가 있는지에
대한 정보를 얻고 싶어 했다.

- 접수면접자는 엄마에게 답변했다. 접수면접자는 상담실에 "20년 경력
의 청소년상담자가 있다."라고 말했다. 상담실에는 청소년상담자가 있
다. 상담실에 있는 청소년상담자의 경력은 20년이다.

- 접수면접지에는 엄마가 질문을 두 번 한 것으로 기록되어 있다. 엄마는
"상담실에서 상담받으면 정말 따돌림 문제를 해결할 수 있을까요?"라고

말했다. 엄마는 이 상담실에서 상담받으면 정말 따돌림 문제를 해결할
수 있는지에 대한 정보를 얻고 싶어 했다.

• 접수면접지에는 접수면접자가 엄마에게 두 번 답변한 것으로 기록되어
있다. 접수면접자는 "따돌림 문제는 학교상담실과 연계해서 자주 다루
는 주제라서 도움이 될 것입니다."라고 말했다.

• 접수면접자는 다음과 같이 생각하고 표현하였다. 즉, '따돌림 문제는 학
교상담실과 연계해서 자주 다루는 주제이다. 자주 다루는 주제는 잘 다
룰 수 있다. 자주 다루는 주제는 잘 다룰 수 있기 때문에 상담받으면 도
움이 될 것이다'라고 생각하고 표현하였다.

• 엄마와 접수면접자는 '오늘 16시에 영철이와 상담자가 첫 회기 상담을
하기로 약속'했다. 접수면접에서 상담시간을 약속할 때 영철이는 없었
다. 상담자는 오늘 16시에 영철이와 첫 회기 상담을 하기로 약속했다는
것을 알고 있다.

2) 개념단어나 가설문장 구성

주어진 정보에 포함되어 있는 개념단어나 가설문장들을 확인한 다음에,
다시 의문을 생성하고, 이 의문의 답을 탐구하며, 이 탐구의 결과를 토대로
의문의 답을 판단하면서 추가적인 상담사례 개념화를 이어갈 수 있다. 이 과
정은 의문 생성하기, 그리고 개념단어나 가설문장 구성하기로 나누어 설명
하였다.

(1) 의문 생성하기

주어진 정보에 포함되어 있는 개념단어나 가설문장을 확인한 다음에는 의
문 생성하기를 통해 추가적인 상담사례 개념화를 이어갈 수 있다. 이 과정에
서는 구체적으로 다음과 같은 의문을 생성할 수 있다.

① 상담문제

- **기존 구성**: 주어진 정보에는 상담문제가 어떤 개념단어나 가설문장으로
  기술되어 있는가?
  - 구체적으로 호소문제는 어떤 개념단어나 가설문장으로 기술되어 있
    는가?
  - 이면문제는 어떤 개념단어나 가설문장으로 기술되어 있는가?
  - 진단문제는 어떤 개념단어나 가설문장으로 기술되어 있는가?
  - 상담문제는 어떤 개념단어나 가설문장으로 기술되어 있는가?
- **재구성**: 지금 상담문제에 대한 개념단어나 가설문장을 재구성한다면, 상
  담문제는 어떤 개념단어나 가설문장으로 재구성하여 기술할 수 있는가?
  - 구체적으로 호소문제는 어떤 개념단어나 가설문장으로 재구성하여
    기술할 수 있는가?
  - 이면문제는 어떤 개념단어나 가설문장으로 재구성하여 기술할 수 있
    는가?
  - 진단문제는 어떤 개념단어나 가설문장으로 재구성하여 기술할 수 있
    는가?
  - 상담문제(합의한 상담문제)는 어떤 개념단어나 가설문장으로 재구성
    하여 기술할 수 있는가?

② 상담문제 원인

- **기존 구성**: 주어진 정보에는 상담문제 원인이 어떤 개념단어나 가설문장
  으로 기술되어 있는가?
  - 구체적으로 사건원인은 어떤 개념단어나 가설문장으로 기술되어 있
    는가?
  - 반응원인은 어떤 개념단어나 가설문장으로 기술되어 있는가?
  - 발달원인은 어떤 개념단어나 가설문장으로 기술되어 있는가?
  - 체계원인은 어떤 개념단어나 가설문장으로 기술되어 있는가?

- **재구성**: 지금 상담문제 원인에 대한 개념단어나 가설문장을 재구성한다면, 상담문제 원인은 어떤 개념단어나 가설문장으로 재구성하여 기술할 수 있는가?
  - 구체적으로 사건원인(문제상황 관련 사건, 스트레스 사건, 조건화 사건)은 어떤 개념단어나 가설문장으로 재구성하여 기술할 수 있는가?
  - 반응원인(외현행동, 내현반응, 반응양식, 성격, 신체반응)은 어떤 개념단어나 가설문장으로 재구성하여 기술할 수 있는가?
  - 발달원인(당면 발달과제, 미해결 발달과제)은 어떤 개념단어나 가설문장으로 재구성하여 기술할 수 있는가?
  - 체계원인(가족구조 변화나 가족기능 장애나 가족발달 이상, 그리고 지역사회 구조문제, 사회적 안전망 부족, 지지체계 부족)은 어떤 개념단어나 가설문장으로 재구성하여 기술할 수 있는가?

③ 상담개입

- **기존 구성**: 주어진 정보에는 상담개입이 어떤 개념단어나 가설문장으로 기술되어 있는가?
  - 구체적으로 상담개입 문제, 상담개입 원인, 상담개입 목표나 전략은 어떤 개념단어나 가설문장으로 기술되어 있는가?
  - 구체적으로 사건개입 목표와 전략은 어떤 개념단어나 가설문장으로 기술되어 있는가?
  - 반응개입 목표와 전략은 어떤 개념단어나 가설문장으로 기술되어 있는가?
  - 발달개입 목표와 전략은 어떤 개념단어나 가설문장으로 기술되어 있는가?
  - 체계개입 목표와 전략은 어떤 개념단어나 가설문장으로 기술되어 있는가?
- **재구성**: 지금 상담개입에 대한 개념단어나 가설문장을 재구성한다면, 상

담개입은 어떤 개념단어나 가설문장으로 재구성하여 기술할 수 있는가?
- 구체적으로 상담개입 문제, 상담개입 원인, 상담개입 목표나 전략은
  어떤 개념단어나 가설문장으로 재구성하여 기술할 수 있는가?
- 구체적으로 사건개입(문제상황 관련 사건, 스트레스 사건, 조건화 사건)
  목표와 전략은 어떤 개념단어나 가설문장으로 재구성하여 기술할 수
  있는가?
- 반응개입(외현행동, 내현반응, 반응양식, 성격, 신체반응) 목표와 전략은
  어떤 개념단어나 가설문장으로 재구성하여 기술할 수 있는가?
- 발달개입(당면 발달과제, 미해결 발달과제) 목표와 전략은 어떤 개념단
  어나 가설문장으로 재구성하여 기술할 수 있는가?
- 체계개입(가족구조 변화나 가족기능 장애나 가족발달 이상, 그리고 지역사
  회 구조문제, 사회적 안전망 부족, 지지체계 부족) 목표와 전략은 어떤 개
  념단어나 가설문장으로 재구성하여 기술할 수 있는가?

(2) 개념단어나 가설문장 구성하기

의문 생성을 한 다음에는 생성된 의문에 대해 탐구하기, 그리고 이 탐구
결과를 토대로 의문의 답에 대한 판단하기의 과정을 통해 추가적인 상담사
례 개념화를 이어갈 수 있다. 이 과정의 목표는 상담문제, 상담문제 원인, 상
담개입에 대한 기존의 개념단어나 가설문장을 확인한 후, 이를 한층 더 발전
된 수준으로 재구성하는 것이다. 제시된 사례에 대한 개념단어나 가설문장
을 구성한다면, 구체적으로 다음과 같이 구성할 수 있다.

① 상담문제에 대한 개념단어나 가설문장 구성

- **주어진 개념단어나 가설문장**: 주어진 정보의 호소문제 관련 개념단어는
  '엄마의 호소문제, 따돌림당함, 학교 가기 싫어함, 따돌림 문제'이다. 그
  리고 가설문장은 '중학교 1학년 아들이 학교에서 따돌림을 당하나 봐
  요. 그 문제로 학교 가기를 싫어해요'이다.

- **개념단어나 가설문장 구성**: 상기된 호소문제 관련 개념단어나 가설문장을 토대로 상담문제에 대한 가설문장을 재구성하면 '엄마의 호소문제는 아들의 따돌림 문제이다'이다.

현재, 엄마의 호소, 접수면접자의 관찰과 기록, 그리고 상담자의 판단에 근거해서 개념단어나 가설문장이 기술되어 있다. 그리고 현재 영철이의 호소문제, 그리고 드러나지 않은 이면문제, 정신장애와 관련된 진단문제, 서로 합의한 상담문제와 관련된 개념단어나 가설문장은 없다.

② 상담문제 원인에 대한 개념단어나 가설문장 구성

- **주어진 개념단어나 가설문장**: 주어진 정보에 따돌림 문제의 원인에 대한 개념단어나 가설문장은 없다. 그리고 '학교 가기 싫어하는 문제의 원인'에 대한 개념단어는 '따돌림 문제'이고, 가설문장은 '그 문제로 학교 가기를 싫어해요'이다.

- **개념단어나 가설문장 구성**: 따돌림 문제의 원인과 관련된 개념단어나 가설문장은 없다. 따라서 따돌림 문제나 학교 가기 싫어하는 문제의 원인은 아직 모른다. 단, 반응분석을 토대로 할 때, 따돌림이나 학교 가기 싫어하는 문제와 관련된 사건원인, 반응원인, 발달원인, 체계원인에 대한 개념단어나 가설문장을 재구성하면 다음과 같다. 즉, '따돌림이나 학교 가기 싫어하는 문제를 유발하는 문제상황 관련 사건, 스트레스 사건, 조건화 학습사건이 추정된다'이다. 그리고 '따돌림이나 학교 가기 싫어하는 문제와 관련된 내담자의 역기능적인 외현행동, 내현반응, 반응양식, 성격, 신체반응 등이 추정된다'이다. 그리고 '아들이 중학교 1학년 남자라는 점을 고려할 때, 중학교 적응과 관련된 당면 발달과제, 그리고 청소년기 이전의 미해결 발달과제가 추정된다'이다. 그리고 '엄마가 아들의 따돌림과 학교 가기 싫어하는 행동에 대해 문제인식과 상담 필요성 인식을 하고, 엄마가 상담신청을 하고, 엄마가 내방해서 신청 및 접수면접

을 하면서 아들의 따돌림과 학교 가기 싫어하는 문제에 대해 호소한 점
등을 고려할 때, 엄마의 양육반응을 포함한 가족기능의 경계문제가 추
정된다'이다.

③ 상담개입에 대한 개념단어나 가설문장 구성

- **주어진 개념단어나 가설문장**: 주어진 정보에서 상담개입 관련 개념단어는
  '상담신청, 상담신청은 엄마가 함, 신청 및 접수면접, 신청 및 접수면접
  은 엄마와 실시함, 상담자 배정 및 의뢰, 접수면접자 기록, 접수면접지
  넘겨받음, 질문에 응답함, 첫 회기 상담 약속함' 등이다.
  그리고 주어진 정보에서 상담개입 관련 가설문장은 '상담신청은 영철이
  엄마가 하였다. 신청 및 접수면접은 영철이 없이 엄마와 실시하였다.
  신청 및 접수면접 이후 영철이는 상담자에게 배정 및 의뢰되었다. 상담
  자는 접수면접자가 기록한 접수면접지를 넘겨받았다. 20년 경력의 청
  소년상담자가 있다라고 응답하였다. 따돌림 문제는 학교상담실과 연계
  해서 자주 다루는 주제라서 도움이 될 것이라고 응답하였다. 오늘 16시
  에 영철이와 첫 회기 상담을 하기로 약속되어 있다.' 등이다.
- **개념단어나 가설문장 구성**: 상기된 상담개입 관련 개념단어나 가설문장을
  토대로 '따돌림 문제와 관련된 상담개입에 대한 가설문장을 재구성'하
  면 다음과 같다. 즉, '영철이 엄마가 상담신청을 하여 신청접수자가 신
  청접수를 하였다. 접수면접자는 영철이 없이 엄마와 신청 및 접수면접
  을 실시하였다. 접수면접자는 내담자에게 질문받고 20년 경력의 청소
  년상담자가 있다라고 응답하였다. 접수면접자는 내담자에게 질문받고
  따돌림 문제는 학교상담실과 연계해서 자주 다루는 주제라서 도움이
  될 것이라고 응답하였다. 접수면접자는 상담자에게 영철이 사례를 배
  정 및 의뢰하였다. 상담자는 접수면접자에게 영철이 사례를 배정 및 의
  뢰받았다. 접수면접자는 접수면접지를 기록하였다. 접수면접자는 상담
  자에게 접수기록지를 넘겨주었다. 상담자는 접수면접자에게 접수기록

지를 넘겨받았다. 접수면접자와 영철이 엄마는 오늘 16시에 영철이와 첫 회기 상담을 하기로 약속하였다.' 등이다.

상기된 내용을 토대로 '상담개입 문제, 상담개입 원인, 상담개입 목표나 전략에 대한 개념단어나 가설문장을 재구성'하면 다음과 같다.

첫째, 현재 시점에서 상담개입을 해 나갈 우선적인 문제는 '엄마의 호소문제인 따돌림 문제'이다. 그러나 이 따돌림 문제에 대한 우선개입 판단은 엄마의 호소, 접수면접자의 관찰과 기록을 토대로 상담자가 한 것이다. 이 때문에 추가로 내담자인 영철이에 대한 면담, 그리고 관찰, 검사 등을 통해 상담문제에 대한 정보수집을 하는 개입이 필요하다. 그리고 이런 정보수집을 토대로 영철이의 호소문제, 그리고 드러나지 않은 이면문제, 정신장애와 관련된 진단문제, 서로 합의한 상담문제에 대한 개념단어나 가설문장을 재구성하는 개입이 필요하다.

그리고 상담개입 원인과 관련해서, 아직 따돌림 문제의 원인들이 밝혀지지 않았다. 즉, 따돌림 문제의 원인에 대한 개념단어나 가설문장은 없고, 단지 반응분석을 토대로 따돌림 문제의 사건원인, 반응원인, 발달원인, 체계원인을 추정하고 있고 있는 상태이다.

이 때문에 추가로 사건원인, 반응원인, 발달원인, 체계원인에 대한 정보수집, 그리고 수집된 정보를 토대로 따돌림 문제의 원인에 대한 개념화를 실시한 이후에, 어떤 원인에 대한 상담개입이 필요한지에 대한 추가 개념화가 필요하다.

그리고 현재 신청 및 접수면접을 실시했지만 본 상담은 시작하지 않은 상태이다. 따라서 현재 시점에서의 상담개입 목표와 전략에 대한 개념단어나 가설문장은 첫 회기에 초점을 두고 구성할 필요가 있다.

첫 회기 상담개입 목표와 전략에 대한 개념단어나 가설문장을 구성하면 다음과 같다. 즉, '첫 회기 상담개입 목표는 상담관계 형성이다. 이를 위한 상담개입 전략은 상담구조화와 라포 형성이다'이다. 그리고 '또 다른 첫 회기 상담개입 목표는 문제 명료화이다. 이를 위한 상담개입 전략은 호소문제 명료화, 문제평가, 상담목표 설정이다'이다.

앞에서는 생성된 의문의 답을 개념단어와 가설문장으로 구분하여 기술하였다. 그런데 상담실무에서 상담사례 개념화를 해 나갈 때는 이렇게 개념단어나 가설문장을 구분해서 기술하는 것은 실용적이지 않다. 여기서는 교육적 목적 때문에 개념단어와 가설문장을 구분해서 기술하였고, 실제 상담실무에서는 앞에 기술된 것처럼 의문의 답을 개념단어와 가설문장으로 나누어 기술하기보다는 상황에 맞게 혼용해서 기술한다. 앞에 기술한 내용에서 불필요한 내용들을 제거한 후, 상담사례 개념화의 내용을 요약하면 다음과 같다.

- 엄마의 호소문제는 아들의 따돌림 문제, 그리고 학교 가기 싫어하는 문제이다.
- 아들의 따돌림 문제의 원인, 그리고 학교 가기 싫어하는 문제와 관련된 정보는 부족하다. 따라서 따돌림 문제나 학교 가기 싫어하는 문제의 원인은 아직 모른다. 단, 반응분석으로 토대로 할 때, 따돌림이나 학교 가기 싫어하는 문제와 관련된 사건원인, 반응원인, 발달원인, 체계원인이 추정된다. 예를 들면, 따돌림이나 학교 가기 싫어하는 문제를 유발하는 문제상황 관련 사건, 스트레스 사건, 조건화 사건이 추정된다. 그리고 따돌림이나 학교 가기 싫어하는 문제와 관련된 내담자의 역기능적인 외현행동, 내현반응, 반응양식, 성격, 신체반응 등이 추정된다. 그리고 아들이 중학교 1학년 남자라는 점을 고려할 때, 중학교 적응과 관련된 당면 발달과제, 그리고 청소년기 이전의 미해결 발달과제가 추정된다. 그리고 엄마가 아들의 따돌림과 학교 가기 싫어하는 행동에 대해 문제인식과 상담 필요성 인식을 하고, 엄마가 상담신청을 하고, 엄마가 내방해서 신청 및 접수면접을 하면서 아들의 따돌림과 학교 가기 싫어하는 문제에 대해 호소한 점 등을 고려할 때, 엄마의 양육반응을 포함한 가족

기능의 경계문제가 추정된다.

- 상담개입 우선 문제는 '따돌림 문제'이다. 그러나 이 따돌림 문제에 대한 우선개입 판단은 엄마의 호소, 접수면접자의 관찰과 기록을 토대로 상담자가 한 것이다. 이 때문에 추가로 내담자인 영철이에 대한 면담, 그리고 관찰, 검사 등을 통해 상담문제에 대한 정보수집을 하는 개입이 필요하다. 그리고 이런 정보수집을 토대로 영철이의 호소문제, 그리고 드러나지 않은 이면문제, 정신장애와 관련된 진단문제, 서로 합의한 상담문제에 대한 개념화가 필요하다.

- 따돌림 문제의 원인이 밝혀지지 않았다. 따라서 현재 어떤 원인에 대해 상담개입을 해야 하는지를 판단할 수 없다. 이 때문에 추가로 사건원인, 반응원인, 발달원인, 체계원인에 대한 정보수집, 그리고 수집된 정보를 토대로 따돌림 문제의 원인에 대한 개념화를 실시한 이후에, 어떤 원인에 대해 상담개입을 해야 하는지에 대한 추가 개념화가 필요하다.

- 현재 신청 및 접수면접을 실시했지만 본 상담은 시작하지 않은 상태이다. 따라서 현재 상태에서 상담개입에 대한 개념화는 첫 회기 상담개입에 초점을 둘 필요가 있다.

- 반응분석을 토대로 할 때, 첫 회기 상담개입 목표는 상담관계 형성이다. 이를 위한 상담개입 전략은 상담구조화와 라포 형성이다.

- 또 다른 첫 회기 상담개입 목표는 문제 명료화이다. 이를 위한 상담개입 전략은 호소문제 명료화, 문제평가, 상담목표 설정이다.

(3) 사례를 활용한 연습

상담사례를 이용하여 '개념단어나 가설문장 확인하기, 개념단어나 가설문장 구성하기'에 대한 연습을 해 보자. 난이도를 고려해서, 상담사례는 의문 생성하기에서 제시되었던 사례를 제시하였다.

① 개념단어나 가설문장 확인

상담사례는 의문 생성하기에서 제시되었던 사례이다. 다시 한번 더 상담
사례의 주어진 정보를 읽어 보자.

주어진 정보

내담자는 대학교 1학년 여학생이다.

오늘은 3회기 상담이고 18시에 상담하기로 약속했다. 그런데 지금 19시인데,
내담자는 오지 않았다. 상담자가 내담자에게 2회 전화를 했지만 받지 않는다.
내담자는 사전에 결석한다는 말을 하지 않았다.

내담자가 약속 시간에 오지 않아서 상담자는 불편한 감정, 특히 미운 감정이
약하게 일어났다. 그리고 지난 2회기 동안 내담자의 소극적이고 수동적인 모
습들, 그리고 지난 시간에 상담자가 "상담이 어떠니?"라고 물었을 때 "그저 그
래요."라고 말했던 일이 연상되었다. 상담자는 상담을 받지 않으려 하는 것
같다는 생각이 들었다.

이전에 신청 및 접수면접에서 내담자가 작성한 상담신청서의 상담받고 싶은
문제에는 '친구와 갈등문제'라고 쓰여 있었다. 본 상담에서도 이 문제를 다루
기로 했었다.

그리고 상담사례의 주어진 정보에 포함되어 있는 개념단어들을 모두 찾아
보자. 그리고 찾아 낸 개념단어들을 다음에 기술해 보자.

모든 개념단어 기술하기

주어진 정보에 포함되어 있는 개념단어들을 모두 찾아 기술하면 다음과 같다. 자신이 찾아서 기술한 내용과 비교해 보자.

- 내담자, 대학교, 1학년, 여학생
- 오늘, 3회기, 상담, 18시, 상담하기, 약속, 지금, 19시, 오지 않음
- 상담자, 2회 전화, 받지 않음, 사전, 결석, 말 안 함
- 약속시간, 오지 않음, 불편한 감정, 미운 감정, 약함, 일어남
- 지남, 2회기, 소극적 모습, 수동적 모습, 시간, 상담, 물음, 그저 그러함, 말, 일, 연상
- 상담받음, 안 하려함, 생각 듦
- 이전, 신청 및 접수면접, 작성, 상담신청서, 상담받고 싶은 문제, 친구, 갈등문제
- 본 상담, 다루기로 함

이번에는 상담사례의 주어진 정보에 포함되어 있는 가설문장들을 모두 찾아보자. 즉, 명확히 진술된 가설문장들, 그리고 주어진 정보자료를 통해 추론 가능한 가설문장들을 모두 찾아보자. 그리고 찾아 낸 가설문장들을 다음에 기술해 보자.

모든 가설문장 기술하기

주어진 정보에 포함되어 있는 가설문장들을 모두 찾아 기술하면 다음과 같다. 자신이 찾아서 기술한 내용과 비교해 보자.

- 내담자는 대학교에 다닌다. 내담자는 1학년이다. 내담자는 여자 대학생이다.
- 내담자는 2회기 상담을 했다. 오늘은 3회기 상담이다. 내담자는 2회기 동안 상담실에 내방하였다. 오늘은 내방하지 않았다.
- 오늘 18시에 상담하기로 약속했다. 이전에 오늘 18시에 상담하기로 약속했다.
- 지금 19시이다. 내담자는 19시까지 상담실로 오지 않았다. 지금 상담약속시간이 1시간 지났다. 내담자는 상담시간 약속을 지키지 않았다.
- 상담자가 내담자에게 2회 전화를 했다. 내담자는 상담자의 전화를 2회받지 않았다.
- 상담자는 내담자의 전화번호를 알고 있다. 내담자는 상담자의 전화번호를 알고 있는지에 대한 정보는 없다.
- 내담자가 약속시간에 오지 않았다. 내담자는 결석했다. 사전에 결석한다는 말을 하지 않았다. 상담자는 사전에 내담자에게 결석한다는 말을 듣지 않았다.
- 상담자는 불편한 감정이 일어났다. 상담자의 불편한 감정의 하나는 미운 감정이다. 상담자는 미운감정이 약하게 일어났다. 상담자가 불편한 감정, 특히 약한 미운감정이 일어난 이유는 내담자가 약속시간에 오지 않았기 때문이다.
- 상담자는 연상되었다. 상담자는 지난 2회기 동안 일이 연상되었다. 상담자는 내담자의 소극적이고 수동적인 모습들이 연상되었다. 상담자는 지난 시간에 상담자가 "상담이 어떠니?"라고 물었을 때 내담자가 "그저 그래요."라고 말했던 일이 연상되었다.
- 상담자는 생각했다. 상담자는 내담자가 상담을 받지 않으려 하는 것

같다는 생각을 했다. 상담자의 생각을 내담자에게 직접 확인한 것은 아니다.

- 내담자는 이전에 신청 및 접수면접을 했다. 내담자는 신청 및 접수면접에서 상담신청서를 작성했다. 상담신청서에는 상담받고 싶은 문제를 쓰도록 되어 있다.
- 내담자는 상담신청서의 상담받고 싶은 문제에 '친구와 갈등문제'라고 썼다. 상담자는 내담자의 상담신청서와 내담자가 쓴 글을 보고 읽었다.
- 본 상담에서 친구와 갈등문제를 다루기로 했었다. 이전에 어떤 문제를 상담에서 다룰지에 대해 서로 이야기를 했었다.

② 의문 생성하기

주어진 정보, 또는 주어진 정보에 포함되어 있는 개념단어나 가설문장을 기초 재료로 사용해서, 추가적인 의문을 생성할 수 있고, 이를 통해 상담사례 개념화를 이어갈 수 있다. 주어진 정보들을 토대로 상담문제, 상담문제 원인, 상담개입과 관련된 개념단어나 가설문장 구성에 대한 의문들을 생성해 보자. 그리고 생성한 의문들을 다음에 기술해 보자.

상담문제(이와 관련된 개념단어나 가설문장 구성)**에 대한 의문 생성하기**

상담문제 원인(이와 관련된 개념단어나 가설문장 구성)**에 대한 의문 생성하기**

상담개입(이와 관련된 개념단어나 가설문장 구성)**에 대한 의문 생성하기**

주어진 정보에 포함되어 있는 개념단어나 가설문장을 토대로, '개념단어나 가설문장 구성에 대한 의문들을 생성하면 다음과 같다. 자신이 생성한 의문과 다음에 기술되어 있는 내용과 비교를 해 보자.

❑ 상담문제
- **주어진 개념단어나 가설문장**: 주어진 정보에는 상담문제가 어떤 개념단어나 가설문장으로 기술되어 있는가?
  - 구체적으로 호소문제는 어떤 개념단어나 가설문장으로 기술되어 있

는가?

- 이면문제는 어떤 개념단어나 가설문장으로 기술되어 있는가?
- 진단문제는 어떤 개념단어나 가설문장으로 기술되어 있는가?
- 상담문제(합의한 상담문제)는 어떤 개념단어나 가설문장으로 기술되어 있는가?

- **개념단어나 가설문장 구성**: 지금 상담문제에 대한 개념단어나 가설문장을 재구성한다면, 상담문제는 어떤 개념단어나 가설문장으로 재구성하여 기술할 수 있는가?
  - 구체적으로 호소문제는 어떤 개념단어나 가설문장으로 재구성하여 기술할 수 있는가?
  - 이면문제는 어떤 개념단어나 가설문장으로 재구성하여 기술할 수 있는가?
  - 진단문제는 어떤 개념단어나 가설문장으로 재구성하여 기술할 수 있는가?
  - 상담문제는 어떤 개념단어나 가설문장으로 재구성하여 기술할 수 있는가?

☐ 상담문제 원인

주어진 개념단어나 가설문장: 주어진 정보에는 상담문제 원인이 어떤 개념단어나 가설문장으로 기술되어 있는가?
- 구체적으로 사건원인은 어떤 개념단어나 가설문장으로 기술되어 있는가?
- 반응원인은 어떤 개념단어나 가설문장으로 기술되어 있는가?
- 발달원인은 어떤 개념단어나 가설문장으로 기술되어 있는가?
- 체계원인은 어떤 개념단어나 가설문장으로 기술되어 있는가?

- **개념단어나 가설문장 구성**: 지금 상담문제 원인에 대한 개념단어나 가설문장을 재구성한다면, 상담문제 원인은 어떤 개념단어나 가설문장으로

재구성하여 기술할 수 있는가?

- 구체적으로 사건원인(문제상황 관련 사건, 스트레스 사건, 조건화 사건)
은 어떤 개념단어나 가설문장으로 재구성하여 기술할 수 있는가?
- 반응원인(외현행동, 내현반응, 반응양식, 성격, 신체반응)은 어떤 개념단
어나 가설문장으로 재구성하여 기술할 수 있는가?
- 발달원인(당면 발달과제, 미해결 발달과제)은 어떤 개념단어나 가설문
장으로 재구성하여 기술할 수 있는가?
- 체계원인(가족구조 변화나 가족기능 장애나 가족발달 이상, 그리고 지역사
회 구조문제, 사회적 안전망 부족, 지지체계 부족)은 어떤 개념단어나 가
설문장으로 재구성하여 기술할 수 있는가?

❑ 상담개입

• **주어진 개념단어나 가설문장**: 주어진 정보에는 상담개입이 어떤 개념단어
나 가설문장으로 기술되어 있는가?

- 구체적으로 상담개입 문제, 상담개입 원인, 상담개입 목표나 전략은
어떤 개념단어나 가설문장으로 기술되어 있는가?
- 구체적으로 사건개입 목표와 전략은 어떤 개념단어나 가설문장으로
기술되어 있는가?
- 반응개입 목표와 전략은 어떤 개념단어나 가설문장으로 기술되어 있
는가?
- 발달개입 목표와 전략은 어떤 개념단어나 가설문장으로 기술되어 있
는가?
- 체계개입 목표와 전략은 어떤 개념단어나 가설문장으로 기술되어 있
는가?

• **개념단어나 가설문장 구성**: 지금 상담개입에 대한 개념단어나 가설문장을
재구성한다면, 상담개입은 어떤 개념단어나 가설문장으로 재구성하여
기술할 수 있는가?

- 구체적으로 상담개입 문제, 상담개입 원인, 상담개입 목표나 전략은 어떤 개념단어나 가설문장으로 재구성하여 기술할 수 있는가?
- 구체적으로 사건개입(문제상황 관련 사건, 스트레스 사건, 조건화 사건) 목표와 전략은 어떤 개념단어나 가설문장으로 재구성하여 기술할 수 있는가?
- 반응개입(외현행동, 내현반응, 반응양식, 성격, 신체반응) 목표와 전략은 어떤 개념단어나 가설문장으로 재구성하여 기술할 수 있는가?
- 발달개입(당면 발달과제, 미해결 발달과제) 목표와 전략은 어떤 개념단어나 가설문장으로 재구성하여 기술할 수 있는가?
- 체계개입(가족구조 변화나 가족기능 장애나 가족발달 이상, 그리고 지역사회 구조문제, 사회적 안전망 부족, 지지체계 부족) 목표와 전략은 어떤 개념단어나 가설문장으로 재구성하여 기술할 수 있는가?

③ 개념단어나 가설문장 구성

생성한 의문에 대한 답을 탐구하고, 이 탐구를 토대로 의문에 대한 답을 판단해 보자. 그리고 자신의 판단을 개념단어나 가설문장으로 기술해 보자.

첫째, 상담문제와 관련된 개념단어나 가설문장을 구성한 후, 이를 기술해 보자.

상담문제 관련 개념단어나 가설문장에 대한 의문

• 주어진 개념단어나 가설문장: 주어진 정보에는 상담문제가 어떤 개념단어나 가설문장으로 기술되어 있는가?
  - 구체적으로 호소문제는 어떤 개념단어나 가설문장으로 기술되어 있는가?
  - 이면문제는 어떤 개념단어나 가설문장으로 기술되어 있는가?
  - 진단문제는 어떤 개념단어나 가설문장으로 기술되어 있는가?
  - 상담문제는 어떤 개념단어나 가설문장으로 기술되어 있는가?

- **개념단어나 가설문장 구성**: 지금 상담문제에 대한 개념단어나 가설문장을 재구성한다면, 상담문제는 어떤 개념단어나 가설문장으로 재구성하여 기술할 수 있는가?
  - 구체적으로 호소문제는 어떤 개념단어나 가설문장으로 재구성하여 기술할 수 있는가?
  - 이면문제는 어떤 개념단어나 가설문장으로 재구성하여 기술할 수 있는가?
  - 진단문제는 어떤 개념단어나 가설문장으로 재구성하여 기술할 수 있는가?
  - 상담문제는 어떤 개념단어나 가설문장으로 재구성하여 기술할 수 있는가?

상담문제 관련 개념단어나 가설문장 구성(의문의 답에 대한 판단)

둘째, 상담문제의 원인과 관련된 개념단어나 가설문장을 구성한 후, 이를 기술해 보자.

상담문제 원인 관련 개념단어나 가설문장에 대한 의문

• **주어진 개념단어나 가설문장**: 주어진 정보에는 상담문제 원인이 어떤 개념단어나 가설문장으로 기술되어 있는가?
  - 구체적으로 사건원인은 어떤 개념단어나 가설문장으로 기술되어 있는가?
  - 반응원인은 어떤 개념단어나 가설문장으로 기술되어 있는가?
  - 발달원인은 어떤 개념단어나 가설문장으로 기술되어 있는가?
  - 체계원인은 어떤 개념단어나 가설문장으로 기술되어 있는가?

• **개념단어나 가설문장 구성**: 지금 상담문제 원인에 대한 개념단어나 가설문장을 재구성한다면, 상담문제 원인은 어떤 개념단어나 가설문장으로 재구성하여 기술할 수 있는가?
  - 구체적으로 사건원인(문제상황 관련 사건, 스트레스 사건, 조건화 사건)은 어떤 개념단어나 가설문장으로 재구성하여 기술할 수 있는가?
  - 반응원인(외현행동, 내현반응, 반응양식, 성격, 신체반응)은 어떤 개념단어나 가설문장으로 재구성하여 기술할 수 있는가?
  - 발달원인(당면 발달과제, 미해결 발달과제)은 어떤 개념단어나 가설문장으로 재구성하여 기술할 수 있는가?
  - 체계원인(가족구조 변화나 가족기능 장애나 가족발달 이상, 그리고 지역사회 구조문제, 사회적 안전망 부족, 지지체계 부족)은 어떤 개념단어나 가설문장으로 재구성하여 기술할 수 있는가?

상담문제 원인 관련 개념단어나 가설문장 구성(의문의 답에 대한 판단)

셋째, 상담개입과 관련된 개념단어나 가설문장을 구성한 후, 이를 기술해 보자.

상담개입 관련 개념단어나 가설문장에 대한 의문

• 상담개입

• 주어진 개념단어나 가설문장: 주어진 정보에는 상담개입이 어떤 개념단어나 가설문장으로 기술되어 있는가?

　- 구체적으로 상담개입 문제, 상담개입 원인, 상담개입 목표나 전략은 어떤 개념단어나 가설문장으로 기술되어 있는가?

　- 구체적으로 사건개입 목표와 전략은 어떤 개념단어나 가설문장으로 기술되어 있는가?

　- 반응개입 목표와 전략은 어떤 개념단어나 가설문장으로 기술되어 있는가?

　- 발달개입 목표와 전략은 어떤 개념단어나 가설문장으로 기술되어 있는가?

　- 체계개입 목표와 전략은 어떤 개념단어나 가설문장으로 기술되어 있는가?

• 개념단어나 가설문장 구성: 지금 상담개입에 대한 개념단어나 가설문장을 재구성한다면, 상담개입은 어떤 개념단어나 가설문장으로 재구성하여 기술할 수 있는가?

　- 구체적으로 상담개입 문제, 상담개입 원인, 상담개입 목표나 전략은 어떤 개념단어나 가설문장으로 재구성하여 기술할 수 있는가?

　- 구체적으로 사건개입(문제상황 관련 사건, 스트레스 사건, 조건화 사건) 목표와 전략은 어떤 개념단어나 가설문장으로 재구성하여 기술할 수 있는가?

　- 반응개입(외현행동, 내현반응, 반응양식, 성격, 신체반응) 목표와 전략은 어떤 개념단어나 가설문장으로 재구성하여 기술할 수 있는가?

　- 발달개입(당면 발달과제, 미해결 발달과제) 목표와 전략은 어떤 개념단어나 가설문장으로 재구성하여 기술할 수 있는가?

　- 체계개입(가족구조 변화나 가족기능 장애나 가족발달 이상, 그리고 지역사회 구조문제, 사회적 안전망 부족, 지지체계 부족) 목표와 전략은 어떤 개념단어나 가설문장으로 재구성하여 기술할 수 있는가?

상담개입 관련 개념단어나 가설문장 구성(의문의 답에 대한 판단)

상기된 의문의 답을 탐구하고, 그 결과를 토대로 의문의 답을 판단하고, 이 판단을 개념단어나 가설문장 형태로 바꿔서 기술하면 다음과 같다. 자신이 작성하여 기술한 내용과 아래에 기술되어 있는 내용을 비교해 보자.

❑ 상담문제
  • **주어진 개념단어나 가설문장**: 주어진 정보에서 호소문제나 상담문제와 관련된 개념단어는 '친구와 갈등문제'이다. 호소문제나 상담문제와 관련된 가설문장은 '신청 및 접수면접에서 내담자가 작성한 상담신청서의 상담받고 싶은 문제에는 '친구와 갈등문제'라고 쓰여 있었다. 본 상담에서도 이 문제를 다루기로 했었다'이다.
    그리고 주어진 정보에서 이면문제와 관련된 개념단어는 '결석'이다. 이면문제와 관련된 가설문장은 '오늘은 3회기 상담이고 18시에 상담하기로 약속했다. 그런데 지금 19시인데, 내담자는 오지 않았다. 내담자는 사전에 결석한다는 말을 하지 않았다'이다.
  • **개념단어나 가설문장 구성**: 주어진 개념단어나 가설문장을 토대로 호소문제와 상담문제에 대한 가설문장을 재구성하면 '호소문제와 상담문

제는 친구와 갈등문제이다'이다. 그리고 현재 상담개입과 관련된 당면한 이면문제에 대한 가설문장을 구성하면, '상담자의 당면한 이면문제는 내담자 결석문제이다'이다.

❑ 상담문제 원인

- **주어진 개념단어나 가설문장**: 주어진 정보에는 호소문제이자 상담문제인 친구와 갈등문제의 원인에 대한 개념단어나 가설문장이 없다. 그리고 당면한 이면문제인 내담자 결석문제의 원인에 대한 개념단어는 '상담 약속함, 오지 않음, 결석한다 안 함 등'이다. 그리고 내담자 결석문제의 원인에 대한 가설문장은 '상담하기로 약속했다. 내담자는 오지 않았다. 내담자는 사전에 결석한다는 말을 하지 않았다.' 등이다.

- **개념단어나 가설문장 구성**: 친구와 갈등문제의 원인과 관련된 주어진 개념단어나 가설문장이 없기 때문에 현 시점에서 친구와 갈등문제의 원인에 대한 개념단어나 가설문장을 구성하기 어렵다. 하지만 반응분석을 토대로 할 때, 사건원인, 반응원인, 발달원인, 체계원인이 추정된다. 즉, ① 친구와 갈등문제를 유발하는 문제상황 관련 사건, 스트레스 사건, 조건화 학습사건 등의 사건원인, ② 친구와 갈등문제와 관련된 역기능적인 외현행동, 내현반응, 반응양식, 성격 등의 반응원인, ③ 친구와 갈등문제와 관련된 당면 발달과제나 미해결 발달과제 등의 발달원인, ④ 친구와 갈등문제와 관련된 가족구조 변화나 기능장애, 그리고 지역사회 자원 부족이나 연계체계 부족 등의 체계원인이 추정된다.

  또한 이면문제인 내담자 결석문제의 원인에 대한 개념단어인 '상담 약속함, 오지 않음, 결석한다 안 함', 그리고 가설문장인 '상담하기로 약속했다. 내담자는 오지 않았다. 내담자는 사전에 결석한다는 말을 하지 않았다.' 등을 토대로 '내담자 결석문제의 원인에 대한 가설문장'을 재구성하면 다음과 같다. 즉, '내담자 결석문제의 원인은 내담자가 지키지 않을 상담시간 약속을 했기 때문이다. 만약, 내담자가 결석해야 하는 상황이면 사전에 결석한다고 말을 해서 시간약속을 취소하지 않았기 때문이다. 또는 내담자가 지키지 않을 수 있는 상담시간 약속을 하도록 상담자가 이끌었기 때문이다'이다. 그리고 '내담자 결석문제의 원인은 내담자의 외현행동인 결석행동 때문이다. 또는 상담자가 내담자의 결석행동을 관리하지 못했기 때문이다'이다. 그리고 '상담자의 2회의 전화에 대해 내담자가 2회 모두 받지 않아서 상담자가 결석에 대한 상담개입 조치를 취하지 못했기 때문이다'이다. 그리고 '내담자 결석문제의 원인은 2회기에서 결석문제의 전조증상인 소극적 모습, 수동적 모습, 그저 그렇다는 언어반응 등을 상담자가 인식하고 대처하지 못했기 때문이다'이다.

추가로, 반응분석을 토대로 할 때, 내담자 결석행동의 사건원인, 반응원인, 발달원인, 체계원인이 추정된다. 즉, ① 내담자 결석행동을 유발하는 문제상황 관련 사건, 스트레스 사건, 조건화 학습사건 등의 사건원인, ② 내담자 결석행동과 관련된 역기능적인 외현행동, 내현반응, 반응양식, 성격 등의 반응원인, ③ 내담자 결석행동과 관련된 당면 발달과제나 미해결 발달과제 등의 발달원인, ④ 내담자 결석행동과 관련된 가족구조 변화나 기능장애, 그리고 지역사회 자원 부족이나 연계체계 부족 등의 체계원인이 추정된다.

❑ 상담개입

- **주어진 개념단어나 가설문장**: 주어진 정보에서 '친구와 갈등문제에 대한 상담개입'과 관련된 주요 개념단어는 '신청 및 접수면접, 2회기 상담, 상담하기로 약속함, 상담신청서, 상담받고 싶은 문제, 친구와 갈등문제, 본 상담에 이 문제 다루기로 했음 등'이다. 그리고 관련된 주요 가설문장은 '오늘은 3회기 상담이고 18시에 상담하기로 약속했다. 지금 19시인데, 내담자는 오지 않았다. 지난 2회기 동안 내담자의 소극적

이고 수동적인 모습들이 연상되었다. 지난 시간에 상담자가 "상담이 어떠니?"라고 물었을 때 "그저 그래요."라고 말했던 일이 연상되었다. 이전에 신청 및 접수면접에서 내담자가 작성한 상담신청서의 상담받고 싶은 문제에는 '친구와 갈등문제'라고 쓰여 있었다. 본 상담에서도 이 문제를 다루기로 했었다.' 등이다.

그리고 주어진 정보에서 '내담자 결석문제에 대한 상담개입'과 관련된 주요 개념단어는 '3회기 상담, 상담하기로 약속함, 오지 않음, 2회 전화함, 2회 전화 안 받음, 결석한다는 말 안 함, 약속시간, 불편한 감정, 미운 감정, 2회기, 소극적이고 수동적인 모습들, 연상, 그저 그래요라고 말함 등'이다. 또는 관련된 주요 가설문장은 '오늘은 3회기 상담이고 18시에 상담하기로 약속했다. 지금 19시인데, 내담자는 오지 않았다. 상담자가 내담자에게 2회 전화를 했다. 내담자는 상담자의 전화를 2회 받지 않는다. 내담자는 사전에 결석한다는 말을 하지 않았다. 내담자가 약속 시간에 오지 않아서 상담자는 불편한 감정, 특히 미운 감정이 약하게 일어났다. 지난 2회기 동안 내담자의 소극적이고 수동적인 모습들이 연상되었다. 지난 시간에 상담자가 "상담이 어떠니?"라고 물었을 때 "그저 그래요."라고 말했던 일이 연상되었다.' 등이다.

- 개념단어나 가설문장 구성: 상기된 내용을 토대로 '상담개입 문제, 상담개입 원인, 상담개입 목표나 전략에 대한 개념단어나 가설문장을 재구성'하면 다음과 같다. 먼저, 현재 시점에서 우선적인 상담개입 문제는 '내담자 결석행동 문제'이다. 그리고 내담자 결석행동의 원인은 아직 모른다. 하지만 기존의 단서를 토대로 할 때 '조기종결을 포함한 상담에 대한 저항이 원인'으로 판단된다. 즉, '내담자의 결석행동, 사전 결석에 대한 이야기 없음, 상담자의 전화를 2회 받지 않음, 2회기 상담에서 내담자의 소극적이고 수동적인 모습, 그저 그래요란 언어반응', 그리고 '내담자가 상담받지 않으려는 것 같다라는 상담자의 판단' 등의 단서들을 토대로 할 때, '결석행동의 원인은 조기종결을 포함한

상담에 대해 저항'이라고 판단된다. 따라서 현재 시점에서 '상담개입 목표는 저항처리에 초점을 둘 필요가 있다'고 판단된다. 그리고 '저항처리 전략은 재연락 및 상담시간 재약속, 그리고 결석에 대한 정보수집과 추가적인 개념화, 그리고 상담관계 형성에 초점을 둔 라포 재형성과 결석에 대한 재구조화를 포함한 상담 재구조화 등'이 필요하다고 판단된다.

만약, 조기종결이 아닌 경우에는 '친구와 갈등문제에 대한 개입이 필요하다.' 현재 친구와 갈등문제에 대한 신청 및 접수면접, 그리고 본 상담에서 2회기 상담이 이루어졌다. 그러나 친구와 갈등문제의 구체적인 내용에 대한 정보는 거의 없는 상태이다. 따라서 이전 상담에 대한 정보를 정리하고, 이를 토대로 상담사례 개념화를 할 필요가 있다. 이 과정에서 '지금여기 상담장면에서의 내담자 반응과 상호작용이 친구와 갈등문제에 어떤 영향을 미치고 있는지를 탐구하여, 이를 개념화 내용에 포함할 필요'가 있다. 즉, '2회기의 상담에서 내담자가 소극적이고 수동적인 모습, 그저 그래요란 내담자 언어반응', 그리고 '3회에서 사전 연락 없이 결석하는 행동, 상담자의 전화를 2회 받지 않는 행동', 그리고 '내담자가 약속 시간에 오지 않아서 상담자에게 일어난 불편한 감정, 특히 미운 감정', 그리고 '상담자에게 일어난 내담자가 자신에게 상담받지 않으려는 것 같다는 판단' 등과 같은 반응이나 상호작용들이 친구와 갈등문제에서 어떻게 반복 및 재연되면서 역기능을 유발하고 있는지를 탐구하여, 이를 개념화 내용에 포함시킬 필요가 있다.

18. 검증, 그리고 수정 및 보완

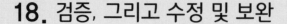

　진실이나 진리를 아는 방법은 여러 가지가 있다. 첫 번째 방법은 일반적 사고이다. 즉, 진실이나 진리에 대해 의문하고, 이 의문의 답을 탐구하여 판단하는 것이다. 그런데 일반적 사고의 단점은 일반적 사고로 알아낸 진실이나 진리는 객관적이지 않을 수 있다는 점이다. 즉, 주관적 오지각이나 오판단, 또는 착각이나 환각이나 망상의 가능성을 배제할 수 없다는 점이다. 이런 일반적 사고의 단점을 보완하기 위해 만든 것이 두 번째 방법인 논리적 사고이다. 즉, 논(論)함의 이론적 법칙이나 규칙을 따라서 진실이나 진리에 대해 의문하고, 이 의문의 답을 탐구하여 판단하는 것이다. 보통 논리적 사고는 귀납적 방식과 연역적 방식을 포함한다. 그런데 논리적 사고의 단점은 사고와 실제의 차이, 또는 논리와 실제의 차이를 배제할 수 없다는 점이다. 이러한 일반적 사고나 논리적 사고의 단점을 보완하기 위해 만든 것이 세 번째 방법인 실증적 사고이다. 즉, 관찰이나 실험, 또는 가설연역적 방법과 같은 실증적 방법을 통해 진실이나 진리를 판단하는 것이다. 현대 과학은 실증적 사고에 기반을 두고 있다. 그런데 실증적 사고도 단점이 있다. 예를 들면, 완벽한 실증이 안 된다는 점, 실증할 수 없는 대상이나 현상은 제외된다는 점과 같은 단점을 가지고 있다. 이러한 실증적 사고의 단점을 보완하기 위해 구성개념, 확률, 반증, 확증, 사회적 합의 등의 대안들이 모색되어 왔는데, 이런 대안들을 포함한 실증적 사고는 현대 과학의 중심에 있다.

과학적 상담을 강조하는 최근의 근거기반 상담에서는 상담사례 개념화에서 실증적 사고를 하도록 요구하고 있다. 실증적 사고에 기반을 둔 상담사례 개념화는 일반적으로 다음과 같은 과정으로 이루어진다. 즉, ① 특정 상담사례의 상담문제, 상담문제 원인, 상담개입에 대한 정보를 수집하고, ② 이 수집된 정보를 토대로 상담문제, 상담문제 원인, 상담개입 개념단어나 가설문장에 대한 의문을 생성하고, ③ 이 의문의 답을 탐구(논리)하여, 이 탐구의 결과를 토대로 의문의 답을 판단함으로써 상담문제, 상담문제 원인, 상담개입에 대한 개념단어나 가설문장을 구성한다. ④ 이어 구성한 상담문제, 상담문제 원인, 상담개입에 대한 개념단어나 가설문장의 진위를 확인하기 위해 검증을 하고, ⑤ 이 검증의 결과를 토대로 개념단어나 가설문장을 수용이나 기각, 그리고 수정이나 보완을 해 나간다. 그리고 ⑥ 이상의 과정이 반복되면서 재과정이 이루어진다. 즉, 추가적인 정보수집, 재의문생성, 재탐구와 재판단과 재구성, 재검증의 과정을 반복한다.

앞에서 상담문제, 상담문제 원인, 상담개입에 대한 개념단어나 가설문장을 구성하는 과정에 대해 설명하였는데, 여기서는 이 이후의 구성된 가설문장을 검증하는 과정에 대해 설명하였다.

일반적으로 상담가설이란 '상담의문의 답에 대한 잠정적 진술'이다. 상담사례 개념화의 경우, '상담문제가 무엇인가?'라는 의문을 생성하고, 이 의문의 답을 탐구하여, 이 탐구의 결과를 토대로 의문의 답을 판단하여 '상담문제는 ○○이다'라고 진술한 문장이 상담문제 가설이다. 그리고 '상담문제의 원인은 무엇인가?'라는 의문을 생성하고, 이 의문의 답을 탐구하여, 이 탐구의 결과를 토대로 의문의 답을 판단하여 '상담문제의 원인은 ○○이다'라고 진술한 문장이 상담문제 원인 가설이다. 그리고 '상담개입을 어떻게 해야 하는가?'라는 의문을 생성하고, 이 의문의 답을 탐구하여, 이 탐구의 결과를 토대로 의문의 답을 판단하여 '상담개입은 ○○개입을 해야 한다'라고 진술한 문장이 상담개입 가설이다.

이렇게 상담문제 가설, 상담문제 원인 가설, 상담개입 가설이 구성된 이후에는 이러한 상담가설들이 참인지 아니면 거짓인지의 진위를 확인하고, 만약 참이면 수용하고, 거짓이면 기각하거나, 수정 및 보완해 나가는 과정을 거치는데, 이 가설의 진위 확인, 가설의 수용이나 기각의 판단, 가설의 수정이나 보완을 해 나가는 과정을 여기서는 검증이라고 하였다. 예를 들면, 특정 내담자의 상담문제, 상담문제 원인, 상담개입에 대해 의문하고, 이 의문의 답을 탐구하여, 그 결과로 의문의 답에 대한 잠정적 진술인 '내담자의 상담문제는 물 공포증이다'라는 상담문제 가설, 그리고 '내담자의 물 공포증 원인은 초등학교 1학년 때 물에 빠져 죽을 뻔했던 경험 때문이다'라는 상담문제 원인 가설, 그리고 '10주 이상의 체계적 둔감화 훈련이 물 공포증의 증상 행동을 유의미하게 감소시킬 것이다'라는 상담개입 가설을 구성했다고 가정하면, 이렇게 구성된 가설이 참(또는 사실, 진실)인지 거짓인지가 증명되지 않은 상태이기 때문에 그 진위를 확인하기 위해 검증과정을 거친다. 즉, 물 공포증, 물 공포증의 원인, 체계적 둔감화 훈련에 대한 정보들을 수집하고, 이 수집된 정보를 토대로 상담가설들이 참인지 아니면 거짓인지의 진위를 확인하고, 만약 참이면 수용하고, 거짓이면 기각하거나, 수정이나 보완해 나가는 과정을 거치는데, 여기서는 이 과정을 검증이라고 하였다.

1) 상담가설 검증 방식

상담사례 개념화 과정에서 수립된 상담가설의 검증은 입증 방식보다는 반증 방식으로 실시한다. 수립된 상담가설을 반증 방식으로 검증하는 이유는 입증 방식의 한계 때문이다. 예를 들면, '날지 못하는 새는 없다'라는 가설이 있다고 가정하자. 이 경우, 제시된 가설이 참이라는 것을 입증 방식으로는 완벽하게 증명할 수 없다. 가령, 이 가설이 참이라는 것을 입증하기 위해 10마리의 새를 관찰해서, 10마리의 새가 모두 날아가는 것을 확인했다고 해서, '날지 못하는 새는 없다'라는 가설이 참이라고 할 수는 없다. 왜냐하면, 10번째 이후인 11번째부터의 관찰에서 날지 못하는 새를 발견할 수 있는 가능성이 있기 때문이다. 이는 숫자를 늘려도 마찬가지이다. 가령, 이 가설이 참이라는 것을 입증하기 위해 1,000마리의 새를 관찰해서, 1,000마리의 새가 모두 날아가는 것을 확인했다고 해서, '날지 못하는 새는 없다'라는 가설이 참이라고 할 수는 없다. 왜냐하면, 1,000번째 이후인 1,001번째부터의 관찰에서 날지 못하는 새를 발견할 수 있는 가능성이 있기 때문이다. 결국 입증 방식으로는 아무리 많은 사례를 관찰해도 가설이 참이라는 것을 완벽히 증명할 수는 없다.

이런 문제점을 해결하기 위한 대안이 바로 반증 방식이다. 즉, 원래 가설과 반대되는 가설을 만들어 놓고, 이 반대 가설을 지지하는 증거를 찾을 수 없으면 원래 가설을 수용하고, 이 반대 가설을 지지하는 증거를 찾을 수 있으면 원래 가설을 기각하는 방식으로 가설을 검증한다. 이를 상담가설 검증에 적용하면, 먼저 검증하려는 상담가설을 반증 상담가설(○○ 상담가설은 거짓이다)로 바꾸고, 이렇게 바꾼 반증 상담가설(○○ 상담가설은 거짓이다)을 지지하는 증거가 수집된 정보들 속에 있는지를 찾고, 만약 증거가 있으면 검증하려는 상담가설을 기각한다. 반면, 반증 상담가설(○○ 상담가설은 거짓이다)을 지지하는 증거가 없으면 검증하려는 상담가설을 수용하는 방식으로 상담가설을 검증한다.

예를 들어, '내담자는 외상후 스트레스 장애이다'라는 상담문제 가설을 구성하였다면, 먼저 검증하려는 상담가설을 반증 상담가설(내담자는 외상후 스트레스 장애이다는 거짓이다)로 바꾸고, 내담자의 외상후 스트레스 장애에 대한 추가 정보들을 수집한다. 그리고 나서, 만약 수집된 정보들 속에 '내담자는 외상후 스트레스 장애이다는 거짓이다'를 지지하는 증거자료가 없으면, '내담자는 외상후 스트레스 장애이다'라는 상담문제 가설을 수용한다. 반면, 수집된 정보들 속에 '내담자는 외상후 스트레스 장애이다는 거짓이다'를 지지하는 증거자료가 있으면, '내담자는 외상후 스트레스 장애이다'라는 상담가설을 기각한다. 그리고 나서 수집된 정보자료들을 토대로 새로운 상담가설을 구성하거나, 아니면 기존의 상담가설을 수정이나 보완하면서 상담가설을 더 발전시켜 나간다.

또 '공황장애의 원인은 신체감각단서에 대한 파국적 해석이다'라는 상담문제 원인 가설을 구성하였다면, 먼저 검증하려는 상담가설을 반증 상담가설(공황장애의 원인은 신체감각단서에 대한 파국적 해석이다는 거짓이다)로 바꾼다. 그리고 공황장애 원인, 특히 신체감각단서의 파국적 해석에 대한 정보들을 수집한 후, 만약 수집된 정보들 속에 '공황장애 원인은 신체감각단서에 대한 파국적 해석이다는 거짓이다'를 지지하는 증거자료가 없으면, '공황장애 원인은 신체감각단서에 대한 파국적 해석이다'라는 상담문제 원인 가설을 수용한다. 반면, 수집된 정보들 속에 '공황장애 원인은 신체감각단서에 대한 파국적 해석이다는 거짓이다'를 지지하는 증거자료가 있으면, '공황장애 원인은 신체감각단서에 대한 파국적 해석이다'라는 상담문제 원인 가설을 기각한다. 그리고 나서 수집된 정보자료들을 토대로 새로운 상담가설을 구성하거나, 아니면 기존의 상담가설을 수정이나 보완하면서 상담가설을 더 발전시켜 나간다.

또 '이완훈련이 불안검사의 점수를 낮출 것이다'라는 상담개입 가설을 구성하였다면, 첫째, 검증하려는 상담가설을 반증 상담가설(이완훈련이 불안검사의 점수를 낮출 것이다는 거짓이다)로 바꾼다. 그리고 이완훈련이 불안검사의 점수에 미치는 영향에 대한 정보들을 수집한 후, 만약 수집된 정보들 속에 '이완훈련이 불안검사의 점수를 낮출 것이다는 거짓이다'를 지지하는 증거자료가 없으면, '이완훈련이 불안검사의 점수를 낮출 것이다'라는 상담개입 가설을 수용한다. 반면, 수집된 정보들 속에 '이완훈련이 불안검사의 점수를 낮출 것이다는 거짓이다'를 지지하는 증거자료가 있으면, '이완훈련이 불안검사의 점수를 낮출 것이다'라는 상담개입 가설을 기각한다. 그리고 나서 수집된 정보자료들을 토대로 새로운 상담가설을 구성하거나, 아니면 기존의 상담가설을 수정이나 보완하면서 상담가설을 더 발전시켜 나간다.

2) 상담사례, 그리고 재개념화와 상담가설 검증 예시

영철이에 대한 첫 1회기의 상담내용이 다음에 제시되어 있다. 여기서는 첫 회기의 상담을 마치고 난 이후에 재개념화를 어떻게 하는지, 그리고 재개념화를 하는 과정에서 상담가설 검증을 어떻게 하는지에 대해 설명 및 예시하였다.

(1) 첫 회기 상담

엄마와 영철이는 약속시간보다 10분 전에 상담실에 도착하였다.
상담자는 엄마와 영철이를 같이 면접하였다.
인사를 나누고, 상담을 구조화한 후, 상담을 시작하였다.

엄마1: 아들이 안 가겠다는 것을 데리고 왔어요.

상담자1: 영철이는 오고 싶지 않았는데, 엄마에게 이끌려서 상담실에 왔고, 또 여기서 따돌림 문제로 상담받는 것에 대해 어떻게 생각하니?

내담자1: (다소 긴장된 모습으로) 하기 싫은데…… 엄마가 자꾸 가자고 해서요…… 상담받는 거 별로 안 좋아해요.

엄마2: 우리 아이가 말을 잘 못해요.

상담자2: 예. 그렇군요. 그런데 영철이는 지금 심정이 어떠니? 실제로 지금 심정은 어떤지 궁금하구나?

내담자2: ……조금 어색해요.

상담자3: 어색한 거구나. 어색함이 긴장된다는 말이니?

내담자3: 예…….

상담자4: 그 어색함에 대해 더 이야기해 볼래? ……생활하면서도 이런 어색함을 종종 느끼니?

내담자4: 예…….

엄마3: 우리 아이는 어려서부터 겁이 많았던 것 같아요. 아주 어렸을 때는 낯

선 사람을 보면 많이 울고 친한 사람에게도 잘 안 갔어요. 그냥 엄마에게
만 붙어 있고 해서, 별명이 껌딱지였어요. 어린이집이나 유치원 다닐 때
도 엄마와 떨어지지 않으려고 해서 유명했어요. 초등학교 1학년 때도 조
금 그랬고요. ……〈중략〉……

상담자: 그렇군요. 겁이 많았고, 엄마와 떨어지지 않으려는 문제가 있어 왔군
요. 그런데 여기 상담신청서에는 따돌림 문제라고 써 있는데, 따돌림 문
제는 어떤 문제입니까? ……〈중략〉……

엄마4: 그게 좀 그래요. 우리 아이가 핸드폰이 부서져서 왔기에 확인해 보았
더니 같은 반에 있는 창민이란 아이가 우리 아이 핸드폰을 뺏어서 던진
거더라고요. 그래서 더 알아봤더니 창민이와 병기란 아이가 학교 일진인
가 봐요. 우리 아이뿐만 아니라 여러 명이 창민이와 병기 때문에 괴롭힘
이나 따돌림당하고 그랬는데, 제가 안 되겠다 싶어서 교육청에다 이야기
를 했더니, 교육청에서 학교로 정식으로 이야기를 했나 봐요. 그런데 그
때 마침 병기와 창민이가 다른 아이를 심하게 폭행해서 막 문제가 되던
때라서 징계위원회가 열렸고, 그래서 그 아이들이 징계받고 다른 학교로
전학 가게 했어요. 그 이후에 문제가 해결되나 했더니 우리 아이가 학교
가기 싫다고 해서 봤더니 병기나 창민이와 친했던 녀석들이 우리 아이에
게 가끔 뭐라 하고 따돌리고 그래서 힘든가 봐요. ……〈중략〉……

상담자5: 그랬군요. 영철이는 엄마 이야기 들으면서, 떠오르는 기억들이 있
니? 어떤 기억들이 떠올랐어?

내담자5: 그때 일들 같이 생각났어요. ……그리고 때리거나 하는 것은 아닌데
그냥 뭐라 하는데 그게 무섭게 하니까. 그런데 솔직히 이젠 그게 힘든 건
아니에요.

상담자6: 그게 힘든 건 아니구나. 그럼 다른 게 힘든 게 있니?

내담자6: 그냥 학교 가기 싫은데, 왜 그러냐고 엄마가 자꾸 말해서 그 아이들
이 뭐라 해서 가기 싫다고 이야기를 한 거예요. 말로만 하고 실제로 때리
는 것은 아니니까 솔직히 그게 막 힘들어서 그런 건 아니에요.
……〈중략〉……

상담자7: 그럼 넌 상담에서 어떤 주제를 다루고 싶니?

내담자7: 성격 고치는 문제도 돼요?

상담자8: 성격을 고치고 싶은 거구나…… 네가 고치고 싶은 성격이 뭐니?

내담자8: 소극적이고 겁이 많은 거요. ……〈중략〉……

내담자9: 엄마가 자꾸 아프다고 하니까…… 그래서 늦게까지 안 오면 혹시 엄마가 아파서 못 오면 어떻게 하나 하는 생각을 많이 했어요.

엄마5: 우리 아이가 겁이 좀 많아요. 밤에도 혼자서는 잠을 안 자려고 해요. 꼭 제가 있어야 잠을 자고, 지금은 안 그렇지만 3년 전까지만 해도 잠을 자다가도 제가 없으면 놀라서 깨고 막 절 찾아요. 또 아이가 몸이 약해서 자주 아프고요. 그래서 늘 신경을 쓰는데 몸이 약하다 보니 자주 아파요. ……〈중략〉……

상담자9: 괜찮다면, 심리검사를 하나 해 보면 어떨까요?

엄마6: 예. 괜찮아요.

상담자10: 영철이도 괜찮니? 다면적인성검사라고 상담에서 많이 사용하는 것인데 해보면 자기성격 이해에 도움이 되는 데 해도 괜찮겠니?

내담자10: 예. ……〈중략〉……

내담자에게 MMPI-A 검사를 실시하였다.

상담자가 엄마에게 영철이 발달사를 알고 싶다고 했고, 이를 위한 별도의 상담이 가능한지를 물었다. 엄마가 가능하다고 해서, 3일 후인 4월 18일 10시에 엄마와 상담을 약속하였다. ……〈후략〉……

(2) 첫 회기 상담에 대한 상담기록

상담자는 상기된 첫 회기의 상담을 마친 후에, 상담기록지에 첫 회기의 상담내용에 대해 다음과 같이 기술하였다.

- 10분 전 모와 같이 내방. 같이 면접함
- 인사 나누고, 상담 구조화함
- 엄마가 "안 가겠다는 것을 데리고 왔다" 함
- 내담자는 "하기 싫은데 엄마가 가자고 해서 왔다" 함
- 엄마가 "아들이 말을 잘 못한다" 함
- 내담자는 "상담장면에서 어색함을 느끼고 일상생활에서도 느낀다" 함
- 엄마가 "어려서부터 겁이 많았던 것 같다. 별명이 껌딱지였다. 어린이집, 유치원, 초등 1년 때 떨어지지 않으려 했다" 함
- 따돌림 문제를 탐색함
- 엄마가 "핸드폰 부서져서 확인하다가 일진인 창민이와 병기에게 괴롭힘과 따돌림당한다는 것을 알고 교육청에 이야기를 했고, 이후 둘은 징계를 받아 전학 갔다 함. 지금은 병기나 창민이와 친했던 아이들이 힘들게 하는 것 같다고 함
- 내담자는 "그냥 학교 가기 싫다. 그런데 왜 그러냐고 엄마가 자꾸 말해서 그 아이들이 뭐라 해서 가기 싫다."고 했다 함. "실제로는 힘든 것이 크지 않다" 함
- 내담자에게 상담받고 싶은 주제를 탐색함. 내담자는 "소극적이고 겁이 많은 성격을 고치고 싶다." 함. 상담은 성격 변화에 초점을 두기로 함
- 내담자가 어릴 때 "엄마가 늦게까지 안 오면 혹시 엄마가 아파서 못 오면 어떻게 하나 하는 생각을 많이 했다고" 함
- 엄마가 "아이가 겁이 많았다. 밤에 혼자 잠을 안 잤다. 3년 전까지도 잠 자다가 엄마가 없으면 놀라 깨서 찾았다" 함. 그리고 "몸이 약해서 자주 앓는다" 함
- 상담자가 MMPI-A를 권해서 실시함. 엄마에게 영철이 발달사 관련 면접을 권함. 4월 18일 10시에 면접 약속함. 면접할 때 상담사와 가계도 정보수집 필요함

(3) 재개념화, 그리고 상담가설 검증

여기서는 첫 회기 상담을 실시한 이후에, 상담자가 기록한 상담기록지를 토대로 재개념화, 그리고 이전에 수립한 상담가설의 검증에 대해 설명 및 예

시하였다.

① 상담문제

주어진 개념단어와 가설문장을 토대로 호소문제에 대한 가설문장을 재구성하면 다음과 같다. 즉, '내담자의 호소문제는 학교 가기 싫어하는 문제와 소극적이고 겁이 많은 성격 문제이다'이다.

한편, 이 사례는 앞에서 다룬 사례인데, 이 사례에 대한 이전 상담사례 개념화에서 상담문제에 대한 가설문장 중에 하나는 '호소문제는 따돌림 문제이다'였다. 이 상담가설을 반증의 방식으로 검증하려면, 먼저 원래 상담가설(호소문제는 따돌림 문제이다)을 반증 상담가설(호소문제는 따돌림 문제이다는 거짓이다)로 바꿔야 한다. 그리고 나서, 첫 회기에 수집한 정보들 속에 반증 상담가설(호소문제는 따돌림 문제이다는 거짓이다)을 지지하는 증거가 없으면 원래 상담가설(호소문제는 따돌림 문제이다)을 수용한다. 반면, 첫 회기에 수집한 정보들 속에 반증 상담가설(호소문제는 따돌림 문제이다는 거짓이다)을 지지하는 증거가 있으면 원래 상담가설(호소문제는 따돌림 문제이다)을 기각한다. 그리고 나서 기각된 상담가설을 완전히 버리거나, 아니면 수정이나 보완하여 새로운 상담가설을 구성한다.

그런데 첫 회기에 수집한 정보들 속에는 '호소문제는 따돌림 문제이다는 거짓이다'라는 반증 상담가설을 지지하는 정보들이 있다. 즉, 첫 회기 상담에서 '내담자가 그냥 학교 가기 싫은데 엄마가 왜 그러냐고 자꾸 말해서 그 아이들이 뭐라 해서 가기 싫다고 했다'는 점. 그리고 '실제로는 힘든 것이 크지 않다'고 했다는 점은 '호소문제는 따돌림 문제이다는 거짓이다'라는 반증 상담가설을 지지하는 정보들이다. 따라서 원래 상담가설인 '호소문제는 따돌림 문제이다'라는 가설문장은 기각할 필요가 있다.

다른 한편, 주어진 개념단어와 가설문장들을 토대로 진단문제에 대한 가설문장을 구성하면 '진단문제는 분리불안장애로 추정된다'이다. 즉, '어려서부터 겁이 많았던 것 같다. 별명이 껌딱지였다. 어린이집, 유치원, 초등 1년 때 떨어지지 않으려 했다. 학교 가기 싫다. 밤에 혼자 잠을 안 잤다. 3년 전까지도 잠을 자다가 엄마가 없으면 놀라 깨서 찾았다.' 등의 정보들을 토대로 할 때 '진단문제는 분리불안장애로 추정된다'라는 가설문장을 구성할 수 있다.

만약 내담자의 분리불안장애가 사실이라면, 호소문제인 '학교 가기 싫어하는 문제'와 '소극적이고 겁이 많은 성격 문제'는 모두 분리불안장애의 하위요소(증상)일 수 있다. 즉, 학교 가기 싫어하는 문제는 분리불안장애의 대표적인 하위증상 중에 하나인 등교거부 행동에 해당한다. 또한 소극적이고 겁이 많은 성격 문제는 분리불안장애의 하위요소인 '분리상황과 관련된 특성 불안'일 수 있다. 그리고 만약 내담자의 분리불안장애가 사실이라면, 내담자에게는 분리불안장애와 관련된 드러나지 않은 이면문제인 사건문제, 반응문제, 발달문제, 체계문제가 더 있을 것으로 추정된다.

또 다른 한편, 이전 상담사례 개념화에서 호소문제에 대한 가설문장 중에 하나는 '호소문제는 학교 가기 싫어하는 문제이다'였다. 이 상담가설을 반증의 방식으로 검증하려면, 먼저 원래 상담가설(호소문제는 학교 가기 싫어하는 문제이다)을 반증 상담가설(호소문제는 학교 가기 싫어하는 문제이다는 거짓이다)로 바꿔야 한다. 그리고 나서, 첫 회기에 수집한 정보들 속에 반증 상담가설(호소문제는 따돌림 문제이다는 거짓이다)을 지지하는 증거가 없으면 원래 상담가설(호소문제는 학교 가기 싫어하는 문제이다)을 수용한다. 반면, 첫 회기에 수집한 정보들 속에 반증 상담가설(호소문제는 학교 가기 싫어하는 문제이다는 거짓이다)을 지지하는 증거가 있으면 원래 상담가설(호소문제는 학교 가기 싫어하는 문제이다)을 기각한다. 그리고 나서 기각된 상담가설을 완전히 버리거나, 아니면 수정이나 보완하여 새로운 상담가설을 구성한다.

그런데 첫 회기에 수집한 정보들 속에는 '호소문제는 학교 가기 싫어하는 문제이다는 거짓이다'라는 반증 상담가설을 부분적으로 지지하는 정보들이 있다. 즉, 학교 가기 싫어하는 문제가 분리불안장애의 전형적인 하위증상일 수 있다는 정보는 반증 상담가설(호소문제는 학교 가기 싫어하는 문제이다는 거짓이다)을 부분적으로 지지하는 정보이다. 따라서 원래 상담가설인 '호소문제는 학교 가기 싫어하는 문제이다'라는 가설문장은 기각한 후, 원래 상담가설(호소문제는 학교 가기 싫어하는 문제이다)를 부분 수정할 수 있는데, 이때 학교 가기 싫어하는 문제가 분리불안장애의 전형적인 하위증상일 수 있다는 점을 고려하여 '호소문제는 분리불안장애 증상의 하나인 학교 가기 싫어하는 문제이다'라고 가설문장을 재구성할 수 있다.

② 상담문제 원인

주어진 개념단어와 가설문장을 토대로 '학교 가기 싫어하는 문제의 원인', 그리고 '소극적이고 겁이 많은 성격 문제의 원인', 그리고 '분리불안장애의 원인'에 대한 가설문장을 재구성하면 다음과 같다.

먼저, 학교 가기 싫어하는 문제, 그리고 소극적이고 겁이 많은 성격 문제의 원인은 분리불안장애로 추정된다. 즉, '분리불안장애는 엄마와 분리되는 상황과 관련된 특성불안'을 가지고 있는데, 이 특성불안에 대해 내담자는 '소극적이고 겁이 많은 성격'이라고 인식하여 호소한 것으로 추정된다. 그리고 분리상황과 관련된 특성불안은 전형적으로 '엄마와 분리되는 학교등교를 회피하는 등교거부 행동양식'을 가지고 있는데, 이 등교거부 행동양식에 대해 내담자는 '그냥 학교 가기 싫다'라고 표현한 것으로 추정된다. 따라서 소극적이고 겁이 많은 성격 문제, 그리고 학교 가기 싫어하는 문제의 원인은 모두 분리불안장애라고 추정된다.

한편, 외현행동인 학교 가기 싫어하는 문제, 특성불안인 소극적이고 겁이 많은 성격 문제, 이들을 포함하는 분리불안장애의 원인은 반응분석을 토대로 사건원인, 반응원인, 발달원인, 체계원인으로 구분하여 살펴볼 수 있다.

첫째, 사건원인은 외현행동인 학교 가기 싫어하는 행동문제와 관련하여 등교 상황과 사건, 그리고 생활변화 사건이다. 즉, 학교등교 상황과 관련된 사건이 내담자의 학교 가기 싫어하는 행동을 유발하고 있다고 추정된다. 또한 중학교 1학년 입학과 관련된 생활변화 사건이 학교 가기 싫어하는 역기능적인 대처반응을 유발하고 있다고 추정된다.

둘째, 반응원인은 분리불안장애와 관련된 역기능적인 외현행동, 내현반응, 반응양식, 성격, 신체반응이다. 예를 들면, 역기능적인 외현행동의 하나가 바로 학교 가기 싫어하는 회피행동이다. 또한 역기능적인 성격의 하나가 바로 소극적이고 겁이 많은 성격인 분리 상황과 관련된 특성불안이다. 이 외에도 분리불안 장애와 관련된 역기능적인 외현행동, 내현반응, 반응양식, 성격, 신체반응 원인들이 있을 것으로 추정된다.

셋째, 발달원인은 분리불안장애와 관련된 당면 발달과제와 미해결 발달과제이다. 예를 들면, 내담자는 중학교 1학년 남학생으로 새로운 중학교 환경에 적응해야 하는 당면 발달과제를 가지고 있는데, 이 당면 발달과제 미성취가 학교 가기 싫어하는 문제로 표출되고 있다고 추정된다. 또한 내담자의 개인사를 살펴보면, 심한 낯가림, 어린이집 다닐 때, 유치원 다닐 때, 초등학교 1학년 때까지 엄마와 분리되지 않으려는 행동, 즉 등교거부 행동들을 보여 왔다. 이런 개인사를 고려할 때 등교거부 행동, 그리고 분리 상황과 관련된 특성불안은 초기 애착발달의 이상, 즉 애착발달과 관련된 미해결 발달과제와 상관이 있을 것으로 추정된다. 더 나아가 유전, 수정과 분화와 기관발달, 출생, 뇌신경발달, 인지발달, 자아 및 성격발달, 사회성발달 등에서의 발달이상이 있을 수 있음을 시사한다.

넷째, 체계원인은 가족체계의 구조적 결손이나 기능적 장애이다. 예를 들어, 가족체계와 관련해서 가족경계의 혼란으로 인해 엄마의 과잉보호나 간섭은 내담자의 분리개별화를 제한하고 있는 것으로 추정된다. 특히 상담장면에서 엄마가 대신 상담을 신청하고, 접수면접을 하고, 아들의 문제를 호소하고, 상담 중에 대신 답변하는 행동, 그리고 따돌림 문제가 발생했을 때 교육청에 연락하는 행동 등에서 가족경계의 혼란이 나타나고 있다. 또는 내담자의 개인사와 관련된 '껌딱지, 떨어지지 않으려 함, 혼자 잠을 안 잠, 엄마 없으면 놀라 깸 등'에서도 가족경계의 혼란이 나타나고 있다. 이런 가족경계의 혼란은 내담자의 분리개별화를 억제하고 있는 것으로 추정된다. 가족경계의 혼란 외에도 가족구조의 결손, 그리고 가족 의사소통, 역할, 위계, 규칙 등에서 역기능이 있을 것으로 추정된다.

한편, 이전 상담사례 개념화에서 상담문제 원인에 대한 가설문장 중에 하나는 '학교 가기 싫어하는 문제와 관련된 사건원인, 반응원인, 발달원인, 체계원인이 추정된다'였다. 이 상담가설을 반증의 방식으로 검증하려면, 먼저 원래 상담가설(학교 가기 싫어하는 문제와 관련된 사건원인, 반응원인, 발달원인, 체계원인이 추정된다)을 반증 상담가설(학교 가기 싫어하는 문제와 관련된 사건원인, 반응원인, 발달원인, 체계원인이 추정된다는 거짓이다)로 바꿔야 한다. 그러고 나서, 첫 회기에 수집한 정보들 속에 반증 상담가설(학교 가기 싫어하는 문제와 관련된 사건원인, 반응원인, 발달원인, 체계원인이 추정된다는 거짓이다)을 지지하는 증거가 없으면 원래 상담가설(학교 가기 싫어하는 문제와 관련된 사건원인, 반응원인, 발달원인, 체계원인이 추정된다)을 수용한다. 반면, 첫 회기에 수집한 정보들 속에 반증 상담가설(학교 가기 싫어하는 문제와 관련된 사건원인, 반응원인, 발달원인, 체계원인이 추정된다는 거짓이다)을 지지하는 증거가 있으면 원래 상담가설(학교가기 싫어하는 문제와 관련된 사건원인, 반응원인, 발달원인, 체계원인이 추정된다)을 기각한다. 그러고 나서 기각된 상담가설을 완전히 버리거나, 아니면 수정이나 보완하여 새로운 상담가설을 구성한다.

그런데 첫 회기에 수집한 정보들 속에는 '학교 가기 싫어하는 문제와 관련된 사건원인, 반응원인, 발달원인, 체계원인이 추정된다는 거짓이다'라는 반증 상담가설을 지지하는 정보들이 없다. 따라서 원래 상담가설인 '학교 가기 싫어하는 문제와 관련된 사건원인, 반응원인, 발달원인, 체계원인이 추정된다'라는 가설문장은 수용할 필요가 있다. 그리고 이에 대한 추가적인 개념화가 필요하다.

③ 상담개입

주어진 개념단어와 가설문장을 토대로 학교 가기 싫어하는 행동문제, 소극적이고 겁이 많은 성격문제, 그리고 이들을 포함하는 분리불안장애와 관련된 상담개입 문제, 상담개입 목표, 상담개입 전략에 대한 가설문장을 재구성하면 다음과 같다.

- '상담개입 문제는 분리불안장애이다.' 그리고 학교 가기 싫어하는 행동문제와 소극적이고 겁이 많은 성격문제는 불리불안장애의 하위요소로 다룰 필요가 있다. 한편, 이전 상담사례 개념화에서 상담개입 문제와 관련된 가설문장은 '상담개입 우선 문제는 따돌림 문제이다'였다. 그런데 이 가설문장은 앞에서 '호소문제는 따돌림 문제이다'라는 가설문장을 기각했기 때문에 '상담개입 우선 문제는 따돌림 문제이다'라는 가설문장도 기각할 필요가 있다.
- 상담개입 원인은 앞에서 언급한 것처럼 학교 가기 싫어하는 행동문제나 소극적이고 겁이 많은 성격문제의 원인이 분리불안장애로 추정되기 때문에 분리불안장애에 대한 개입이 필요할 것으로 판단된다. 즉, 분리불안장애의 사건원인, 반응원인, 발달원인, 체계원인에 대한 개입이 필요할 것으로 판단된다.
- 상담개입 목표는 분리불안장애의 증상을 제거하거나 감소시키고, 이를 통해 등교를 포함한 학교생활 적응을 촉진해 나가는 것이다. 좀 더 구체적인 상담개입 세부목표는 등교거부를 포함한 분리에 대한 회피행동을 제거하거나 감소시키고 등교행동을 증가시키는 것이다. 또한 소극적이고 겁이 많은 성격을 포함한 분리 상황과 관련된 특성불안을 감소시키는 것이다.

목표를 성취하기 위한 상담개입 전략은 반응분석을 토대로 사건개입 전략, 반응개입 전략, 발달개입 전략, 체계개입 전략이다. 즉, 문제 상황 관련 사건에 대한 관리, 스트레스 사건에 대한 관리, 조건화 학습사건에 대한 관리를 포함한 사건개입 전략, 그리고 외현행동, 내현반응, 반응양식, 성격, 신체반응에 대한 자기관리와 학습을 포함한 반응개입 전략, 당면 발달과제인 중학교 1학년 학교생활 적응, 초기 애착발달 등의 미해결 발달과제 처리 등을 포함하는 발달개입 전략, 가족의 구조적 변화나 기능적 장애에 대한 관리를 포함한 체계개입 전략이다.

한편, 현재 시점에서 보면 신청 및 접수면접, 그리고 첫 회기 상담을 실시했고, 2회기 상담을 앞두고 있는 상태이다. 따라서 현재 상태에서 상담개입에 대한 개념화는 2회기 상담개입에 초점을 둘 필요가 있다. 반응분석을 토대로 할 때, 2회기 상담개입 목표도 1회기처럼 상담관계 형성이다. 이를 위한 상담개입 전략은 라포 형성과 상담구조화이다. 또 다른 2회기 상담개입 목표는 문제 명료화이다. 이를 위한 상담개입 전략은 분리불안장애에 대한 정보수집, 진단, 그리고 재개념화이다. 또 다른 한편, 현재 시점에서 검증하지 못한 가설들은 이후의 과정에서 검증하고, 이를 통해 개념화를 지속적으로 정교화해 나가야 한다.

수피즘 우화(Ornstein, 1987)

어떤 사람이 어두운 밤에 밝은 가로등 밑에서
무엇인가 열심히 찾고 있었다.
이를 지켜보던 사람이 다가가서 물어보았다.
"무엇을 잃어버리셨습니까?"
"예. 내 열쇠를 잃어 버렸소."
이 말을 듣고
물어본 사람도 무릎을 끓고 함께 열심히 열쇠를 찾으려 했다.
시간이 좀 지난 후, 함께 열쇠를 찾던 사람이 물었다.
"정확히 어느 곳에서 열쇠를 잃어버렸습니까?"
"내 집 안에서요."
"그런데 왜 여기서 찾고 있습니까?"

"내 집보다는 여기가 더 밝기 때문입니다."

잃어버린 것은 밝은 곳에서 찾을 수 있는 것이 아니라 잃어버린 곳에서 찾을 수 있다. 잃어버린 곳이 밖이 아니라 우리 내면이라면 밖이 아닌 내면에서 찾아야 한다. 상담에서 상담사례 개념화는 상담자 밖에서 찾을 수 있는 것이 아니다. 상담사례 개념화는 상담자 자신이 수행해야 하는 과업이다. 상담사례 개념화는 상담자가 스스로 의문하고, 이 의문을 스스로 탐구하며, 의문의 답을 스스로 판단하고, 이 판단을 스스로 검증해 나가야 하는 상담자의 과업이다. 상담사례 개념화는 프로이트, 로저스, 그리고 숙련된 선배상담자나 슈퍼바이저, 또는 유명한 책이나 교수에게 도움을 받을 수는 있다. 하지만 상담사례 개념화에 대한 궁극적인 권한과 책임은 담당상담자에게 있다. 상담사례 개념화는 특정 내담자를 담당한 상담자가 자기 안에서 찾아야 할 의문이자 탐구이자 의문의 답이다. 그리고 이에 대한 반복적인 검증이다.

담당 상담자로서 스스로 상담사례 개념화를 해 나가는 일은 분명 쉽지 않은 일이다. 하지만 상담사례 개념화가 가치 있고 의미 있는 일인 것만은 분명하다. 상담사례 개념화를 실시하면 어려움에 처한 내담자를 보다 더 전문적으로 조력해 나가는 데 도움이 된다. 또한 상담사례 개념화를 실시하면, 그 과정에서 상담자의 전문성을 더 발전시켜 나갈 수 있다.

이 책이 상담현장에서 상담사례 개념화를 실시해야 하는 담당 상담자들에게 도움이 될 수 있기를 기대한다. 또한 상담실무자들을 양성하고 그들의 상담활동을 지원하는 상담교육자나 슈퍼바이저들에게도 도움이 될 수 있기를 기대한다.

● 상담사례 개념화의 과정은 과학적 사고의 과정이다. 즉, 주어진 상담정보를 토대로, 상담문제, 상담문제 원인, 상담개입과 관련된 개념단어나 가설문장에 대한 의문을 생성하고, 이 생성된 의문의 답을 탐구하며, 이 탐구의 결과를 토대로 의문의 답을 판단하는 과정을 통해 상담문제, 상담문제 원인, 상담개입과 관련된 개념단어나 가설문장을 구성해 나가는 과학적 사고의 과정이다. 또한 구성된 개념단어나 가설문장을 토대로 상담을 전개하면서, 동시에 구성된 개념단어나 가설문장과 관련된 추가 정보를 수집하고, 이 수집된 추가 정보를 토대로, 이전에 구성한 상담문제, 상담문제 원인, 상담개입과 관련된 개념단어나 가설문장의 진위를 검증하고, 이 검증의 결과를 토대로 예전에 구성한 개념단어나 가설문장을 수용이나 기각, 또는 수정이나 보완하면서 상담문제, 상담문제 원인, 상담개입과 관련된 개념단어나 가설문장을 재구성해 나가는 과학적 사고의 과정이다.

● 상담사례 개념화의 과정은, ① 주어진 정보, ② 의문 생성, ③ 개념단어나 가설문장 구성, ④ 검증, 그리고 수정 및 보완 순으로 진행될 수 있다.

● 상담사례 개념화의 기초 재료는 주어진 정보이다. 첫 회기를 마친 후의 상담사례 개념화는 신청접수, 접수면접, 그리고 첫 회기 상담과정에서 수집된 정보를 기초 재료로 사용하여 실시한다. 마지막 회기를 마친 후의 상담사례 개념화는 신청접수, 접수면접, 그리고 본 상담의 첫 회기부터 마지막 회기까지 수집된 정보들을 기초 재료로 사용하여 실시한다.

● 주어진 정보는 사실도 있지만 사실이 아닌 것도 있다. 상담사례 개념화 과정에서 주어진 정보가 사실인지 사실이 아닌지를 구분하는 것은 매우 중요하다.

● 주어진 정보가 사실인지 아닌지를 판정할 때 '기술(사실판단), 명명(개념판단), 판단(일반판단), 평가(가치판단), 제안(방법판단)'을 구분하는 것, 그리고 'Do Language와 Be Language'를 구분하는 것이 도움 된다.

● 상담사례 개념화는 '의문 생성하기'에서부터 시작된다. 만약 당신이 '의문 생성하기가

어렵다'라고 느껴지거나, 어렵다고 느껴지진 않더라도 단순히 '왜?' 형식의 의문만을
생성 가능한 상태'라면 자신의 의문 생성 능력을 점검 및 발전시켜 나갈 필요가 있음
을 시사한다.

● 좋은 의문을 생성하려면 의문을 생성할 수 있는 능력이 요구된다. 좋은 의문은 높은
수준의 의문 생성 능력이 발현된 결과이다.

● 일차의문이란 상담사례 개념화와 관련하여 '상담자가 전문적 상담서비스를 제공하기
위해서 일차적으로 묻고 답을 찾아야 하는 의문'을 의미하는데, 이런 일차의문의 세
부내용은 '상담문제 의문, 상담문제 원인 의문, 상담개입 의문'의 세 가지이다. 즉, 상
담자가 전문적 상담서비스를 제공하기 위해서 일차적으로 묻고 답을 찾아야 하는 '상
담문제는 무엇인가? 상담문제의 원인은 무엇인가? 상담개입을 어떻게 할 것인가?'의
세 가지 의문을 일차의문이라고 한다.

● 이차의문이란 일차의문을 제외한 나머지 의문들이다. 즉, 상담사례 개념화를 해 나
가는 과정에서 일차의문과 함께 묻는 다양한 유형의 연관된 의문들이다. 이차의문은
'현상, 구조, 변화, 관계, 역사, 예측, 방법, 가치, 개념과 가설에 대한 의문' 등이 있다.

● 상담사례 개념화의 목표는 상담문제, 상담문제 원인, 상담개입에 대한 개념단어나 가
설문장을 구성하여 기술하는 것이다. 이 때문에 상담사례에 대한 정보가 주어지면,
주어진 정보의 내용에 포함되어 있는 개념단어나 가설문장들을 확인하고, 이를 정리
하면 도움이 된다.

● 진실이나 진리를 아는 방법은 여러 가지가 있다. 첫 번째 방법은 일반적 사고이다.
즉, 진실이나 진리에 대해 의문하고, 이 의문의 답을 탐구하여 판단하는 것이다. 그
런데 일반적 사고의 단점은 일반적 사고로 알아낸 진실이나 진리는 객관적이지 않을
수 있다는 점이다. 즉, 주관적 오지각이나 오판단, 또는 착각이나 환각이나 망상의 가
능성을 배제할 수 없다는 점이다.

● 일반적 사고의 단점을 보완하기 위해 만든 것이 두 번째 방법인 논리적 사고이다.
즉, 논(論)함의 이론적 법칙이나 규칙을 따라서 진실이나 진리에 대해 의문하고, 이
의문의 답을 탐구하여 판단하는 것이다. 보통 논리적 사고는 귀납적 방식과 연역적
방식을 포함한다. 그런데 논리적 사고의 단점은 사고와 실제의 차이, 또는 논리와 실

제의 차이를 배제할 수 없다는 점이다.

● 일반적 사고나 논리적 사고의 단점을 보완하기 위해 만든 것이 세 번째 방법인 실증적 사고이다. 즉, 관찰이나 실험, 또는 가설연역적 방법과 같은 실증적 방법을 통해 진실이나 진리를 판단하는 것이다. 현대 과학은 실증적 사고를 기반으로 하고 있다. 그런데 실증적 사고도 단점이 있다. 예를 들면, 완벽한 실증이 안 된다는 점, 실증할 수 없는 대상이나 현상은 제외된다는 점과 같은 단점이 있다. 이러한 실증적 사고의 단점을 보완하기 위해 구성개념, 확률, 반증, 확증, 사회적 합의 등의 대안들이 모색되어 왔는데, 이런 대안들을 포함한 실증적 사고는 현대 과학의 중심에 있다.

● 상담문제 가설, 상담문제 원인 가설, 상담개입 가설이 구성된 이후에는 이러한 상담가설들이 참인지 아니면 거짓인지의 진위를 확인하고, 만약 참이면 수용하고, 거짓이면 기각하거나, 수정 및 보완해 나가는 과정을 거친다. 검증이란 가설의 진위 확인, 가설의 수용이나 기각의 판단, 가설의 수정이나 보완을 해 나가는 과정이다.

● 상담사례 개념화 과정에서 수립된 상담가설의 검증은 입증 방식보다는 반증 방식으로 실시한다. 수립된 상담가설을 반증 방식으로 검증하는 이유는 입증 방식의 한계 때문이다. 이러한 입증 방식의 한계를 해결하기 위한 대안이 바로 반증 방식이다. 즉, 원래 가설과 반대되는 가설을 만들어 놓고, 이 반대 가설을 지지하는 증거를 찾을 수 없으면 원래 가설을 수용하고, 이 반대 가설을 지지하는 증거를 찾을 수 있으면 원래 가설을 기각하는 방식으로 가설을 검증한다.

🔷 참고문헌

고기홍(2005). 가족문제 사례개념화 모형 개발. 청소년상담연구, 13(1), 3-5.

고기홍(2014). 통합적 자기관리 모형을 통한 개인상담. 서울: 학지사.

고기홍(2017). 상담전문가 심층면접을 통한 성격변화 요인 및 상담가설 유형 연구. 교육치료연구, 9(1), 39-55.

고기홍(2018). 근거기반 인성교육. 한국교양교육학회 학술대회자료집, 11, 505-517.

고기홍(2019a). 대학 인성교육에서 근거기반 실천. 2019학년도 인문과학연구소 추계학술대회 발표자료집.

고기홍(2019b). 절충통합적 상담가설 유형에 관한 합의적 질적 연구. 복지상담교육연구, 8(2), 283-313.

곽금주(2016). 발달심리학. 서울: 학지사.

곽호완, 박창호, 이태연, 김문수, 진영선(2008). 실험심리학 용어사전. 서울: 시그마프레스.

교재편판위원회(2019). 대학생활과 진로설계. 경북: 계명대학교출판부.

김성원, 최경희, 허명(2017). 과학, 삶, 미래. 서울: 이화여자대학교출판부.

김춘경, 이수연, 이윤주, 정종진, 최웅용(2016). 상담학 사전. 서울: 학지사.

단국대학교 동양학연구소(1996). 한국한자어사전. 서울: 단국대학교출판부.

백종현(2004). 철학의 주요개념. 서울: 서울대학교 철학사상연구소.

서울대학교 교육연구소(1995). 교육학 용어사전. 서울: 하우동설.

송명자(2008). 발달심리학. 서울: 학지사.

안형식(2006). 근거중심의학(Evidence-based Medicine)의 개요와 접근방법. 한국의료 QA학회지, 12(2), 9-16.

왕은자(2001). 소집단 수퍼비전 만족도에 영향을 미치는 변인연구. 서울대학교 대학원 교육학과 석사학위 논문.

유한익, 김건우(2008). 청소년기 정상발달과 흔한 정신장애. *Journalof Korean Neuropsychiatric Association*, 47(5), 415-429.

이강원, 손호웅(2016). 지형 공간정보체계 용어사전. 서울: 구미서관.

이군희(2007). 사회과학 연구방법론. 서울: 법문사.

이명선, 이소우, 김금자, 김묘경, 김지현, 이경희, 이인옥, 이정숙, 홍정희(2006). 개념분석 전략에 관한 문헌고찰 연구. 대한간호학회지, 36(3), 493-502.

이명우(2004). 상담사례개념화 교육 프로그램 개발 연구. 박사학위 논문, 연세대학교 대학원.

이명우(2017). 효과적인 상담을 위한 사례개념화의 실제. 서울: 학지사.

이명우, 박정민, 이문희, 임영선(2005). 사례개념화 교육을 위한 상담전문가의 경험적 지식 탐색 연구. 한국심리학회지: 상담 및 심리치료, 17(2), 277-296.

이윤주(2001). 상담사례 개념화 요소목록 개발 및 타당성 검증 연구. 박사학위 논문, 서울대학교 대학원.

이철수(2013). 사회복지학사전. 경기: 혜민북스.

장대익(2008). 과학에는 뭔가 특별한 것이 있다. 경기: 김영사.

철학사전편찬위원회(2012). 철학사전. 서울: 중원문화.

한국교육심리학회(2000). 교육심리학용어사전. 서울: 학지사.

한국문학평론가협회(2006). 문학비평용어사전. 경기: 국학자료원.

한국사전연구사 편집부(1994). 국어국문학자료사전. 한국사전연구사.

행정학용어표준화연구회(2010). 이해하기 쉽게 쓴 행정학 용어사전. 새정보미디어.

American Psychiatric Association (2015). 정신질환의 진단 및 통계 편람[Diagnostic and statistical manual of mental disorders fifth edition]. (권준수, 김재진, 남궁기, 박원명, 신민섭, 유범희, 윤진상, 이상익, 이승환, 이영식, 이헌정, 임효덕 역). 서울: 학지사(원전은 2013에 출판).

Eells, T. D. (1997). *Handbook of psychotherapy case formulation*. New York: Guilford Press.

Garfield, S. L. (2000). 심리치료 절충통합적 접근[Psychotherapy: An eclectic-integrative approach, 2nd edition]. (김미리혜, 김진영 외 역). 서울: 정민사(원전은 1995년에 출판).

Kendjelic, E. M., & Eells, T. D. (2007). Generic psychotherapy case formulation training improves formulation quality. *Psychotherapy: Theory, Research, Practice, Training, 44,* 66-77.

Lally, P., van Jaarsveld, C. H. M., Potts, H. W. W., & Wardle, J. (2010). How are habits formed: Modelling habit formation in the real world. *European Journal of Social Psychology, 40,* 998-1009.

Ornstein, R. E. (1987). 의식심리학[The Psychology of Consciousness (2nd ed.)]. (이봉건 역). 서울: 성원사(원전은 1977년 출판).

Sperry, L., & Sperry, J. (2012). *Case conceptualization: Mastering this competency with ease and confidence.* New York: Routledge.

국립국어원(2019). 표준국어대사전. https://stdict.korean.go.kr/main/main.do

다음(2019). 다음 사전. https://dic.daum.net/

네이버(2019). 네이버 한자사전. https://hanja.dict.naver.com/

대한수학회(2015). 수학백과. http://www.kms.or.kr

저자 소개

고기홍(Ko, KeeHong)

동아대학교 교육학 박사(교육상담 전공)
전 제주도청소년종합상담센터 국장 및 부장
　서귀포시청소년상담실 실장
　제주대학교, 제주교육대학교, 제주한라전문대학 강사
현 계명대학교 Tabula Rasa College 조교수
　한국상담학회 1급 전문상담사(수련감독)
　문화관광부 1급 청소년상담사
　미국NLP협회 NLP 트레이너

상담사례 개념화와 반응분석
Case Conceptualization and Response Analysis

2020년 9월 1일 1판 1쇄 인쇄
2020년 9월 10일 1판 1쇄 발행

지은이 • 고기홍
펴낸이 • 김진환
펴낸곳 • (주)**학지사**

　　　　　04031 서울특별시 마포구 양화로 15길 20 마인드월드빌딩
대표전화 • 02)330-5114　　　팩스 02)324-2345
등록번호 • 제313-2006-000265호

홈페이지 • http://www.hakjisa.co.kr
페이스북 • https://www.facebook.com/hakjisa

ISBN 978-89-997-2199-1　93180

정가 17,000원

이 도서의 국립중앙도서관 출판시도서목록(CIP)은 서지정보유통지
원시스템 홈페이지(http://seoji.nl.go.kr)와 국가자료공동목록시스템
(http://www.nl.go.kr/kolisnet)에서 이용하실 수 있습니다.
(CIP 제어번호: CIP2020036287)

출판 · 교육 · 미디어기업 **학지사**

간호보건의학출판 **학지사메디컬** www.hakjisamd.co.kr
심리검사연구소 **인싸이트** www.inpsyt.co.kr
학술논문서비스 **뉴논문** www.newnonmun.com
원격교육연수원 **카운피아** www.counpia.com